Georg Markus

Die Enkel der Tante Jolesch

GEORG
MARKUS

Die Enkel der Tante Jolesch

AMALTHEA

in der F. A. Herbig Verlagsbuchhandlung GmbH,
Wien · München

Umschlaggestaltung: Wolfgang Heinzel, München
Umschlagillustration: Paul Fassold
Herstellung und Satz: VerlagsService Dr. Helmut Neuberger
& Karl Schaumann GmbH, Heimstetten
Personenregister: Margit Tiringer
Gesetzt aus der 12,5/17 Punkt Goudy
Druck und Binden: Offizin Andersen Nexö, Leipzig
Printed in Germany
ISBN 3-85002-466-0

Für Daniela

Inhalt

Zum Geleit

Zwei- oder dreimal bin ich ihm begegnet, dem großen Friedrich Torberg. Es war in seinen letzten Lebensjahren, er war Ende sechzig, ich Mitte zwanzig. Da saß er also, der Kronzeuge einer untergegangenen Epoche, in der er Giganten wie Karl Kraus, Franz Molnár, Anton Kuh und Egon Friedell nahe stand. Und ich daneben, ein junger Reporter, der gar nicht erfassen konnte, wer sein Gegenüber eigentlich war.

»Ich gehe nicht mehr ins Kaffeehaus«, sagte Torberg, »denn es gibt kein Kaffeehaus mehr.«

»Es gibt kein Kaffeehaus?«, wagte ich leise Zweifel anzumelden, zumal unser Gespräch an einem runden Marmortisch im Café Landtmann neben dem Burgtheater in Wien stattfand.

»Ja, ja, es gibt Lokale, in denen man Kaffee ausschenkt«, erklärte er, nahm einen Schluck vom Großen Braunen und zog fast gleichzeitig an seiner Zigarette. »Es gibt noch solche Lokale. Aber das, was ich einmal unter einem Kaffeehaus verstanden habe, das gibt es nicht mehr.«

Torberg sprach von der Spezies jener Literatencafés, die tatsächlich 1938, mit dem Einmarsch der Nazis in Österreich, ihrer Stammgäste und damit auch ihrer Funktion beraubt worden waren. Er sprach vom Café Reichsrat, vom Colosseum, vom Herrenhof und dem Central. Von jenen Cafés, deren »Bewohner« (wie Alfred Polgar die darin tätigen Literaten nannte) zu den Hauptdarstellern seiner »Tante Jolesch« zählten.

Torberg hatte mit diesem Buch aber auch zahllosen anderen Typen und Käuzen – berühmten und unbekannten –, denen er in den Jahren zwischen dem Untergang der Monarchie und dem »Anschluss« an Hitlerdeutschland begegnet war, ein unvergleichliches Denkmal gesetzt.

»Dienstag, 11. Mai 1976«, stand, als ich mit Torberg im Landtmann saß, auf den Tagesblättern, die auf den hölzernen Zeitungsständern des ehrwürdigen Ringstraßencafés hingen. Er erzählte mir auch von dem Plan, seiner im Jahr davor veröffentlichten »Tante Jolesch« einen zweiten Band folgen zu lassen. »Die Erben der Tante Jolesch« sollte er heißen – und er ist dann tatsächlich unter diesem Titel erschienen. Denn als er die fertige »Tante Jolesch« in Händen hielt, erklärte mir Torberg, sei ihm immer wieder etwas eingefallen: »Um Gottes willen, damals hat ja der Friedell gesagt ...«

Abgesehen von den Erinnerungen an die wenigen persönlichen Begegnungen bin ich im Besitz einer Ansichtskarte, die Torberg mir von der Frankfurter Buchmesse 1973 schickte, auf der sich nur ein paar Dankesworte für einen über ihn veröffentlichten Artikel finden. Und doch habe ich die Karte aufgehoben, enthält sie doch die Handschrift eines von mir Verehrten, der mit der »Tante Jolesch« ein »Buch der Wehmut« geschrieben hat. Ein Buch der Wehmut, in dem man von der ersten bis zur letzten Seite lächeln und sehr oft auch lachen kann.

Zur Berechtigung – oder nennen wir's lieber: Frechheit –, die »Tante Jolesch« um einen dritten Teil zu erweitern, hinterlässt uns

Friedrich Torberg auf Seite 275 der »Erben« einen Satz, den er im Anschluss an eine Schwejk'sche Geschichte, ganz in der Diktion von Jaroslav Hašeks »Bravem Soldaten«, formulierte: »Wenn ich jetzt nicht bald Schluss mache, bleibt mir noch übrig auf eine dritte ›Tante Jolesch‹.«

Die Worte zeigen, dass Torberg einen dritten Band nicht ausschloss. Dieser sollte ihm und uns nicht vergönnt sein, denn er starb 1979, wenige Monate nach dem Erscheinen der »Erben«.

Hatte er im ersten Band von den Originalen und dem jüdischen Bürgertum des versinkenden Kaiserreichs und der Ersten Republik – um die Zeit ganz grob zu umreißen – erzählt, so ist der zweite um deren Töchter und Söhne erweitert, die emigriert waren oder hier dem Tod entkamen. »Die Erben«, das waren Max Reinhardt und die Werbezirk, Alma Mahler-Werfel und Armin Berg, man findet aber auch Geschichten, die ebensogut im ersten Teil hätten stehen können, Torberg jedoch erst später einfielen.

Fest steht, dass uns die Tante Jolesch nicht nur »Erben« der ersten, sondern auch der zweiten Generation hinterlassen hat. Jene »Enkel« also, die einen grausamen Krieg und die Gaskammern der Nazis überlebten. Die es nach London, Shanghai, Genf, Buenos Aires oder Los Angeles verschlagen hatte. Und von denen viele, als der Spuk vorbei war, zurückkehrten und Österreich wieder aufzubauen halfen.

Da gab's keine Köchinnen und keine Kinderfräuleins mehr, keinen Pferde-Omnibus und keine Gutshöfe der böhmischen Verwandtschaft, wie Torberg sie auf unnachahmliche Weise beschrieben hatte. Und es gab keinen Friedell und keinen Karl Kraus, keinen Anton Kuh und all die anderen, die Wien um jene heiter-besinnliche Atmosphäre jüdischen Geisteslebens bereichert hatten. Und das war auch der Grund, warum Torberg »Die Tante Jolesch« mit dem Untertitel »Der Untergang des Abendlandes in Anekdoten« versehen hatte.

Teile dieses Abendlandes sind in der zweiten Hälfte des 20. Jahrhunderts wieder auferstanden. Und von dieser Zeit – um auch sie wieder nur ganz grob zu umreißen – und ihren Originalen handelt dieses Buch. Bad Ischl, St. Gilgen, der Semmering, Reichenau, Baden, Vöslau, Gastein und Aussee wurden wieder Sommerfrischen, und Wien blieb wieder Wien (auch wenn ihm das, laut Hans Weigel, ganz recht geschieht). Ja, und da sind oder waren noch Karl Farkas und Hugo Wiener, Maxi Böhm, Ernst Waldbrunn, Helmut Qualtinger, Gerhard Bronner, Attila und Paul Hörbiger, Friedrich Hacker, Ernst Haeusserman, Billy Wilder, Marcel Prawy, Otto Schenk, Fritz Muliar und viele, viele andere, auch mit weniger klangvollen Namen, aber nicht minder ausgeprägtem Sinn für die Kunst des geistvollen Pointensetzens. Was sie uns diesbezüglich hinterließen – und ihre Erinnerungen reichen bis an den Beginn des Jahrhunderts zurück – darf nicht verloren gehen.

Darum hab ich's jetzt niedergeschrieben, wissend, dass mir der eine oder andere die Anlehnung an Torbergs »Tante Jolesch« zum Vorwurf machen wird. Es ändert nichts daran, dass ich's ewig schad fände, die Sprüche und Anekdoten ihrer Enkel und Urenkel in Vergessenheit geraten zu lassen.

Was immer uns die Tante Jolesch Zitierenswertes hinterlassen hat, ist längst sprichwörtlich geworden. »Was ein Mann schöner is wie ein Aff, is ein Luxus« ebenso wie »Ein Gast ist ein Tier« oder »Alle Städte sind gleich, nur Venedig is e bissele anders«. Und das, obwohl sie genau genommen gar nicht die Hauptdarstellerin der

Torberg'schen Erinnerungen ist, sondern – wie er selbst es schreibt – »sozusagen die Gallionsfigur des Narrenschiffes ›Abendland‹, als es Kurs auf Untergang nahm«. Im Mittelpunkt seines Buches stehen ganz andere Käuze dieser Zeit, die Redakteure des »Prager Tagblatts«, Schauspieler, Schriftsteller, Kaffeehaus-Gäste und Oberkellner, Advokaten und Seelenärzte, Meisterschwimmer und Kartenspieler …

Torberg in jeder Weise treu bleibend, will ich den Ablauf ähnlich gestalten, und bei der mir bekannten Tante Jolesch beginnen, um später dann auf die Käuze und Originale unserer Zeit – seien sie berühmt geworden oder nicht – zu sprechen zu kommen.

Ich hatte das Glück, vielen von ihnen begegnet zu sein. Ihre Geschichten haben mein Leben bereichert. Ich hoffe, mit diesem Buch ein wenig von dieser Bereicherung weitergeben zu können.

GEORG MARKUS
Wien, im Juli 2001

»Nicht vom langlebigen Teil der Familie«

Meine Tante Jolesch heißt Flora

Torberg war der Tante Jolesch vermutlich nie begegnet, er verdankte die Kenntnis ihrer Existenz ihrem Neffen, den er als »Seiner Majestät schönster Leutnant« beschreibt. Ich hingegen bin »meiner« Tante Jolesch sehr wohl begegnet, mehr noch, sie war eine wirkliche Tante von mir. Meine Tante Jolesch hieß Flora, und sie war eine der beiden älteren Schwestern meiner Mutter.

Tante Flora hat dieser Welt in ihrem langen Leben einige Aussprüche hinterlassen, die die Tante Jolesch durchaus für sich reklamieren hätte können. Ehe ich sie zitiere, muss ich auf einen weiteren Verwandten, meinen Onkel Franz, zu sprechen kommen, der aus dem alten Österreich-Ungarn stammte, den Großteil seines Lebens aber in den USA verbracht hat. Onkel Franz machte in Hollywood unter dem Namen Francis Lederer eine beachtliche Karriere als Filmschauspieler – und hat dort im November 1999 in erstaunlicher Frische seinen 100. Geburtstag gefeiert.

Die ganze Familie sollte sich zu diesem besonderen Anlass in Los Angeles einfinden, weshalb die Vorbereitungen für das seltene Fest schon ein Jahr davor auf Hochtouren liefen. In einem eher frühen Stadium der Geburtstagsplanung informierte ich Tante Flora vom bevorstehenden Wiegenfest ihres Cousins.

Sie kommentierte das mit den Worten: »Was, der Franz wird

hundert? Dabei ist er doch gar nicht vom langlebigen Teil unserer Familie!«

Hätte schon dieser Ausspruch der echten Tante Jolesch entstammen können, so ließ Tante Flora ein paar Tage später einen ihr nicht minder angemessenen folgen. Als Flora mich nämlich – sie selbst zählte stolze 97 Jahre – um die Adresse von Onkel Francis bat, weil sie ihm zu seinem runden Geburtstag gratulieren wollte, erwiderte ich: »Du hast noch Zeit, Tante Flora, sein hundertster Geburtstag wird erst im nächsten Jahr gefeiert.«

»Ah so, im nächsten Jahr«, überlegte die Tante Flora. »Na ja, da werde ich nicht mehr leben. Wenn du ihm dann gratulierst, lass ihn bitte schön grüßen von mir.«

Aufgrund der relativen Langlebigkeit (auch des »nicht langlebigen Teils«) meiner Familie habe und hatte ich außergewöhnlich viel Kontakt mit alten und sehr alten Menschen. Fasziniert hörte ich meinen Eltern, Großeltern, Tanten und Onkeln zu, wenn sie von gestern und vorgestern erzählten. Die Verbindung zu einer fernen Welt, der ich auf diese Weise recht nahe kam, sollte sich später für meinen Beruf und mein Leben als prägend erweisen.

Der Name Francis Lederer wurde in meiner Kindheit immer mit großer Ehrfurcht genannt. Wer hat schon einen Onkel, der ein richtiger Hollywoodstar ist? Als ich ihn in den späten fünfziger Jahren, als Kind noch, in Wien zum ersten Mal sah, schien er mir wie von einem anderen Stern gekommen. Ein berühmter Schauspieler, ein Bild von einem Mann, dem die Frauen zu Füßen lagen und dessen

Cabriolet – was mich damals am meisten beeindruckte – mit elektrisch versenkbarem Dach vor dem Hotel Sacher parkte.

Erst später lernte ich ihn als liebenswürdigen Herrn der alten Schule kennen. Onkel Francis war 1899 als Franz Lederer in Prag zur Welt gekommen. Er ist für den Kaiser in den Weltkrieg gezogen und hat sich von frühester Jugend an fürs Theater begeistert. Die Sommermonate verbrachte der strahlende Jüngling im mährischen Städtchen Trebitsch, in dem seine (und meine) Familie lebte, aber auch die des späteren österreichischen Bundeskanzlers Bruno Kreisky.

»Als sich das Gerücht verbreitete, dass Franz Lederer nach Trebitsch komme, um dort seinen Urlaub zu verbringen«, schreibt Kreisky in seinen Memoiren, »hätte man meine sehr hübschen Cousinen am liebsten eingesperrt. Der Tag kam, er erschien, und es war wie aus einem Film. Er trug einen Strohhut, den berühmten Girardihut, einen karierten Anzug mit einer auffallenden Krawatte und schwarze Lackschuhe. Die Blicke der Frauen richteten sich nur noch auf ihn.«

Fast ebenso hübsch war Franz' jüngerer Bruder Rudi, von dem erzählt wird, er sei als kleiner Bub mit seinem Kindermädchen durch den Stadtpark von Trebitsch spaziert. Ein Herr kam des Weges, brachte den Vierjährigen durch Grimassen zum Lachen und sagte dann zu der Gouvernante: »Was für ein schönes Kind!«

»Das ist noch gar nichts«, erwiderte die Erzieherin. »Da müssten Sie ihn erst einmal auf einer Fotografie sehen!«

Franz Lederer arbeitete in einem Prager Tuchwarengeschäft und verdiente sich abends als Statist am Deutschen Theater ein paar Kronen dazu, mit denen er seinen Sprechunterricht finanzierte. Um als

Schauspieler ein Engagement zu erhalten, musste man damals einen Smoking besitzen, wovon natürlich keine Rede sein konnte. Also borgte er sich für seine erste Rolle bei einem Friseur eine weiße Jacke aus, die als Dinnerjacket zum Einsatz kam. Auf diese Weise startete Lederer seine Karriere, die ihn über Brünn, Breslau und Wien nach Berlin führte. Dort wurde er von Max Reinhardt entdeckt, in dessen legendärer Inszenierung er – neben Elisabeth Bergner als Julia – den Romeo spielte. Bald auch ein Star des deutschen Stummfilms, holte man ihn Mitte der dreißiger Jahre zuerst an den Broadway und dann nach Hollywood. Wo er in zahlreichen Liebhaberrollen Ikonen wie Ginger Rogers, Maureen O'Hara und Olivia de Havilland betörte.

Als ich zum Fest seines hundertsten Geburtstags nach Los Angeles kam, konnte ich einfach nicht glauben, was ich da erlebte. Francis war trotz seines biblischen Alters immer noch berufstätig: Er unterrichtete mit seinen hundert Jahren jeden Dienstagabend von sieben bis zehn in der »Academy of Performing Arts« eine Schauspielklasse. Nun fanden aus Anlass seines Geburtstags (an dem ich ihn tatsächlich von der mittlerweile verstorbenen Tante Flora »schön grüßen« lassen musste) zahllose Partys statt. Eine Woche lang wurde er als eine der letzten lebenden Legenden der alten Traumfabrik gefeiert, und Francis ließ keines der Feste aus, er war jedesmal bis in die späten Nachtstunden dabei und zeigte eine unglaubliche Kondition.

Dann kam der eigentliche Geburtstagsabend und damit die Hauptfeier. Francis war, wie wir alle übrigens, schon ein wenig ermattet, erhob sich aber dennoch, um die x-te Rede in dieser Woche zu halten. Einmal noch dankte er für die guten Wünsche und sprach darüber, dass er mit seinem Leben rundum zufrieden sei.

»Man müsste nur ein bisschen jünger sein«, sagte er und hob sein Glas. »So neunzig!«

Sein Vater und seine Großeltern hatten, sofern sie den Konzentrationslagern der Nazis entkommen waren, auf dem Jüdischen Friedhof in Prag ihre letzte Ruhestätte gefunden. Francis fuhr in seinen späten Jahren noch einmal zu ihren Gräbern, um sie restaurieren zu lassen. Lächelnd erzählte er mir von jener zweisprachigen Tafel auf dem Prager Friedhof, die beweist, wie schnell man in Tschechien nach dem Fall des Eisernen Vorhangs die Prinzipien kapitalistischen Denkens erkannt hatte. War doch am Eingangstor des alten Jüdischen Friedhofs zu lesen:

»Vstup: 50 Koruni. Entrance: 100 Crowns.«*

Francis ist dann im Mai 2000 im 101. Lebensjahr in seinem Haus in Palm Springs ruhig entschlafen – er hat sich am Abend niedergelegt und ist nicht mehr aufgewacht.

Er hatte drei Jahrhunderte erlebt.

Ich bin überzeugt davon, dass ein Satz wie der vom »nicht langlebigen Teil unserer Familie« einer genetischen Vorbereitung bedarf. Und die hatte Tante Flora. Ihre Mutter – meine geliebte Großmama Ida (auch sie wurde 97 Jahre alt) – ist im bürgerlich-jüdischen Milieu

* Die Übersetzung aus dem Tschechischen lautet: »Eintritt: 50 Kronen«, die Übersetzung aus dem Englischen: »Eintritt: 100 Kronen«.

des erwähnten Städtchens Trebitsch als eines von 16 Kindern aufgewachsen. Ihr Vater hatte eine »Kolonialwarenhandlung en gros und en detail«, der die »Erste Trebitscher Kaffeegroßbrennerei mit elektrischem Betrieb« angeschlossen war. Wenn er mit seiner riesigen Familie beim Mittagstisch in seinem Haus auf dem Trebitscher Karlsplatz saß und die Kinder ein paar Freunde mitgebracht hatten, fiel ihm das weiter gar nicht auf.

Das Leben einer aus achtzehn Personen plus Personal bestehenden Familie muss auch damals recht ungewöhnlich verlaufen sein. Mein Urgroßvater Leopold Ornstein, so erzählte man, sei während eines Spaziergangs durch Trebitsch einem kleinen Mädchen begegnet, das ihn höflich grüßte. Als er das Kind fragte »Wem gehörst du denn?«, soll er als Antwort erhalten haben:

»Na dir, Papa!«

Von Josephine Ornstein, meiner Urgroßmutter, wiederum ist überliefert, dass sie eines Tages per Bahn nach Wien fahren wollte. Sie ging – in jenen Tagen der Wende vom 19. zum 20. Jahrhundert, als von den k. u. k. Staatsbahnen die ersten Expresszüge zwecks schnellerer Reiseverbindung eingeführt wurden – zum Bahnhof in Brünn, um eine Fahrkarte zu lösen.

»Wollen Sie express fahren?«, fragte der Beamte am Kartenschalter.

»Express«, wunderte sich die alte Dame, »was ist das?«

»Mit dem Expresszug kommen Sie schneller nach Wien. Wollen Sie also express fahren?«

»Nein«, entgegnete meine Urgroßmutter. Und lieferte dann noch die für die Frau eines jüdischen Geschäftsmannes logische Begründung nach:

»Für mei Geld möcht ich lange reisen.«

Ich bin natürlich nicht der Einzige, der über die eine oder andere Tante Jolesch verfügte. Viele hatten eine, und so mancher ist vielleicht in der glücklichen Lage, immer noch eine zu haben – was freilich, wie ich fürchte, die Ausnahme sein wird. Einer davon war der Schriftsteller und Kabarettist Hugo Wiener, mit dem ich in jungen Jahren einige Drehbücher verfasste, und den ich als ebenso klugen wie sympathischen alten Herrn in Erinnerung behalte.

Ich weiß nicht mehr, wie seine Tante hieß, aber ich habe mir eine von ihm erzählte Geschichte gemerkt, die uns berechtigt, ihr den Ehrentitel Jolesch zu verleihen.

Auch Hugo Wiener, dessen Vater als Pianist noch bei den legendären Soireen des Walzerkönigs Johann Strauß auftrat, hatte eine weit verzweigte Verwandtschaft. Zu dieser gehörte besagte Tante, deren hervorstechende Eigenschaft eine geradezu pathologische Sparsamkeit war.

Und so sagte sie zu ihrem kleinen Neffen Hugo, wann immer er auf Besuch kam, als erstes gleich: »Willst an Kakao, aber nein!«

Das Schöne an der Geschichte, die – wie manch andere – besser zu erzählen als niederzuschreiben ist, war das Tempo, in dem Hugo Wieners Tante Frage und Antwort zu verbinden wusste:

»Willst-an-Kakao-aber-nein« wurde von ihr als *ein* Wort gesprochen, damit dem Visavis nur ja keine Chance blieb, mit »Ja« zu antworten.

In Buchform nicht wiederzugeben ist auch die wegwerfende Handbewegung, mit der sie das »Aber-nein« optisch verdeutlichte.

Eine Tante Jolesch befand sich schließlich auch im Familienverband des unvergessenen Volksschauspielers Paul Hörbiger. Seine diesbezügliche Verwandte hieß Karoline und wurde mir von ihm als auffallend naive alte Dame beschrieben.

Als nun Soldaten der sowjetischen Besatzungsarmee 1945 plündernd durch Wien zogen und Tante Karolines Wohnung in Mauer stürmten, fiel ihnen als erstes deren goldene Armbanduhr auf. Sofort brüllten sie die Tante an: »Uhra, Uhra!«

Worauf diese ihrer ebenfalls anwesenden Schwester zurief:

»Leopoldine, die Herren Russen wollen wissen, wie spät es ist.«

Die meisten dieser Tanten verfügten über einen passenden Ehemann. Ein solcher mag Herr Georg Tintner – seines Zeichens Direktor eines großen Wiener Versicherungsinstituts – gewesen sein. Sein Urenkel Lucian O. Meysels erzählte mir, dass es zu Herrn Tintners strikt einzuhaltendem Lebensplan gehörte, einmal im Monat – was immer da kommen mochte – zu den Zusammenkünften seiner Freimaurerloge nach Preßburg zu fahren. Anders als zur Zeit der Kaiserin Maria Theresia – deren Mann Franz Stephan selbst einer Loge angehört hatte – war der Geheimbund in der Ära Kaiser Franz Josephs in der österreichischen Reichshälfte verboten, weshalb Wiens Freimaurer in die nächstgelegene Loge auswichen. Und die befand sich im damals ungarischen Preßburg, wohin Urgroßvater Tintner regelmäßig reiste, um an den obligaten Treffen der dortigen Vereinigung teilzunehmen. Vierzig Jahre lang, bis an sein Lebensende, nahm Herr Tintner Monat für Monat, mit eiserner Disziplin, die beschwerliche Fahrt nach Preßburg auf sich. Nichts, weder Krankheit noch Unwetter, konnte ihn davon abhalten.

Als er 1924 starb, schickte seine Witwe sämtlichen Mitgliedern der Preßburger Loge eine Parte, damit diese sich, möglichst vollzählig, beim Begräbnis ihres Mannes einfinden mögen.

Sie war dann sehr enttäuscht, dass kein einziger von ihnen nach Wien kam, zumal sie wusste, dass die Teilnahme an der Beisetzung eines Logenbruders zu den obersten Ehrenpflichten der Freimaurer gehört. Frau Tintner war dermaßen vergrämt, dass sie nach der Trauerfeier in Preßburg anrief, um nachzufragen, warum denn keiner gekommen sei, wo ihr Mann doch vierzig Jahre lang in vierwöchigem Rhythmus Frau und Kinder im Stich gelassen hatte, um seine Freunde in der Loge aufzusuchen.

Da teilte man der staunenden Witwe mit, dass ihr Mann niemals Mitglied der Preßburger Loge gewesen sei.

Wohin er vierzig Jahre lang einmal im Monat gefahren ist – das wird wohl für alle Zeiten ein Rätsel bleiben.

Zu Preßburg kommt mir ein Aperçu des großen Karl Farkas in den Sinn, dem wir in diesem Buch noch öfter begegnen werden.

Niemand sonst konnte wie er ein ihm zugerufenes Stichwort zu einer brillant gesetzten Pointe führen. Diese hier, scheinbar auf Preßburg bezogen, ging in Wahrheit weit über die Bedeutung des Städtchens am linken Donauufer hinaus. Schildert sie doch in wenigen Worten die politischen Irrwege eines ganzen Jahrhunderts:

»Ich hab einen Onkel gehabt«, sagte Farkas, »der ist in Österreich geboren, hat in Ungarn studiert, in der Tschechoslowakei gearbeitet und ist in Deutschland gestorben. Dabei ist er sein Leben lang nie aus Preßburg herausgekommen.«*

Zurück aber zu meiner Tante Flora, die ihre Tante-Jolesch-Qualitäten nicht nur von ihren Ahnen ererbt, sondern offensichtlich auch

* Hätte der Onkel länger gelebt, wäre er auch noch Bürger der ČSSR und – nach dem Fall des Eisernen Vorhangs – der Republik Slowakei geworden.

an ihre Nachfahren weiter gegeben hat – unter anderem an ihre Tochter Lise, die mit dem seinerzeit bekannten Maler Frederic Schiff verheiratet war. Lise zeigte mir einmal das Aquarell einer wunderschönen, spärlich bekleideten Frau, das ihr Mann in den fünfziger Jahren angefertigt hatte und erzählte mir die dazugehörende Geschichte:

Fred hatte den Akt in seinem Wiener Atelier gemalt und war nach Fertigstellung des Bildes mit dem Mädchen in ein Kaffeehaus gegangen. Lise tobte, als sie davon erfuhr, und machte ihrem Mann eine schreckliche Eifersuchtsszene.

»Aber, Liebling«, rechtfertigte er sich, »warum sollte ich nicht mit einer jungen Frau Kaffee trinken, die ich vorher zwei Stunden lang nackt gemalt habe?«

»Das ist etwas anderes«, schrie Lise mit Tränen erstickter Stimme. »Beim Kaffee war sie ja schon angezogen.«

Die Familienanekdote erinnert mich, wie manch andere, die das Leben schreibt, an einen Witz: Ein Maler küsst im Atelier sein junges, schönes Modell und hört plötzlich, wie der Schlüssel in der Eingangstür umgedreht wird. Da ruft er dem Mädchen zu:

»Schnell ausziehen! Meine Frau kommt.«

»Des Teuferls General«

Torberg, Weigel & Co

Friedrich Torberg hält sich in seinen Erinnerungen an die Tante Jolesch – die in Wahrheit auch seine eigenen sind – bescheiden im Hintergrund. Obwohl wir wissen, dass er im Umgang mit Freunden und Mitarbeitern überaus originell sein konnte. Lassen wir hier also Torberg durch seine eigene Schlagfertigkeit zu Wort kommen, in der er den von ihm zahlreich zitierten Kaffeehausliteraten um nichts nachstand. Der Karikaturist Rudolf Angerer erzählte mir von einer Autofahrt, die er einmal mit Torberg unternommen hatte. Als irgendwo in Währing, am Stadtrand von Wien, die Ampel »Rot« zeigte, mussten sie mit ihrem Wagen gezwungenermaßen stehen bleiben. Da schaute Torberg zum Fenster hinaus und entdeckte das Portal einer Süßwarenhandlung mit der Aufschrift »Zuckerl-Mayer«.

Worauf er trocken sagte: »Das ist der, der ›Des Teuferls General‹ geschrieben hat!«

Der solcherart minimierte Carl Zuckmayer zählte ebenso zu Torbergs Freundeskreis wie Thomas Mann, Fritz von Herzmanovsky-Orlando und Franz Werfel, denen er sich aufgrund des Erfolgs seines Erstlingswerks »Der Schüler Gerber hat absolviert« schon im Alter von 21 Jahren zugehörig fühlen durfte. Weit weniger Aufsehen erregte sein zweiter Roman »Die Mannschaft«, der – wie Torberg selbst bekannte – »für die Sportler zu g'scheit und für die G'scheiten zu sportlich« war.

Auch wenn seine Liebe zum Sport für viele im Gegensatz zum intellektuellen Anspruch des Dichters stand, blieb der athletisch gebaute Torberg lange als Schwimmer und Wasserballer (der in seinen Jugendtagen für die »Hakoah« einen Meistertitel errang) aktiv. Seine fanatische Hingabe zum Fußballklub »Austria« spiegelt sich in einer skurrilen Episode im Exil wider: Als Fritz Molden 1947 nach New York kam, um dort im Auftrag der österreichischen Regierung die Zeitschrift »Austria Information« zu gründen, konnte sich Torberg des Eindrucks nicht erwehren, Molden würde seine Position dafür missbrauchen, die aus Wien eintreffenden Sportnachrichten in übler Weise zu manipulieren. Knappe Siege der von Molden bevorzugten »Vienna« seien in dem Blättchen aufgebauscht und deren Niederlagen vertuscht worden, wohingegen die Erfolge der von Torberg favorisierten »Austria« angeblich sträflich vernachlässigt wurden. In der »Austria Information«-Redaktion langten zahllose Leserbriefe eines James B. McNussenblatt ein, der sich als ausgezeichneter Kenner der österreichischen Fußballszene erwies. McNussenblatt ging so weit, die in der Zeitschrift wiedergegebene Tabelle der Fußballergebnisse als glatte Fälschung und Molden als »Agent eines primär zur Vernichtung der ›Austria‹ geschaffenen Geheimdienstes« zu bezeichnen.

Nach intensiven Recherchen gelang es Fritz Molden, James B. McNussenblatt als Friedrich Torberg zu entlarven.

Man stelle sich vor, wie groß die Liebe des aus der Heimat Vertriebenen zu Österreich gewesen sein muss, wenn ihm nach fast zehnjährigem Aufenthalt in der Fremde die Reputation des

Fußballklubs »Austria« derartige Sorgen bereiten konnte. Darüber hinaus wurde das New Yorker Penthouse des Ehepaares Friedrich und Marietta Torberg in der 55. Straße, Ecke 7. Avenue, von Besuchern als bewohnbar gemachte Kopie des einstigen Café Herrenhof beschrieben.

Torberg kehrte ein Jahr nach der McNussenblatt-Episode zurück nach Wien, um hier wieder als Kritiker zu arbeiten und die von ihm gegründete Kulturzeitschrift »Forum« herauszugeben. In Wien wurde, als Torberg bereits etabliert war, oft die Frage gestellt, ob der zum Romancier Berufene sein Genie vergeudet hätte, weil er im Journalismus verblieben war.

»Nein«, antwortete Hans Weigel, »er hat zwar gewiss darunter gelitten, dass er vor lauter ›Forum‹ kaum zu anderer Arbeit kam, aber er hat es gleichzeitig genossen, dass er darunter gelitten hat.«

In der Tat blieb für seine schriftstellerische Tätigkeit wenig Zeit. Einzig sein Roman »Süßkind von Trimberg«, die »Tante Jolesch« und deren »Erben« sowie die Übersetzungen der Satiren Ephraim Kishons zeugen von seinem späten literarischen Schaffen. Während Torberg gegen Ende seines Lebens »mit Entsetzen vermerkte, dass es sehr viele Leute gibt, die mich überhaupt nur als Kishon-Übersetzer kennen«, widerlegte Kishon dies mit der Feststellung, »dass Torberg gar nicht das übersetzt, was ich geschrieben habe, sondern das, was er übersetzen möchte«.

Friedrich Torberg, der einstige Kaffeehausliterat, hatte sich mittlerweile in sein Landhaus in Breitenfurt bei Wien zurückgezogen, wo er täglich bei exzessivem Kaffee- und Zigarettenkonsum bis in die frühen Morgenstunden hinein schrieb und erst nach Mittag wieder aufstand. Er könnte seine Freunde »am Daumen einer Hand abzählen«, erklärte Torberg die Abgeschiedenheit seiner späten Jahre.

Sollte er zeitweise wirklich einsam gewesen sein, dann dürfte wohl der von ihm inszenierte »Brecht-Boykott« einiges dazu beigetragen haben. Als der Schriftsteller und Parodist Robert Neumann in jenen Tagen vermutete, »dass Torberg zu jedem Frühstück einen Kommunisten verspeist«, entgegnete Marcel Reich-Ranicki:

»Das stimmt natürlich nicht. Denn erstens ist Torberg Vegetarier und zweitens Feinschmecker.«

Torbergs treuester Mitstreiter in der Ablehnung gegenüber Bert Brecht war Hans Weigel. So einig sich die beiden Kritiker in Sachen Brecht auch waren, so konträr dachten sie in anderen Fragen – ganz besonders in einer: Während man Weigel wiederholt seine Einstellung zum Judentum und die Bagatellisierung eines möglicherweise wieder aufkommenden Antisemitismus vorwarf, schrieb Torberg unermüdlich gegen das Vergessen in der Geschichte an. Und fand über seinen Widersacher die Worte:

»Der Weigel ist der einzige Mensch in Österreich, der glaubt, dass der Weigel kein Jud ist!«

Hans Weigel war zeitweise nicht nur auf Torberg, sondern – nebst anderen – auch auf Marcel Prawy schlecht zu sprechen. Das muss man wissen, um die folgende Geschichte, die sich in den fünfziger Jahren im Café Volksoper zugetragen hat, verstehen zu können.

Als Weigel dort eines Abends neben der Schauspielerin Louise Martini saß, betrat ein stattlicher, gut aussehender Herr das Lokal und grüßte sehr höflich – zuerst Louise Martini und dann Hans Weigel. Worauf die beiden den Gruß ebenso höflich erwiderten.

Kaum war der stattliche Herr außer Sichtweite, fragte Weigel – der extrem kurzsichtig war und daher oft gleichzeitig mehrere Brillen auf

Stirn und Nase platziert hatte –, Weigel also fragte seine Tischnachbarin, wer der Herr gewesen sei, den sie gerade gegrüßt hätten.

»Das war der Prawy«, antwortete Louise Martini.

Nach Erhalt dieser Auskunft begann Weigel aufgeregt in seiner Aktentasche irgendwelche Papiere zu suchen. Als er sie endlich gefunden hatte, sprang er auf und lief Prawy nach. Sobald er ihn eingeholt hatte, hielt er diesem die mitgebrachten Unterlagen vors Gesicht und sagte:

»Das sind ärztliche Atteste, die bescheinigen, dass ich schlecht sehe. Nur so konnte es passieren, Herr Doktor Prawy, dass ich Sie gegrüßt habe.«

Sprach's und ging – diesmal selbstverständlich grußlos – zurück an seinen Tisch.

Wo bitte sehr, trifft man fünfzig Jahre später einen Herrn, der einer solchen Aktion fähig wäre?

Zwei Begebenheiten noch, die typisch für Weigels Humor sind. In der Zeit, als Hans Dichand Chefredakteur des »Kurier« war, schrieben dort gleichzeitig Weigel, Torberg und Heimito von Doderer. Weigel ging des Öfteren mit Dichand und der Kulturredakteurin Hedi Schulz zum Mittagessen. Als er einmal, in einem Lokal am Stadtrand von Wien, Kaiserschmarrn bestellte, wunderte sich Dichand:

»Herr Weigel, Sie essen Kaiserschmarrn? Es weiß doch jeder, dass Sie gegen die Monarchie sind!«

»Schmarrn in Verbindung mit Kaiser«, replizierte Weigel, »*das* geht!«

Und als der durch seine Fernsehserien populär gewordene Schauspieler und Regisseur Fritz Eckhardt mit dem Ehrentitel »Professor« ausgezeichnet wurde, telegrafierte ihm Weigel:

»Hiermit lege ich meinen Professorentitel zurück. Albert Einstein.«

Zu Weigel fällt mir aber auch eine Begebenheit ein, die ich aus nächster Nähe miterlebte. Im Gegensatz zu Torberg – den ich nur einige wenige Male getroffen hatte – kannte ich Weigel sehr gut, fast könnte ich sagen, mit ihm befreundet gewesen zu sein. Das war wohl auch der Grund, weshalb ich einige Jahre nach seinem Tod von einem Grazer Verlag eingeladen wurde, einen Beitrag über den Doyen der Wiener Theaterkritik zu schreiben.

Ich war einer von mehreren Autoren, die sich in dem geplanten Buch an Weigel erinnern sollten. Zu ihnen zählten neben seiner Lebenspartnerin Elfriede Ott auch die Schauspieler Otto Schenk und Helmuth Lohner, die Kabarettisten Gerhard Bronner, Georg Kreisler und Werner Schneyder, die Journalisten und Autoren Hans Dichand, Trude Marzik und Marcel Reich-Ranicki. Aber auch die Politiker Rudolf Kirchschläger, Franz Vranitzky, Peter Marboe, Helmut Zilk.

Und Franz Olah.

Bei der Präsentation des Weigel-Erinnerungsbandes im Wiener Rabenhof-Theater blätterte ich in dem druckfrischen Werk und blieb bei dem ein wenig eigentümlich anmutenden Beitrag »Irritationen des Lebens«, verfasst von Franz Olah, hängen. Im Gegensatz zu den meisten anderen Autoren war der ehemalige Innenminister und Gewerkschaftspräsident jedoch nicht anwesend.

Hatte er überhaupt einen Beitrag für dieses Buch geschrieben?

Und wenn nicht: Wer war dann der geheimnisvolle Autor des Kapitels, über dem »Franz Olah« stand?

Nun, im burgenländischen Markt Deutschkreutz lebt ein Bundesbahnbeamter gleichen Namens, der auf äußerst sonderbare Weise zum Weigel-Chronisten wurde: Franz Olah, 35 Jahre alt und am Kartenschalter des Bahnhofs Wr. Neustadt tätig, erhielt ein Jahr vor Erscheinen des Buches – wie wir alle, die sich an Weigel erinnern sollten – einen Brief des steirischen Verlagshauses, mit der Bitte, einen Beitrag zum 90. Geburtstag des verstorbenen Literaturpapstes zu schreiben.

»Ich hab mich eh sehr g'wundert«, sagte Olah, der Bahnbeamte, als ich ihn nach der Präsentation des Buches ausfindig machte. »Ich hab mich g'wundert, weil ich den Weigel weder gekannt noch je etwas von ihm gelesen habe.«

Daher nahm der biedere Beamte das Verlagsschreiben zunächst nicht weiter ernst und legte es beiseite.

Bis nach einigen Monaten ein weiterer Brief kam, diesmal mit der dringlichen Anfrage, wann endlich mit dem Manuskript zu rechnen wäre.

Worauf er an der Sache Geschmack zu finden begann. Wer hat schon Gelegenheit, seinen Namen nebst so illustren Persönlichkeiten in einem Buch wiederzufinden? Also las Herr Olah (der mit dem Politiker weder verwandt noch verschwägert ist) in Weigels Werken nach. Und verfasste ein Kapitel, das er dem Verlag schickte und das dann auch tatsächlich so erschienen ist.

Im Verlag suchte man, als ich die Verwechslung in einem Zeitungsartikel »aufgedeckt« hatte, eine Erklärung für die ein wenig peinliche Angelegenheit.

Die da lautete: Eine Mitarbeiterin war beauftragt worden, Franz Olahs Adresse herauszufinden. Als man ihr bei der Telefonauskunft die Adresse des Herrn in Deutschkreutz nannte, begann die Posse ihren Lauf zu nehmen.

Immerhin kommt »der falsche Olah« auf zwei Buchseiten zu dem Schluss: »Nehmen wir den 90. Geburtstag Hans Weigels zum Anlass, darauf hinzuweisen, welche Werte in den Werken der österreichischen Dichtung und vor allem in den Werken Hans Weigels liegen.«

Tatsächlich. Welche Werte liegen dort. Der Nestroy, der Qualtinger und der Weigel selbst sind wohl am Tag der Buchpräsentation auf einer Wolke gesessen und haben sich gefreut, dass in Österreich alles so geblieben ist, wie sie's immer so trefflich beschrieben hatten.

Hans Weigels »Watschenaffäre« wurde zwar vielfach beschrieben, wir wollen ihr aber hier noch die eine oder andere der Tante Jolesch adäquate Facette anfügen. Die Schauspielerin Käthe Dorsch hatte dem Kritiker 1956 bekanntlich – nachdem er sie für damalige Weigel-Verhältnisse ohnehin eher sanft verrissen hatte – auf offener Straße eine schallende Ohrfeige verpasst. Worauf Weigel sie klagte. Der Ausrutscher hätte gar nicht so viel Aufsehen erregt, wäre Käthe Dorsch nicht Wiederholungstäterin gewesen – sie hatte vor Weigel schon den deutschen Kritiker Harich geohrfeigt.

Vergleichsweise milde kam ein anderer Journalist davon, der aus Anlass von Käthe Dorschs angeblich 65. Geburtstag einen Artikel verfasst hatte. Teilte die Schauspielerin dem Interviewer doch nach Erscheinen der Würdigung in einem groben Brief mit, »um einige Jahre jünger« zu sein, als von ihm angegeben. Als der Redakteur nun höflich anfragte, um wie viele Jahre er sich geirrt hätte, antwortete die Dorsch: »Genug Jahre, um Ihnen, in Ohrfeigen ausgezahlt, die Lust am Schreiben zu nehmen!«

Wahr ist, dass Käthe Dorsch, Jahrgang 1890, bei Erscheinen des Zeitungsberichts nicht 65, sondern 64 Jahre alt war.

Um aber aufzuzeigen, welch enorme Bedeutung Schauspieler ihrem eigenen Beruf beimessen, muss hier die Aussage Raoul Aslans, der in der »Watschenaffäre« Dorsch vs. Weigel als Zeuge einvernommen wurde, zitiert werden. Forderte der große Mime doch mit vollem Ernst und dem der Angelegenheit angemessenen Pathos vor Gericht »die Todesstrafe für Hans Weigel«.

Verurteilt wurde dann aber doch die Dorsch, und zwar »zu einer Geldstrafe von S 500,-, im Nichteinbringungsfalle drei Tage Arrest«.

Weigel wurde in den Redaktionen, für die er schrieb, nicht nur wegen der brillant formulierten Schärfe seiner Kritiken geschätzt, sondern auch wegen deren pünktlicher Ablieferung. »Wenn ich mein Manuskript für 12 Uhr versprochen habe«, sagte er, »und es ist um 12.01 Uhr noch nicht da, können Sie schon die Parte aufsetzen lassen.«

Ich wäre, ehrlich gesagt, nicht gern Schauspieler in den Tagen der Torberg'- und Weigel'schen Vernichtungsfeldzüge gewesen (es konnte ja auch kein Trost sein, dadurch einmal in die Geschichte der Literaturkritik Eingang zu finden). Als ich die beiden Kritikerpäpste viel später dann kennen lernte, zeigten sie sich als gütige ältere Herren, die keiner Fliege etwas zuleide hätten tun können.

Geschweige denn einem Schauspieler.

Am Ende des Kapitels lasse ich noch einmal Friedrich Torberg zu Wort kommen. Mit einer Aussage, die – stammte sie nicht von ihm selbst – in die Zitatensammlung seiner »Tante Jolesch« gepasst hätte. Gelangte er doch, als man den so ungesund Lebenden gefragt hatte, ob es nicht vernünftig wäre, Nikotin- und Koffeingenuss einzuschränken, zu der Erkenntnis:

»Ich rauche, trinke schwarzen Kaffee, schlafe zu wenig, mache zu wenig Bewegung und bin auf diese Weise 70 Jahre alt geworden. Vielleicht wäre ich bei gesünderer Lebensführung heute schon 75 oder 80, aber das lässt sich schwer feststellen.«

Es war die letzte Torberg-Pointe, die uns überliefert ist. Eine Pointe, bei der man, wie so oft bei ihm, nicht recht wusste, ob man lachen oder weinen soll.

Denn er starb wenige Monate später, gerade 71 Jahre alt, an den Folgen einer Thrombose.

»Bis der Bub in Pension gehen kann«

Die Nachfolger des Dr. Sperber

Zu den populärsten Figuren der »Tante Jolesch« zählt der Wiener Rechtsanwalt Dr. Hugo Sperber, dessen Werbeslogan geradezu Kultstatus erlangte:

»Räuber, Mörder, Kindsverderber,
Gehen nur zu Doktor Sperber.«

Sage mir keiner, es hätte nach dem Krieg in Wien keinen zweiten Doktor Sperber gegeben. Sperber II. hieß Dr. Michael Stern und ist heute fast so legendär wie das Original. Auch für ihn gab's einen Werbespruch, der freilich von Karl Farkas stammte und von diesem in einer »Simpl«-Conférence verbreitet wurde:

»Bleibst du gern dem Häfen fern,
Nimm dir nur den Doktor Stern.«

Stern hat eine außergewöhnliche Biografie, war er doch einer von dreißig jüdischen Rechtsanwälten, die man nach 1938 weiter als »Rechtskonsulenten« in Wien arbeiten ließ. Dass er bis Kriegsende »nichtarische Klienten« vertreten durfte, verdankte Stern der Ehe mit seiner nichtjüdischen Frau Edith, die sich trotz des enormen

Drucks, der auf sie ausgeübt wurde, standhaft weigerte, sich von ihrem Mann scheiden zu lassen und ihn damit vor der sicheren Verfolgung schützte.

Nach dem Krieg erlangte Michael Stern Ansehen als Anwalt prominenter Klienten, aber auch in spektakulären Strafprozessen – allen voran gegen Adrienne Eckardt, die »Mörderin mit dem Engelsgesicht«. Wir aber wollen hier Dr. Sterns Talent nachgehen, seine Gesprächspartner durch Anekdoten aus dem Gerichtssaal in den Bann zu ziehen. So telegrafierte er einmal einem Mandanten nach Abschluss seines Prozesses: »Die gerechte Sache hat gesiegt.«

Worauf dieser antwortete: »Sofort Berufung einlegen!«

Mit seinem Aufstieg zum berühmtesten Advokaten des Landes stieg auch das Vermögen des alten Stern, das er sehr geschickt in Immobilien anzulegen verstand. Seine Villen in Grinzing und Zinshäuser in der Wiener Innenstadt führten dazu, dass man im Landesgericht für Strafsachen schon in den sechziger Jahren munkelte: »Wenn der alte Stern stirbt, trägt das Grundbuch Trauerflor.«

Er aber dachte lange nicht ans Sterben. Michael Stern wurde 92 Jahre alt. Der Tod ereilte ihn im Dezember 1989 – eben dort, wo er es sich gewünscht hatte: in seiner Kanzlei auf der Wiener Seilerstätte, in der er jeden Tag ab vier Uhr früh anzutreffen und bis zur letzten Stunde seines Lebens tätig war.

Als er hoch in den Achtzigern stand, schlief er schon mal während einer Verhandlung ein, wachte aber stets dann auf, wenn es darum ging, seinen Mandanten mit einem brillanten Plädoyer vor der sicher scheinenden Verurteilung zu bewahren. Zur Höchstform gelangte der als »Wunderrabbi des Gerichtssaals« bezeichnete

Dr. Stern stets in der Schlussphase seiner Verteidigungsreden, wenn er die Geschworenen in eindringlichen Worten aufforderte, dem Angeklagten zu einem Freispruch zu verhelfen, da dieser garantiert schuldlos sei. Dies müsste man einem alten Anwalt glauben, dessen nächster Prozess sicher schon vor dem Jüngsten Gericht stattfinden würde, da er bereits mit einem Fuß im Grab stünde.

In diesem »stand« er gut zwanzig Jahre, und ebenso lang zog die Masche, die selbst geeichte Kiebitze zu Tränen zwang.

Auch in einem Terroristenprozess wies der damals 85-jährige Staranwalt wieder einmal auf sein demnächst zu erwartendes Ableben hin, um dann noch mit einem Blick zu seinem »erst« achtzigjährigen Kollegen Dr. Obendorfer – der einen Komplizen seines Mandanten vertrat – anzufügen: »Ich, meine Damen und Herren Geschworenen, bin nicht hier, um mein Honorar zu verdienen, wie dies bei meinem jungen Kollegen Dr. Obendorfer der Fall sein mag.«

Der neben ihm auf der Verteidigerbank sitzende »Jüngling« erstarrte derweilen zur Salzsäule.

Auf die Tränendrüse drückte der alte Stern auch im Fall einer der Abtreibung verdächtigten Hebamme. Obwohl viele Indizien gegen die »Engelmacherin« sprachen, gelang es dem Strafverteidiger mit dem ihm eigenen Geschick, einen Freispruch zu erwirken. Leider erklärte die Frau dem Richter zum Entsetzen ihres Advokaten nach der Urteilsverkündung:

»Vielen Dank, Herr Rat! Und ich werd's auch bestimmt nimmer mehr machen!«

Die eben noch von den Kiebitzen im Gerichtssaal vergossenen Tränen wichen allgemeinen Heiterkeitsausbrüchen.

In Juristenkreisen hieß es mit Hinweis auf die Privilegien, die

Dr. Stern beim Besuch von Strafgefangenen im »Grauen Haus« genoss, dass in Österreich vielleicht alle Bürger, nicht aber alle Anwälte vor dem Gesetz gleich wären. Die Bevorzugung des Staranwalts bestand auch außerhalb der Gerichtsmauern, etwa im Feinkostgeschäft Meinl am Graben, das – wenn der berühmte Strafverteidiger einkaufen wollte – seinetwegen schon um sechs Uhr früh aufgesperrt wurde.

Um ein Privileg ganz anderer Art bemühte sich der gewiefte Jurist, als er eines Morgens den nicht minder legendären Burgtheaterdirektor Ernst Haeusserman anrief.

Haeusserman, der damals Max Reinhardts traditionell ausverkaufte »Jedermann«-Inszenierung für die Salzburger Festspiele betreute, war Nachtmensch und infolgedessen Langschläfer. Keiner hätte es je gewagt, ihn vor zehn Uhr vormittag zu belästigen. Nur einer: der Morgenmensch Dr. Michael Stern, den man schon in seiner Kanzlei antreffen konnte, wenn Haeusserman noch durchs Wiener Nachtleben streunte.

Dennoch läutete eines sehr frühen Sommermorgens das Telefon in der Wiener Wohnung des Theaterprinzipals. Haeusserman wankte schlaftrunken zum Apparat. Es war knapp nach fünf Uhr früh!

Das Burgtheater musste brennen, anders war eine Störung zu dieser Stunde nicht erklärbar.

Doch der Grund des Anrufes war ein ganz anderer. »Hier spricht Dr. Stern«, verkündete die verdächtig munter klingende Stimme am anderen Ende der Leitung. Haeusserman ließ sich in einen nahen Fauteuil fallen und lauschte im Halbschlaf den brillant gesetzten Worten des Strafverteidigers.

»Mein lieber Hofrat Haeusserman«, hob der alte Stern an, »ich lasse gerade mein Leben Revue passieren. Und da fällt mir ein, dass wir uns jetzt schon seit so vielen Jahren kennen. Da hab ich mir gedacht, es wär doch nett, wir würden uns du sagen.«

Haeusserman war gerührt, fühlte sich geehrt – nur eines konnte er sich beim besten Willen nicht erklären: Warum, um alles in der Welt, musste die Verbrüderung ausgerechnet am Telefon erfolgen.

Und vor allem: zu dieser Stunde!

Wie auch immer, sie riefen einander »Servus, Ernstl« und »Servus, Michael« zu, und als Haeusserman endlich den Hörer auflegen wollte, um die gestörte Nachtruhe wieder aufnehmen zu können, fügte der alte Stern schnell an:

»Ach ja, lieber Ernstl! Weil wir grade so nett miteinander plaudern, hätt ich eine Frage an dich: Hast du noch zwei Karten für den ›Jedermann‹ am nächsten Sonntag?«

Ich lernte Dr. Stern in den siebziger Jahren kennen, als ich eine Zeit lang für den »Kurier« als Gerichtssaalreporter tätig war. Journalisten gegenüber war der alte Stern ausnehmend höflich und entgegenkommend, und natürlich immer darauf bedacht, dass »seine« Prozesse in den Medien den entsprechenden Niederschlag fanden (was dank seiner Prominenz auch meist der Fall war). Aus diesem Grund lud er mich das eine oder andere Mal zum Frühstück in seine Kanzlei ein, die eher einem Kontor aus einem Nestroystück denn einem Büro des 20. Jahrhunderts glich.

Für die Mitarbeiter der Kanzlei Stern war in jenen Tagen die elektrische Schreibmaschine noch nicht erfunden, und wer die Installierung eines Computers vorgeschlagen hätte, wäre vom Chef für verrückt erklärt worden. Der als geizig bekannte Dr. Stern hechelte ständig von einem Büroraum zum anderen, um darauf zu achten, dass sämtliche Lichter abgedreht würden. Ebenso war er darauf erpicht, Papier zu sparen. »Das Kanzleipapier«, lautete einer seiner unverrückbaren Grundsätze, »schneide ich immer in der Mitte durch, weil unten sowieso nichts steht.«

Knausrig war er auch, was das Salär seiner Angestellten betraf. Dabei kam ihm entgegen, dass es jungen Juristen zur Ehre gereichte, beim alten Stern als Konzipienten tätig zu sein, wobei tatsächlich viele seiner ehemaligen Mitarbeiter später berühmte Anwälte wurden, wie etwa der beim alten Stern in die »Lehre« gegangene Strafverteidiger Dr. Herbert Eichenseder.

Dieser war längst ein selbstständiger, überaus erfolgreicher Advokat, als eine Zeitung aus Anlass von Sterns achtzigstem Geburtstag ein Porträt über die Anwaltslegende veröffentlichte. In einem Nebensatz zwar, aber durchaus der Realität entsprechend, erzählte Eichenseder einem Reporter des Blattes, dass ihm sein früherer Chef seit Jahren einen Teil seines letzten Urlaubsgeldes in Höhe von 6783,- Schilling schuldig geblieben sei.

Nach Erscheinen des Berichts rief Dr. Stern seinen ehemaligen Konzipienten an, um ihm mitzuteilen, dass er die Sache selbstverständlich sofort zu bereinigen wünschte. Die beiden trafen einander im Verteidigerzimmer des Wiener Landesgerichts, in dem Eichenseder endlich den seit Jahren offenen Betrag zu erhalten dachte. Der alte Stern freilich ging auf ihn zu, nahm den bedeutend jüngeren Kollegen an der Hand und sagte:

»So, jetzt sind wir per du, und damit ist die Sache erledigt.«

Die für alle Zeiten offen gebliebene Urlaubszahlung änderte nichts daran, dass Stern und Eichenseder etwas später gemeinsam die

Verteidigung eines wegen Mordversuchs angeklagten Unterweltlers übernehmen sollten.

Die Anwälte waren redlich darum bemüht, für ihren Mandanten einen Freispruch wegen Notwehr zu erwirken, hatten mit dieser Taktik aber keinen Erfolg. Nachdem er zu einer zwölfjährigen Haftstrafe verurteilt worden war, begleiteten Stern und Eichenseder ihren sie wüst beschimpfenden Klienten vom Gerichtssaal zu seiner Zelle im Wiener Landesgericht.

»Zwa Anwält hab i ma g'nommen«, fluchte der Verurteilte. »Und was hat's bracht'? In Häfen muass i.«

»Was regen Sie sich auf«, versuchte ihn der alte Stern zu beruhigen. »Sechs Jahre für einen Mordversuch, das ist doch ein gutes Urteil.«

Worauf der Gefangene einwandte: »Was heißt sechs – zwölf Jahr hab i kriegt!«

»Ja, aber pro Anwalt!«, erklärte Stern, ehe die Zellentür zwischen ihm und dem Täter ins Schloss fiel.

Ebenso wie für seine Klienten war Dr. Stern auch in eigener Sache rechtskundig tätig. Wegen einer akut aufgetretenen schweren Darmerkrankung ins Spital eingeliefert, verweigerte er gegen den ausdrücklichen Rat des Ärztekonsiliums die Operation und verlangte statt dessen auf dem Wege einer Diät wiederhergestellt zu werden (was in der Tat gelingen sollte).

Als ihn Wochen nach seiner Entlassung eine Rechnung des Lainzer Krankenhauses erreichte, lehnte er es ab, diese zu zahlen. Und er begründete das damit, dass

1.) die Position »Verpflegung« ungerechtfertigt sei, zumal er infolge seines Darmleidens ohnehin nichts essen durfte. Und, dass
2.) das von ihm belegte Einzelzimmer, was Größe, Ausstattung, Komfort und Widmung betraf, eher als Sterbekammer zu

bezeichnen wäre, die freilich ihren Zweck insofern nicht erfüllte, als er immer noch am Leben sei.

Nach einem ausgedehnten Schriftwechsel gab sich die Gemeinde Wien geschlagen.

Dr. Stern hatte wieder einmal gewonnen.

Während eines Frühstücks, zu dem ich in die Kanzlei Stern eingeladen wurde, berichtete mir der Chef des Hauses von einer in seiner Glanzzeit, gleich nach dem Krieg, handelnden Geschichte. Damals verteidigte er im Wiener Landesgericht einen Dachdeckergehilfen, der seinen berufsmäßigen Zugang zu Wohnhäusern für ausgedehnte Diebstouren missbraucht hatte. Nachdem Dr. Stern vor Gericht eine Notlagesituation des Angeklagten zu konstruieren versuchte, die man als mildernden Umstand hätte werten können, fragte der Vorsitzende nach dem Wochenverdienst des Dachdeckers. Worauf dieser eine Summe nannte, die den Richter in Erstaunen setzte: »Na hören Sie, das ist ja mehr als mein Monatsgehalt!«

»Natürlich, Herr Rat«, argumentierte der Angeklagte, »aber i arbeit ja auch was!«

Das treffendste Stern-Zitat ist auf seinen Sohn Peter, den sogenannten »jungen Stern«, bezogen, der in jenen Tagen freilich auch schon um die sechzig war, sich aber, wie er selbst bekundete, »diametral vom Vater unterschied«. In Gerichtskreisen munkelte man, mit einem etwas mitleidigen Blick auf den Juniorchef der renommierten Kanzlei, dass »dem alten Stern das Zeugen vor Gericht« meist besser gelungen wäre als im Privatleben.

Als der nun schon 88 Jahre alt gewordene Michael Stern gefragt wurde, wie lang er denn noch als Anwalt tätig sein würde, antwortete er, sorgenvoll in die Zukunft blickend:

»Fünf Jahr muss ich noch arbeiten, bis der Bub in Pension gehen kann.«

Der alte Stern hat dieses Ziel um wenige Monate verfehlt, er lebte (und verteidigte) von da an noch viereinhalb Jahre. Nicht lang genug jedenfalls, um »den Buben in Pension« schicken zu können. Dr. Peter Stern brachte nach dem Tod des Vaters das Kunststück zuwege, die Kanzlei und die vom alten Stern erworbenen Immobilien zu verlieren.

Als einen weiteren »Dr. Sperber« unserer Zeit – wenn auch in ganz anderen wirtschaftlichen Verhältnissen lebend – könnte man den Wiener Rechtsanwalt Dr. Hans Gürtler bezeichnen, dessen Kanzlei nun schon in dritter Generation besteht. Auch viele seiner Konzipienten wurden später berühmte Anwälte, aber bis dahin hatten sie eine harte Schule durchzumachen. Denn während Gürtler seine gefürchtet langen Plädoyers hielt, harrten sie – im Gerichtssaal neben ihm sitzend – des Augenblicks, da er sie aufforderte: »Herr Kollege, bitte machen Sie weiter!«

Das konnte jederzeit und ohne jede Vorankündigung passieren. Wer den Umstieg verschlief, lief Gefahr, Gürtlers Gunst verloren zu haben.

Einer der solchermaßen von ihm geforderten Konzipienten war der spätere Wirtschaftsanwalt Dr. Erich Schröfl. Als dieser einen – zwischen zwei Prozessterminen fixierten – Besuch beim Friseur ankündigte, hielt Gürtler ihn unter Androhung disziplinärer Maßnahmen davon zurück: »Der Besuch eines Friseurladens ist während der Dienstzeit verboten!«

»Aber Herr Doktor«, protestierte Schröfl, »mir sind die Haare ja auch in der Dienstzeit gewachsen.«

Gürtler zeigte sich von der Verteidigungslinie seines Schülers beeindruckt und behielt ihn wohlwollend im Auge.

Neben der Jurisprudenz hatte sich Kanzleigründer Hans Gürtler schon Mitte der dreißiger Jahre ein zweites Standbein geschaffen, als er nämlich nach dem Tod der legendären Anna Sacher deren Hotel vis-à-vis der Wiener Staatsoper kaufte und vor dem Konkurs rettete. Seither befindet sich das Sacher im Besitz der Familie Gürtler.

Franz Sacher – der Erfinder der Sachertorte – hatte durch den Handel mit seiner weltberühmten Süßspeise so viel verdient, dass er jedem seiner beiden Söhne ein Hotel hinterlassen konnte: Eduard erhielt das Wiener Sacher, das später dann seine Witwe Anna führte. Und Carl, der jüngere Sohn, bekam ein in der mondänen Kurstadt Baden gelegenes Hotel. Zwar ist das Wiener Sacher, schon seiner exklusiven Lage wegen, das bekanntere der beiden Quartiere, dafür genießt aber das Badener Sacher den Vorzug, bis zum heutigen Tage im Besitz der Familie Sacher geblieben zu sein.

Das Hotel in Baden wurde in der Besatzungszeit von den Sowjets okkupiert, in entsprechend desolatem Zustand an die Familie zurück gegeben und 1956 als Hotel und Restaurant wieder eröffnet.

Dies aber war der Zeitpunkt, da sich Rechtsanwalt Dr. Hans Gürtler, der Besitzer des Wiener Sacher, zu Wort meldete, um im geschliffenen Juristendeutsch festzuhalten, dass er die Existenz zweier Hotels mit dem Namen Sacher nicht dulden würde. »Ich fordere Sie daher ultimativ auf«, schloss Gürtler seinen Brief an den Enkel des Firmengründers, »Ihrem Hotel in Baden einen anderen Namen zu geben, widrigenfalls ich mir rechtliche Schritte vorbehalte. Hochachtungsvoll Dr. Gürtler.«

Carletto Sacher, der Enkel, las den Brief, nahm ein Blatt Papier zur Hand und antwortete dem berühmten Anwalt: »Sehr geehrter

Herr Doktor, auch mir erscheint es unerträglich, dass es zwei Hotels mit dem Namen Sacher geben soll. Ich fordere Sie daher auf: Nennen Sie Ihr Hotel ›Gürtler‹! Hochachtungsvoll Carletto Sacher.«

Seither sind fast fünfzig Jahre ins Land gezogen. Und wie man sieht, vertragen Wien und Baden durchaus zwei Hotels, die den Namen Sacher führen.

Ich selbst hatte mit Anwälten zu tun, als ich in den Vorweihnachtstagen des Jahres 1992 über den spektakulären Grabraub der Mary Vetsera berichtete. Ein Linzer Möbelhändler namens Flatzelsteiner hatte die »Kronen Zeitung« darüber informiert, im »Besitz« der Gebeine der 1889 in Mayerling tragisch verstorbenen Geliebten des Kronprinzen Rudolf zu sein. Der Rest der Geschichte ist Geschichte – der ich aber zwei hierher passende Episoden beifügen möchte.

Nachdem mir Herr Flatzelsteiner erzählt hatte, wie er zum Skelett der Baronesse Vetsera gekommen war, und ich in rund dreiwöchiger Recherche zu der Überzeugung gelangte, dass an der so absurd klingenden Geschichte tatsächlich etwas dran sein könnte, fuhr ich ins Wiener Sicherheitsbüro, um Anzeige wegen Verdachts der Störung der Totenruhe zu erstatten. Man schrieb den 21. Dezember 1992, und die erste Story über den Grabraub war noch nicht erschienen.

Nun lauschten meinen verwegen klingenden Ausführungen der Chef des Sicherheitsbüros Max Edelbacher und einige seiner Mitarbeiter. Ich erzählte von Herrn Flatzelsteiner und von seiner Version, wie er Marys sterbliche Überreste erhalten hätte.

Plötzlich stand ein junger Kriminalbeamter auf, um das Zimmer zu verlassen und nach wenigen Minuten mit einer Fahndungsliste in den Händen zurückzukehren.

»Herr Markus«, sagte er mit strengem Blick, »das ist ja alles schön und gut, was Sie uns da erzählen. Aber ich habe gerade im Polizeicomputer nachgeschaut: Eine Mary Vetsera ist gar nicht als abgängig gemeldet.«

Der junge und in den Geschichtswissenschaften nicht eben sattelfeste Polizeibeamte sollte anderntags aus der Zeitung erfahren, wer Mary Vetsera war. Und dass der Zeitpunkt ihrer »Abgängigkeit« schon ein paar Jährchen zurücklag.

Um aber zur eigentlichen Anwaltsgeschichte in der Causa Flatzelsteiner zu kommen: Fernsehteams und Zeitungsreporter aus ganz Europa waren nach Wien geeilt, um über die skurrile Story zu berichten, vor allem aber wurde der Fall zum Fressen für die österreichischen Medien, die zum Teil anzweifelten, ob Herr Flatzelsteiner tatsächlich nur Informant oder nicht doch der eigentliche Täter – der Grabräuber – gewesen sei.

Als wieder einmal in einer Zeitung ein sehr böser Artikel über Herrn Flatzelsteiner erschien, riet ich ihm, die Vorwürfe – sollte er wirklich unschuldig sein, wie er immer behauptete – nicht länger auf sich sitzen zu lassen. »Da müssen Sie schon Ihren Anwalt einschalten«, sagte ich.

Worauf mir Herr Flatzelsteiner mitteilte: »Das geht leider nicht!«

»Warum?«, fragte ich erstaunt.

Herr Flatzelsteiner gab nun eine Antwort, mit der am allerwenigsten zu rechnen war: »Weil sich mein Anwalt nicht aufregen darf.«

Tatsächlich war Flatzelsteiners Linzer Rechtsanwalt Dr. Johannes Worm herzkrank (und musste sich sogar einer Herztransplantation unterziehen).

Als sich später herausstellte, dass Herr Flatzelsteiner nicht ganz so unschuldig war, wie er bislang erklärt hatte, nahm er sich doch noch einen Rechtsanwalt.

Einen, der sich auch aufregen durfte.

»Was verlangst du von mir Beses, Bruder?«

Farkas, Bronner, Qualtinger & Co

Durch Vermittlung von Maxi Böhm – mit dessen Kindern ich befreundet war – hatte ich Ende der sechziger Jahre die Gelegenheit erhalten, als Assistent von Karl Farkas am Kabarett »Simpl« zu arbeiten und mich ein Jahr lang in seiner Nähe bewegen zu dürfen. Ich traf ihn im Kaffeehaus, wo wir Details der nächsten Premiere oder seiner Fernseh-»Bilanz der Saison« besprachen, und erledigte kleinere Schreibarbeiten. Abends, nach der Vorstellung, führte ich ihn oft nach Hause, und im Auto berichtete er mir manchmal aus seinem bewegten Leben, wobei wir bis zu einer Stunde vor seinem Haustor saßen, ehe er sich verabschiedete.

Er erzählte vom Kabarett der zwanziger und dreißiger Jahre, von Fritz Grünbaum, Paul Morgan und Armin Berg, von Heinrich Eisenbach, Franz Engel, Fritz Wiesenthal und wie seine Lehrmeister und Bühnenpartner alle geheißen haben.

Es war eine einzigartige Atmosphäre, die ich im »Simpl« vorfand, zumal vom Altmeister des Wiener Kabaretts ein unglaublicher Zauber ausging.

Als Erstes taxierte er am Beginn jeder Vorstellung die »Qualität« der Zuschauer. Lachten sie bei seiner Eröffnungsconférence leise in sich hinein, zischelte er seinen Kollegen beim Abgang von der Bühne zu: »Heut schenk ich sie euch!«

Tobte das Publikum vor Begeisterung, brummte er zufrieden: »Sturm über Asien!«

Das vertrauliche Du pflegte Farkas nur mit Ernst Waldbrunn und Hugo Wiener – allen anderen, selbst Stars wie Maxi Böhm, Heinz Conrads und Fritz Muliar, stand er reservierter gegenüber. Wenn ihm ein Auftritt oder die Art und Weise, wie eine Pointe »serviert« wurde, missfiel, dann sagte er es. Gelobt wurde hingegen nie.

Als Muliar jedoch einmal nach einem Sketch von der Bühne abging, flüsterte ihm Farkas ins Ohr: »Gut sind Sie heute, sehr gut!«

Muliar bedankte sich, überglücklich, endlich die Anerkennung des Meister gefunden zu haben. Worauf der erwiderte: »Nicht Sie! Die Leute sind gut! Sehr gut sind sie heute!«

Mit anderen Worten, es herrschte »Sturm über Asien« an diesem Abend.

Auch die »Simpl«-Besucher entkamen nicht immer seinem beißenden Spott. Als eine Zuschauerin die Vorstellung durchhustete, beschämte sie Farkas von der Bühne herunter mit dem Satz:

»Gnädige Frau, Ihr Husten ist schon bedeutend besser geworden. Zuerst haben Sie ununterbrochen gehustet, jetzt husten Sie nur noch in meine Pointen hinein!«

Obwohl durch ein schweres Schicksal gezeichnet – sein Sohn war von Kindheit an geistig behindert – und im privaten Umgang von eher ernstem Wesen, konnte er dank seiner einzigartigen Humorbegabung auch hinter den Kulissen unglaublich komisch sein. Schließlich war Farkas berufsbedingt ständig damit beschäftigt, Pointen zu produzieren, auf deren Reaktionen er neugierig wartete, um sie im positiven Fall auf der Bühne einsetzen zu können. Wie auch bei seiner Erinnerung an das Café Central, in dem er Anfang der zwanziger Jahre als mittelloser Schauspieler neben damaligen

Größen wie Karl Kraus, Anton Kuh, Peter Altenberg und Egon Friedell verkehrte:

»Wir Jungen durften ja nicht ganz in die Nähe dieser Berühmtheiten«, sagte er. »Gleich nach dem Mittagessen kamen wir hin, haben unzählige Gläser Wasser und Zeitungen konsumiert, bis vier Uhr nachmittag saßen wir dort, und dann sagten wir zum Ober: ›Jean, reservieren Sie mir meinen Stuhl, ich geh nur rasch nach Hause einen Kaffee trinken.‹«

Niemand konnte eine Pointe aufbauen wie Farkas, jede Zehntelsekunde war strategisch kalkuliert, nichts dem Zufall überlassen.

Der spielerische Umgang mit dem Wort legitimierte ihn auch zur Kunst des Schüttelreims. Wie sehr er diese beherrschte, stellte Farkas in dem Sketch »Schüttelfrost« unter Beweis, in dem es darum ging, einem Bühnenpartner anhand praktischer Beispiele die Technik der »Vertauschung anlautender Konsonanten«* zu erklären. Also »schüttelte« Farkas auf der »Simpl«-Bühne:

»Wer Arzt in Prein an der Rax is,
Verdient zehntausend Schilling, rein an der Praxis.«

Oder:
»Ich staun, dass Gottes Schöpferkraft,
Auf Erden so viel Kröpf erschafft.«

Oder:
»Heutzutag will jeder Lackel,
Schon ein braunes Lederjackel!«

* so die exakte Definition des Schüttelreims

Oder:
»Du glaubst, dir ist die Lotte treu,
Das ist die größte Trottelei!«
usw.

So sehr sich das Publikum über derlei Reime amüsierte – jene, die in den Künstlergarderoben entstanden und aus diversen Gründen nicht öffentlich vorgetragen wurden, erwiesen sich als nicht minder originell. Farkas, Waldbrunn, Maxi Böhm und Hugo Wiener waren dermaßen vom »Schüttelfieber« infiziert, dass zeitweise auf jedes sich bietende Ereignis ein geschüttelter Reim produziert wurde. Als man etwa den Schauspieler Wolfgang Hebenstreit damit betraut hatte, die undankbare Aufgabe des Präsidenten der österreichischen Bühnengewerkschaft zu übernehmen, reimte Farkas hinter der Bühne:

»Die Stellung von dem Hebenstreit,
Die möcht ich nicht erstreben heit.«

Eine andere Gelegenheit bot sich, als eines Abends der Autor Peter Preses – bekannt geworden durch sein mit Ulrich Becher verfasstes Stück »Der Bockerer« – in Begleitung seiner Frau in die »Simpl«-Vorstellung kam.

Während sich das Ehepaar in den Künstlergarderoben aufhielt, um Farkas zu begrüßen, machten Waldbrunn, Böhm und andere schon ihre Witze über das wenig anmutige Äußere der Frau Preses. Und als die wirklich alles andere als attraktiv zu bezeichnende Dame mit ihrem Mann in Richtung Zuschauerraum entschwunden war, bemühten sich die Kabarettisten redlich, einen Schüttelreim auf »Preses« zu finden. »Preses«, »Käses«, »ich les es« … – so ging's den ganzen Abend lang dahin, wobei keine, auch noch so absurde Wortkombination ungereimt blieb.

Als die Vorstellung zu Ende war, mussten sich alle im Ensemble eingestehen, beim besten Willen keinen brauchbaren Schüttelreim auf Preses gefunden zu haben.

Am nächsten Abend, niemand dachte mehr an das schier unlösbar scheinende Reimproblem, saß Farkas vor seinem Spiegel in der Garderobe, um sich abzuschminken. Da rief er plötzlich aus heiterem Himmel dem neben ihm sitzenden Maxi Böhm zu:

»Was verlangst du von mir Beses, Bruder?
Dass ich die Frau vom Preses puder!«

Auch sonst konnten die Späße des geistreichen Karl Farkas durchaus derb sein. Ganz im Gegensatz zu den meisten anderen Kabarettisten im »Simpl« zeigte er an allem, was mit Fußball und sonstigen Sportarten zu tun hatte, kein wie immer geartetes Interesse. Umso mehr staunte er, als ihn Ernst Waldbrunn eines Tages mit einer Information aus der österreichischen Nationalmannschaft versorgte: »Stell dir vor, Karl, jetzt haben's den Buzek* aufgestellt.«

Darauf Farkas, ganz trocken: »Also, ich hab meinen Buzek schon seit Jahren nicht mehr aufgestellt!«

Wenn Peter Preses, wie erwähnt, mit seiner Frau die ohnehin winzigen und daher meist schon durch das künstlerische Personal restlos überfüllten »Simpl«-Garderoben betrat, tat er dies nicht nur, um

* Hans Buzek (geb. 1937), Spieler der österreichischen Fußball-Nationalmannschaft

Farkas & Co guten Abend zu sagen, sondern auch um sich die Garderobengebühr in Höhe von 1,20 Schilling pro Person zu ersparen, die jeder Kabarettbesucher – draußen an der öffentlichen Garderobe – zu entrichten hatte. Ich lernte damals nicht wenig Schauspielprominenz und andere Künstler kennen, die alle hinter die Bühne kamen, um die »Kollegen zu begrüßen« – in Wahrheit jedoch ihre Mäntel kostenlos unterbringen wollten.

Eben diese Sparsamkeit sollte einem bekannten Librettisten zum Verhängnis werden. Hermann S. war schon sehr betagt, flirtete aber, während er seinen Mantel »gebührenfrei« hinterließ, mit einem hübschen »Simpl«-Girl, derer es mehrere gab. Maxi Böhm belauschte ein Gespräch des Operettenautors mit der jungen Dame, die sich mit ihm zu einem Treffen nach Ende der Vorstellung verabredete. Kaum war der Librettist im Zuschauerraum, griffen die Kabarettisten zielsicher in die Taschen seines der Garderobengebühr entzogenen Mantels. Und sie entdeckten darin eine Kondompackung der Qualitätsklasse »Extrafeucht«, die der rüstige Herr offenbar ständig bei sich trug. Maxi Böhm, der alte Schelm, war es, der die Packung fein säuberlich öffnete, in jedes einzelne Präservativ ein winziges Loch stanzte und die Schachtel dann wieder verschloss.

Dies also war die Beschäftigung der ansonsten durchaus erwachsen wirkenden Herren hinter der Bühne.

Ob das Rendezvous irgendwelche Folgen zeitigte, ist nicht bekannt geworden.

Farkas, so hieß es, sei sparsam gewesen. Ich kann dies – auch wenn er mich das eine oder andere Mal zum Essen einlud – nicht wirklich entkräften. Er lebte bescheiden, war meist mit der Straßenbahn und fast nie im Taxi unterwegs. Auto hatte er keines.

Wie erwähnt, durfte ich ihn nach der Vorstellung nach Hause führen, oft lieferten ihn auch Maxi Böhm oder Ossy Kolmann vor seinem Wohnhaus im siebenten Bezirk ab.

Eines Nachts, es war gegen halb zwölf, bot sich jedoch Walter Stern, der Schwiegersohn des »Simpl«-Besitzers Baruch Picker, als Fahrer an.

Farkas stieg in den Wagen, und Herr Stern erkundigte sich: »Wohin fahren wir?«

»Geben Sie Gas«, antwortete Farkas, »ich sag's Ihnen schon ... Da vorne fahren Sie rechts ... jetzt geradeaus über die Kreuzung drüber ... hier biegen Sie links ein ...«

Weit draußen am Stadtrand, bei der Spinnerin am Kreuz, fragte Herr Stern endlich: »Entschuldigen Sie, Herr Farkas, ich dachte, Sie wohnen in der Neustiftgasse?«

»Ja, das stimmt«, ließ sich Farkas nicht aus der Fassung bringen. »Aber am Samstag fahre ich immer nach Edlach an der Rax.«

Dort, mehr als hundert Kilometer und eine gute Autostunde von Wien entfernt, hatte er sein Wochenendhaus.

Wer Farkas sparsam nennt, müsste den kaufmännischen »Simpl«-Direktor Baruch Picker für eine diesbezügliche Eintragung ins »Buch der Rekorde« vorschlagen. Picker, der neben dem traditionsreichen Kabarett ein Kaffeehaus und eine Spenglerwerkstatt sein Eigen nannte, war sehr wohlhabend, was ihn nicht daran hinderte, nach der letzten Vorstellung des jeweiligen »Simpl«-Programms mit einer Zange die alten Nägel aus den Kulissen zu reißen und diese mit einem Hammer gerade zu klopfen, um sie fürs Bühnenbild der nächsten Premiere wieder verwenden zu können.

Auch ich war von Pickers Sparsamkeit betroffen. Als mich Farkas bei meinem Einstellungsgespräch nach etwaigen Gehaltsvorstellungen gefragt hatte, erwiderte ich (um mein Engagement nur ja nicht zu gefährden): »Darauf werden wir uns sicher einigen, Herr Professor!« Und dann fügte ich leichtsinnigerweise hinzu: »Ich mach es doch gerne!«

Wochen und Monate vergingen, die Proben waren vorbei, die Kritiken der Revue »Amor go home« längst erschienen, ich aber hatte noch immer keinen Groschen erhalten und ging daher eines Abends zu Baruch Picker, um nachzufragen, wie es denn um meine Gage stünde. Da sah mich der Direktor mit großen Augen an und sagte: »Aber der Herr Farkas hat mir gesagt, Sie machen es gerne!«

Pickers Horizont reichte nicht wesentlich über den seines Kabaretts, seiner Spenglerwerkstatt und seines Kaffeehauses Zur Hohen Brücke hinaus. Und so kam es, dass Herbert von Karajan eines Abends an der »Simpl«-Kassa vorstellig wurde, um für sich und seine Frau Karten zu besorgen.

»Leider, wir san ausverkauft«, wimmelte Picker den Maestro ab, der daraufhin indigniert das Weite suchte.

Farkas, der die Szene beobachtet hatte, fiel über Picker her: »Wissen Sie überhaupt, wen Sie da fortgeschickt haben? Das war Herbert von Karajan! Der größte lebende Dirigent!«

Worauf Picker mit entwaffnender Naivität erwiderte: »Ah ja? Bei mir hat er noch nicht dirigiert!«

Er konnte sich einfach nicht vorstellen, dass es eine bedeutendere künstlerische Aufgabe geben konnte, als im »Simpl« die Musik zu machen.

Farkas war der erste Kabarettist Österreichs, der vom Bundespräsidenten zum Professor ernannt wurde. Er war sehr stolz darauf, konnte aber spitz, ja geradezu eifersüchtig reagieren, wenn auch andere Künstler staatliche Auszeichnungen erfuhren. Als einmal Ossy Kolmann in der »Simpl«-Garderobe zum Erstaunen aller Anwesenden verkündete, er hätte gehört, dass dem Operettenbuffo und Kleindarsteller Josef Menschik das »Ehrenkreuz für Wissenschaft und Kunst Erster Klasse« verliehen wurde, murrte Farkas:

»Vielleicht is er a Wissenschaftler – Künstler is er jedenfalls kaner!«

Schroff und ungeduldig konnte er auch sein, wenn irgendetwas nicht so funktionierte, wie er es als Perfektionist erwartete. Fritz Eckhardt erinnerte sich eines alten Schauspielers, den Farkas aus dem Pensionistenheim heraus für die Wiederaufnahme seiner musikalischen Komödie »Die Wunder-Bar« an das Intime Theater in Wien engagiert hatte. Der alte Herr stellte sich – wohl, weil er schon so lange nicht mehr auf einer Bühne gestanden war – ein wenig ungeschickt an und tat sich auch mit dem Text schwer. Als er wieder einmal einen »Hänger« hatte, flüsterte Farkas seinem Freund Eckhardt ins Ohr: »Also wenn ich gewusst hätte, wie verkalkt der ist, hätte ich ihn nicht exhumiert!«

Und im Raimundtheater herrschte er während einer Probe einen Beleuchter an: »Ich hab bestellt bei Ihnen an Sonnenaufgang in Ägypten – und bekommen hab ich a Nacht in Kagran.«

Was bei Farkas am meisten verblüffte, war seine Reaktionsschnelligkeit. Das war schon in jungen Jahren so, als das Publikum dem »Blitzdichter« Worte und Namen zurief – und er sofort einen Reim daraus machte. Als ihm einmal – wie sich Marcel Prawy erinnert – der Name des Geigers Jan Kubelik zugerufen wurde, dichtete Farkas in Sekundenschnelle »blitz«:

»Wenn ich in der Stube lieg,
Denk ich an den Kubelik.
Der hat sogar bei Richard Strauss
Die allerbeste Strichart raus.«

Das war in jenen Tagen, da Farkas noch gemeinsam mit seinem kongenialen Partner Fritz Grünbaum auftrat. Zwar blieben die beiden in erster Linie durch ihre Tätigkeit am Kabarett in Erinnerung, sie waren damals aber auch Theaterdirektoren und Regisseure, sie schrieben und bearbeiteten Stücke, die in Wien, Prag, Budapest und in Berlin aufgeführt wurden. Und damit wären wir in den angeblich so wilden zwanziger Jahren angelangt.

Grünbaum erhielt damals das Angebot, eine in Berlin laufende Komödie auf Wienerische Verhältnisse zu adaptieren, wobei in diesem Fall nicht Farkas sein Kompagnon sein sollte, sondern der nicht minder berühmte Paul Morgan. Grünbaum und Morgan reisten also an die Spree, um sich das dort erfolgreich aufgeführte Boulevardstück anzusehen.

Nach wenigen Sätzen wurde ihnen klar, dass das Lustspiel für Wien ungeeignet und in seiner Witz- und Geistlosigkeit auch sonst unerträglich war. Grünbaum flüsterte Morgan schon nach fünf Minuten ins Ohr: »Paul, ich halt das nicht länger aus, ich geh!«

»Das kannst du nicht machen«, erwiderte Morgan, »wir sind eingeladen, man kann nicht einfach weggehen, wenn man Freikarten hat!«

Grünbaum beugte sich diesem Argument, meldete sich aber nach weiteren fünf Minuten neuerlich zu Wort: »Ich ertrage diesen Schwachsinn nicht. Ich geh!«

Und wieder beschwichtigte Morgan: »Ich sag dir doch, das kannst du nicht machen! Wir haben Freikarten!«

Wieder vergingen fünf Minuten, in denen das Stück seinen unaufhaltsam dümmlichen Verlauf nahm. Einmal noch neigte sich Grünbaum seinem Partner Morgan zu. Und er sagte jetzt: »Ich hab genug. Ich begebe mich zur Kassa, kauf zwei Karten und geh.«

Er stand auf, tat das Angekündigte und verließ den Ort des grausamen Geschehens.

Erwähnenswert scheint mir der Text, mit dem Grünbaum in jenen Tagen im »Simpl« den vor allem durch das Chanson »Schau ich weg von dem Fleck, ist der Überzieher weg« überaus populär gewordenen Armin Berg ansagte: »Ich bin mit einem dicken Buben in die Volksschule gegangen, der hat immer Witze erzählt. Er wird heute abend dieselben Witze erzählen, er wird immer Witze erzählen. Jetzt frag ich mich: Was wird der Armin Berg machen, wenn er einmal erwachsen ist?«

Vielleicht war Berg schon »erwachsen«, als er Mitte der dreißiger Jahre gemeinsam mit Hugo Wiener in der »Femina«, Ecke Kärntner Straße-Johannesgasse, im Engagement stand. Eine der Tänzerinnen der Kabarett-Bar hatte im Parterre des damals gerade eröffneten ersten Wiener Hochhauses zwei Zimmer gemietet. Als die beiden Freunde eines Tages durch die Herrengasse schlenderten, blickte die junge Dame aus dem Fenster ihrer ebenerdig gelegenen Wohnung. Armin Berg schaute sie an und rief: »Und *dazu* wohnt man im Hochhaus?«

Es lohnt sich, noch einen Augenblick bei Armin Berg zu verweilen, zumal dieser zu den einzigartigen Originalen des Wiener Vor- und

Nachkriegskabaretts zählte und Karl Farkas, Hugo Wiener und Maxi Böhm mir die eine oder andere Geschichte über ihn hinterließen.

Während Grünbaum, aber auch der vorhin erwähnte Paul Morgan, dem braunen Terror zum Opfer fielen, konnte Armin Berg Wien rechtzeitig verlassen. Er landete mit seiner Frau in New York, wo er sich, der englischen Sprache kaum mächtig, eine Zeit lang durch den Verkauf von Bleistiften und Büromaterial über Wasser hielt. Als sich dort das Folgende ereignete, muss Armin Berg ganz sicher schon »erwachsen« gewesen sein.

Im selben Block wie er wohnte nämlich eine dralle Amerikanerin, in die sich der Wiener Komiker verliebt hatte. Das Pikante an der Verbindung war, dass sich die Fenster seiner eigenen Wohnung ausgerechnet gegenüber jenen befanden, die zum Appartement seiner Angebeteten gehörten. Immer wenn Armin Berg die Freundin besuchte, mussten also deren Fenster und Vorhänge hermetisch verschlossen sein, um zu vermeiden, dass das Liebesgeplänkel von der Gemahlin beobachtet würde.

Prompt vergaß er eines Tages auf diese Vorsichtsmaßnahme. Die Vorhänge blieben geöffnet, und ausgerechnet in dem Augenblick, da Herr Berg von der mit stürmischen Küssen bedeckten Geliebten aufblickte, sah er seiner mehr als erstaunten Gattin ins Antlitz.

Vielen anderen Ehemännern wäre die Situation ohne Ausweg erschienen. Armin Berg fand einen. Er rief seiner Frau durchs geöffnete Fenster über den Hof des riesigen Wohnblocks mitten in New York im deutsch-jiddischen Jargon mit unverkennbar mährischem Einschlag zu: »Ich bin nicht der Armin Berg!«

Nach Wien zurückgekehrt, sah Armin Berg in Maxi Böhm, mit dem er Anfang der fünfziger Jahre ein paar Mal in der »Melodies-Bar«

aufgetreten war, seinen legitimen Nachfolger und vermachte ihm testamentarisch sein wertvolles Kabarettarchiv, das den Grundstock zu Böhms legendärer Witzesammlung bilden sollte.

Viel länger als Armin Berg kannte Maxi Böhm seinen späteren »Simpl«-Kollegen Ernst Waldbrunn, mit dem er schon vor dem Krieg im böhmischen Kurort Franzensbad engagiert war. Es fiel auf, dass Waldbrunn in den Theaterkritiken des dortigen Lokalblatts immer als »Glanzpunkt der Aufführung« oder als »geniale Lustspielrakete« Erwähnung fand, während über Maxi nur zu lesen war: »Herr Böhm hat einen trockenen Humor!«

Nach jeder Premiere standen dieselben Worte in der Zeitung: »Waldbrunn ist der Glanzpunkt der Aufführung ..., Herr Böhm hat einen trockenen Humor.«

Jahrzehnte später gestand Waldbrunn dem Freund, dass er neben seinem Engagement am Franzensbader Theater auch als Kulturkritiker des Lokalblatts tätig war.

Ihrer gemeinsamen »Simpl«-Zeit in den sechziger Jahren entstammt diese, für Waldbrunn nicht minder typische Episode: Er und Böhm saßen bei einem Glas Wein im Café Prückel, als Waldbrunn zur Probe gerufen wurde. Er stand auf, verabschiedete sich und schlenderte zum Ausgang, wo er sich noch einmal dem Tisch des Freundes zuwandte und laut, für alle Prückel-Gäste vernehmbar, durchs Lokal rief:

»Beeeehm!«

Er zog den Namen in die Länge, damit's nur ja keiner überhören konnte:

»Beeeehm! Sag deiner Schwester, sie soll morgen *nicht* zum Fußbodenreiben kommen, ich hab schon jemanden!«

Sprach's und verschwand durch die Drehtür des Kaffeehauses.

Die Herzlosigkeit des berühmten Maxi Böhm war nun Tagesgespräch im Prückel. »Der hätte es seiner Schwester wirklich ersparen können«, tuschelte man, »dass sie in fremden Häusern den Fußboden reiben muss.«

Unnötig zu erwähnen, dass Böhm nie eine Schwester hatte, geschweige denn eine, die Waldbrunns Fußböden gerieben hätte.

In Waldbrunn steckte, wie das bei Komikern oft der Fall ist, eine große dramatische Begabung, die er aber kaum je ausleben konnte, da ihn sein Publikum fast nur in heiteren Rollen sehen wollte. Auch, als er längst dem Ensemble des Theaters in der Josefstadt angehörte, trat er im »Simpl« auf, wohin er nach seinem jeweiligen Auftritt in den Kammerspielen geeilt war. Als er eines Abends, abgehetzt wie immer, in die Garderobe des Kabaretts kam, um in der Doppelconférence mit Farkas den »Blöden« zu spielen, blieb ihm gerade noch so viel Zeit, sich die Hände zu waschen. Dabei spritzte er sich so unglücklich die Hose an, dass man vermuten hätte können, es wäre ihm etwas »passiert«. Was macht ein Komödiant in einer solchen Situation? Waldbrunn drehte die Wasserleitung in ihrer gesamten Kapazität auf und schüttete zwei Liter Wasser über Gesicht, Sakko und Hose. Dann betrat er die Bühne und begrüßte Farkas mit den Worten:

»Servus, Karl, stell dir vor, ich bin in einen Regenguss gekommen.«

Das ganze hatte sich zwar an einem lauen, trockenen Sommerabend ereignet. Doch der Auftritt war gerettet.

Ernst Waldbrunn war mehrere Jahre mit Elfriede Ott verheiratet und lebte danach – mit wechselnden Partnerinnen, aber sehr einsam – als ständiger Bewohner im Hotel Sacher. Im Alter sah man ihn zuweilen mit der schönen Tänzerin Marijke Baayens – ohne dass er sich, was diese Beziehung betraf, großen Illusionen hingab. Auf dem Opernball, zu dem er in ihrer Begleitung in seinem letzten oder vorletzten Lebensjahr ging, wurde er vom Fernsehen um ein Interview gebeten. Verschmitzt lächelnd schaute er in die Kamera, zeigte zunächst auf die neben ihm stehende junge Holländerin und dann auf die Orden an seiner Frackbrust.

Und er sagte: »*Die Orden* nimmt mir wenigstens keiner weg!«

Gezeichnet von seinem nicht gerade soliden Lebenswandel, flüchtete er sich kurz vor dem traurigen Ende in die Erkenntnis: »Ich habe immer viel geraucht, viel getrunken, bin nie spazieren gegangen und jede Nacht in Bars gesessen. Aber ich bereue es nicht, so gelebt zu haben.«

◇

Der »Simpl« war auch die Stätte der Triumphe des Duos Hugo Wiener-Cissy Kraner. Die beiden hatten einander 1938 bei einem Gastspiel kennen gelernt, zu dem sie aus Anlass der 500-Jahrfeiern der Hauptstadt Bogotá von der kolumbianischen Regierung eingeladen worden waren. Aus einem für sechs Monate anberaumten Südamerikaaufenthalt wurden zehn Jahre, denn noch ehe Hugo Wiener zurückkehren sollte, waren in Österreich die Nationalsozialisten einmarschiert. Er und die schrille – und damit in großem Kontrast zu ihm stehende – Cissy Kraner heirateten in der Emigration und wurden durch ihre Auftritte in Kolumbien, Venezuela und Mexiko so populär, dass eine Strumpfmarke ihre Erzeugnisse »Cissy« nannte.

Wieder in Wien, begann nach dem Krieg die Glanzzeit des

Ehepaares an der Seite von Karl Farkas im »Simpl«. Wiener hatte nicht nur viele Sketche und die Texte der Doppelconférencen verfasst, sondern auch sämtliche Chansons für seine Frau, vom »Vorderzahn« über den »Vamp von Favoriten« bis zum »Novak«, der sie in all den Jahrzehnten »nicht verkommen ließ«. Dieses, sein berühmtestes Lied, hatte er für die 1957 aufgeführte Revue »Wir sehen schwarz« geschrieben, nachdem er in den Sommerferien einer Nachwuchsschauspielerin namens Novak begegnet war, die tatsächlich von ihrem Mann behauptete: »Aber der Novak lässt mich nicht verkommen.«

Die so fruchtbare Partnerschaft zwischen Hugo Wiener und Karl Farkas erwies sich von Anfang an voller Krisen. Sie waren einander schon in der Zwischenkriegszeit vor Gericht gegenüber gestanden, da bei Farkas im »Simpl« Nummern gespielt wurden, die Wiener für die »Femina« geschrieben hatte. Und Gisela Kraner – wie sie eigentlich hieß – war 1933 erstmals von Farkas engagiert und gleich darauf wieder entlassen worden, als dieser erfuhr, dass die junge Dame noch keine sechzehn war.

Nach der langen erfolgreichen Zeit in den fünfziger und sechziger Jahren trennte sich das Ehepaar im Streit von ihm. Der mitunter als eitel beschriebene Farkas wollte den Erfolg für sich allein. War vor dem Krieg jedes »Simpl«-Programm als »Farkas-Grünbaum-Revue« angekündigt worden, so stand in der neuen Ära nur »Die Farkas-Revue« auf dem Plakat. Als der bescheidene Hugo Wiener seinem Co-Autor einmal vorschlug, das neue Programm in Anlehnung an die alten Zeiten gerechterweise »Farkas-Wiener-Revue« zu nennen, stimmte Farkas sofort zu.

Was aber stand vor der nächsten Premiere auf dem Plakat?

»Die Wiener Farkas-Revue!«

Womit die Zusammenarbeit ein für alle Mal beendet war.

Hugo Wiener ging nun mit seiner Frau auf Tournee und schrieb unzählige Unterhaltungssendungen fürs Fernsehen. Mit einer solchen im Zusammenhang steht eine Hugo-Wiener-Geschichte, die mir die Schauspielerin Christl Erber erzählte. Die gut aussehende junge Dame wirkte in den siebziger Jahren in einer Kabarettrevue mit, die Wiener für den ORF geschrieben hatte. Sie war für die Rolle als »Gott Amor« in eine hautenge Lederhose gesteckt worden, deren Hosenträger sich raffiniert über ihren Busen schmiegten. Als der Autor zu den Dreharbeiten ins Studio kam, fiel allen auf, dass der sonst so freundliche alte Herr immer dann, wenn Christl Erber als »Gott Amor« auftrat, mürrisch und missmutig reagierte. Die Schauspielerin war verzweifelt und fasste nach mehreren Stunden, in denen sich Hugos Laune nicht und nicht gebessert hatte, all ihren Mut zusammen, um ihn zu fragen:

»Herr Wiener, gefalle ich Ihnen denn gar nicht in dem Sketch?«

Worauf dieser meinte: »Also, Sie können ja gar nichts dafür. Aber die Rolle hab ich eigentlich für den Hugo Gottschlich geschrieben!«

Wer Hugo Wiener nur flüchtig kannte, wäre nie auf die Idee gekommen, dass sich hinter seiner soignierten Erscheinung ein so witziger Mensch verbarg. Er konnte stundenlang ganz ruhig in einer Runde sitzen, ehe er dann plötzlich loslegte:

»Das Fernsehen zerstört den Kontakt innerhalb der Familie. Ich hab einen Neffen, der hat bis zu seinem vierten Lebensjahr geglaubt, er heißt ›Pssst‹!«

Im Jahre 1973 wurde Hugo Wiener in einer ARD-Sendung irrtümlich für tot erklärt. In einem Brief an die Redaktion hielt er es mit Mark Twain, dem Ähnliches widerfahren war: »Sehr geehrte Herren«, schrieb der tot gesagte Kabarettist, »bezugnehmend auf mein in Ihrer Sendung ›Die Zeit setzt sich ins Bild‹ gemeldetes Ableben, möchte ich Ihnen mitteilen, dass ich Ihre Nachricht für reichlich übertrieben halte. Hochachtungsvoll Hugo Wiener.«

Wirklich gestorben ist er zwanzig Jahre später, in seinem 90. Lebensjahr. Ich wagte es, in meinem Nachruf Friedrich Torberg zu widersprechen: Nicht mit Karl Farkas sei 1971 »der unwiderruflich Letzte« aus der Glanzzeit des Vorkriegskabaretts dahingegangen – sondern erst jetzt, mit Hugo Wiener.

Nun war die Meldung vom Tod dieses geistreichen und liebenswerten Mannes leider nicht mehr »übertrieben«.

Was Farkas, Hugo Wiener und Ernst Waldbrunn nach dem Krieg im Unterhaltungskabarett waren, das bedeuteten Gerhard Bronner, Peter Wehle, Carl Merz, Helmut Qualtinger und Georg Kreisler fürs zeitkritische Brettl, das sich im Intimen Theater und später im Theater am Kärntnertor etablierte.

Bronner, der Spiritus rector der jungen Kabarettisten, hatte ursprünglich Musiker werden wollen, musste diesen Karrierewunsch jedoch im Alter von neun Jahren aufgeben, als das Klavier seiner in Wien-Favoriten lebenden Eltern gepfändet wurde. Alles, was er nach seinem neunten Lebensjahr als Musiker lernte, hat er sich selbst beigebracht.

»Hätte man das Klavier nicht gepfändet«, sagte er, »wäre der Hitler nicht gekommen und hätte ich – etwa in zivilisierten Zeiten

– ein normales Musikstudium genossen, dann könnte ich mir vorstellen, dass etwas aus mir geworden wäre.«

So ist der Bronner aus ihm geworden!

Spätnachts, nach der Vorstellung, saß man in der »Marietta«-Bar, deren Hauptattraktion es war, dass er selbst dort auftrat und das Publikum am Klavier mit seinen Chansons »Der Papa wird's scho richten« oder »Der G'schupfte Ferdl« unterhielt. Eines Abends kam der Hausherr in seiner Bar mit einem Amerikaner ins Gespräch, der ihn auf einen Drink einladen wollte.

Bronner, strikter Antialkoholiker, lehnte dankend ab. Der Amerikaner wiederholte sein Angebot nach wenigen Minuten: »Darf ich Sie nicht doch auf einen Drink einladen?«

Obwohl Bronner wieder nein sagte, spielte sich die gleiche Szene im Laufe des Abends noch mehrere Male ab.

Nach der vielleicht zwölften Einladung war's Bronner zu blöd, und er ließ sich doch überreden.

Der Ober brachte einen Brandy Soda. Als der Kabarettist das Glas zu seinen Lippen führen wollte, hielt ihn der Amerikaner am Arm fest und sprach: »Junger Mann, darf ich Ihnen eines sagen: Wenn Sie in dem Beruf was werden wollen, dann lassen Sie das Trinken sein!«

Bronners Lieder wurden weit über die Grenzen Österreichs hinaus populär, weshalb man ihn auch zu Tourneen einlud. Während einer solchen, die durch Israel führte, wurde er von einem Zeitungsreporter interviewt, dem nur bekannt war, dass Bronner Autor und Komponist des berühmten Chansons »Der g'schupfte Ferdl« sei. Mangels einschlägiger Sprachkenntnis hatte der Journalist selbstverständlich keine Ahnung, was der Liedtitel bedeutete. Nur ein Wort glaubte er erkennen zu können, das Wort »Ferdl«.

Also fragte er Bronner während des Interviews: »Was heißt ›Der G'schupfte‹?«

Bronner erklärte: »›G'schupft‹ bedeutet in Wien so viel wie verrückt.«

Und musste anderntags in der Zeitung lesen: »Gerhard Bronner in Israel. Er ist der Komponist des berühmten Liedes ›Das verrückte Pferd‹.«

Bronners langjähriger Kabarettpartner Peter Wehle war unter seinen Freunden berühmt dafür, alles Unangenehme von sich zu weisen und zu verdrängen. Wann immer sich in der Arbeit ein Problem ergab, pflegte er zu sagen: »Für solche Sachen halte ich mir einen Bronner!« Als Sohn eines Rechtsanwalts in Wien zur Welt gekommen, hatte er Jus studiert, ehe er während des Zweiten Weltkriegs als deutscher Soldat bis nach Stalingrad gelangte. Ein Freund wunderte sich, als er hörte, dass der so jüdisch aussehende Wehle von der Wehrmacht eingezogen worden war. Wehle versuchte zu erklären: »Sie haben mich genommen, weil ich nur Vierteljude bin!«

Worauf der Freund erwiderte: »Und das alles im Gesicht!«

Während Kabarettisten und Satiriker – das gehört ja zum Beruf – keine Skrupel kennen, andere Menschen zu kritisieren, vertragen es die wenigsten von ihnen, selbst angegriffen zu werden. Anders Peter Wehle, der auf sich diesen ausgesprochen uneitlen Schüttelreim verfasste:

»Es tut mir in der Seele weh,
*Wenn ich den Peter Wehle seh.«**

Eines Tages erzählte Wehle in der Garderobe, dass er vor kurzem im Flugzeug von München nach Wien neben Attila Hörbiger gesessen sei.

»Und, wie geht's ihm?«, fragte Bronner.

»Du weißt doch«, erklärte Wehle, »wie ich diesen Mann verehre – aber ich habe das Gefühl, dass er langsam senil wird.«

Bronner war entsetzt, er konnte sich eine solche Veränderung bei dem so kraftvoll wirkenden Burgschauspieler einfach nicht vorstellen.

Einige Abende später tauchte Gustav Knuth in der »Marietta«-Bar auf. »Ich muss dir etwas erzählen«, nahm der deutsche Filmstar das Gespräch auf. »Als ich dieser Tage von München nach Wien flog, saß ich zufällig neben dem Wehle.«

»No und?«, fragte Bronner.

»Wir reden über dieses und jenes – plötzlich fällt mir auf, dass er mich mit dem Attila Hörbiger verwechselt. Ich hab brav mitgespielt, auch als er mich fragte, wie es der Paula geht. Da hab ich ihm artig erzählt, dass es ihr gut geht, und dass wir demnächst in München eine Fortsetzung vom ›Besuch der alten Dame‹ spielen werden, die der Dürrenmatt eigens für uns schreibt. Dann hat er mich gefragt, was meine Töchter machen, und ich habe ihm erzählt, dass sie mit dem ›Dreimäderlhaus‹ auf Tournee gehen werden ...«

* Ähnlich uneitel war nur Fritz Grünbaum, der auf offener Bühne sagte: »Ich habe oft so schreckliche Träume. Manchmal träumt mir, ich heiß Grünbaum und bin beim Kabarett.«

»Und der Wehle hat das alles gefressen?«

»Jedes Wort. Nur als wir uns dann nach der Ankunft in Wien voneinander verabschiedet haben, sah er mich etwas befremdet an.«

»Warum, was hast du ihm gesagt?«

»Ich habe gesagt: ›Auf Wiedersehen – und wenn Sie irgendwann den Peter Wehle sehen, dann grüßen Sie ihn schön von mir, lieber Herr Bronner.‹«

Da blieb Peter Wehle also nichts anderes übrig, als Attila Hörbiger für senil zu erklären.

Neben Bronner und Wehle traten in der »Marietta« (die später »Fledermaus« hieß) auch Helmut Qualtinger, Gunther Philipp, Marianne Mendt, Lore Krainer und Georg Kreisler auf, wobei sich die Wege Bronners und Kreislers nach relativ kurzer Zeit trennten und später keiner am anderen ein gutes Haar ließ. Zum Verständnis der nun folgenden Geschichte muss vorausgeschickt werden, dass es in den fünfziger Jahren die Vermutung gab, Kreisler hätte Melodie und Inhalt seines bekanntesten Chansons »Geh ma Tauben vergiften im Park« einem amerikanischen Lied »entlehnt«.

Eines Abends – als es die »Fledermaus« längst nicht mehr gab – saß Bronner am Flügel seines Wiener Stammlokals, der »Broadway Pianobar«, in der er einen Klassiker nach dem anderen spielte. Die Gäste riefen ihm die Titel seiner Lieder zu, die sie von ihm hören wollten, und Bronner kam den Wünschen des Publikums bereitwillig nach.

Als nach einiger Zeit jedoch ein Gast forderte: »Herr Bronner spielen S' ›Geh ma Tauben vergiften im Park‹«, entgegnete dieser: »›Tauben vergiften‹ ist nicht von mir.«

Dann wandte er sich dem Herrn im Publikum zu und sagte: »Es ist nicht einmal vom Kreisler!«

Kreisler revanchierte sich nicht unelegant. Auf die Frage eines Journalisten: »Was kann Gerhard Bronner besser als Sie?«, antwortete er: »Gerhard Bronner kann besser schlechte Lieder schreiben als ich!«

»Das« – behielt Bronner einmal mehr das letzte Wort – »hat ihn nicht daran gehindert, etliche meiner Lieder zu singen.«

Beiden eilt der Ruf voraus, ihre Texte und Lieder mit einer gewissen Arroganz vorzutragen, wobei Bronner diesen Ruf zur Trademark ausbaute. Als Elfriede Ott während der Proben zu einem gemeinsamen Peter-Hammerschlag-Abend im Rabenhof-Theater zu ihm sagte: »Sei nicht so arrogant zu mir!«, entgegnete er:

»Warum soll ich's *grad zu dir* nicht sein.«

War der erwähnte Streit um die Urheberschaft von »Geh ma Tauben vergiften im Park« relativ schnell aus der Welt geschafft, so hatte Georg Kreislers Revue »Lola Blau« einen Prozess zur Folge, der in sich kabarettistische Züge trug. Jahrelang trat dessen Frau Topsy Küppers in der Titelrolle des Stücks auf, ohne je in Zweifel gezogen zu haben, dass Text und Musik von Kreisler stammten.

Als die Ehe geschieden war und das Stück wieder in Küppers' Repertoire stand, sollte »Lola Blau« laut Programmheft plötzlich nicht mehr von Kreisler gewesen sein. Vielmehr firmierte nun der Wiener Regisseur Conny Hannes Mayer als Autor.

Jedem, der das Stück gesehen hatte, war freilich klar, dass »Lola Blau« von keinem anderen als Kreisler stammen konnte. Es kam zum Prozess, in dessen Verlauf Kreisler als lupenreines Beweisstück sein Originalmanuskript vorlegte. Der Richter freilich lehnte es mit einer Begründung ab, die einem Oberlandesgerichtsrat der Stadt Schilda zur Ehre gereicht hätte:

»Frau Küppers brauchte kein Manuskript, sie konnte die Rolle sowieso auswendig!«

In zweiter Instanz wurde dann festgehalten, was von vornherein fest stand: Georg Kreisler ist Autor und Komponist der »Lola Blau«.

Nach dem Scheitern der Ehe mit Topsy Küppers heiratete er die Schauspielerin und Sängerin Barbara Peters, mit der er nun seine Chansonabende bestreitet. In ihrem Repertoire steht das von Kreisler (für »Lola Blau«) verfasste Chanson »Die Frau Schmidt«, das einer Verkleidung auf offener Bühne bedarf, da sich die Interpretin mithilfe verschiedener Requisiten in »Frau Schmidt« verwandelt.

So auch in dem schönen Jugendstiltheater von Passau, in dem das Ehepaar Kreisler an jenem Abend auftrat. Georg rief, wie vor jeder Vorstellung, alle Mitarbeiter inklusive Vorhangzieher, Beleuchter und Feuerwehrmann zu sich, um sie auf die Bedeutung der im vorderen Bühnenbereich befindlichen Requisiten – ein kleiner Tisch, auf dem ein Hut, eine Tasche und eine Brille abgestellt sind – aufmerksam zu machen: »Diese Requisiten«, betonte er, »sind ganz wichtig für die Nummer der ›Frau Schmidt‹, die darf niemand anrühren!«

Als das bewusste Lied nahte, bewegte sich Georg Kreisler in Richtung Vorderbühne, um Hut, Tasche und Brille der »Frau Schmidt« zu holen, die er seiner Frau nun reichen wollte.

Bei dem kleinen Tisch angekommen, wurde Kreisler jedoch vom diensthabenden Feuerwehrmann des Theaters aufgehalten, der ihm coram publico zurief:

»Nein! Das sind Requisiten, die darf niemand anrühren!«

Mit Bronners erwähntem Auftritt in der »Broadway Pianobar« wären wir bei einer weiteren Wiener Institution angelangt, die in der Welt ihresgleichen sucht. Sie besteht aus einem einzigen, winzigen Raum, in dem von Leonard Bernstein über Udo Jürgens bis Michel Piccoli und Falco alles auftrat, was Rang und Namen hat. Und es saßen auch Helmut Qualtinger und Ernst Stankovski am Klavier der kleinen Bar am Wiener Bauernmarkt. Sie wurde Mitte der achtziger Jahre von Bela Koreny gegründet, der als Pianist wie als Impresario unschlagbar ist, zumal es ihm ein Anliegen ist, neben den etablierten auch jungen Künstlern die Gelegenheit für einen Auftritt vor Publikum zu geben. Spätestens bei der Ansage des jeweiligen Stargasts kann Bela seine ungarische Herkunft nicht länger verleugnen. Das geht ungefähr so: »Als Nächste in die Prógram hören wir die Werner Schneyder, was an meine Klávier den Lied ›Bei dir war es immer so schön‹ von Theo Mackeben spielt.«

Zu Belas Grammatik passt eine Geschichte des ungarischen Regisseurs Géza von Cziffra, dessen Karriere als Drehbuchautor im Berlin der zwanziger Jahre begonnen hatte. Als ihn dort ein Kollege fragte, wie er sich denn mit seinem mangelhaften Deutsch durchzusetzen vermochte, antwortete Cziffra: »Aber bittaschän, is doch gonz einfoch. Ich hob Idee, und für ›der, die, das‹ und ›mir, mich, Ihnen‹ hob ich Sekretärin.«

Wie aus der oben zitierten Ankündigung ersichtlich, zählt auch Werner Schneyder zu den (natürlich unbezahlten) Interpreten des Minikabaretts, in dem die Nächte enden, sobald am Firmament die ersten Sonnenstrahlen sichtbar werden. Eines solchen Wintermorgens stapfte der Hüne Werner Schneyder, von der »Broadway Bar« kommend, durch hohe Schneemassen in die Richtung seines Heimatbezirks Landstraße. Auf halbem Wege etwa wurde ein natürlicher Drang so groß, dass er sich gezwungen sah, auf offener Straße seine Notdurft zu verrichten. Da stand er also in seiner vollen Größe und konnte seine Position auch dann nicht mehr verändern, als ihm eine ältere Dame in verhältnismäßig raschem Tempo näher kam. Nur wenige Schritte von dem Sünder entfernt, blieb sie endlich stehen, musterte ihn von oben bis unten, schüttelte den Kopf und sagte:

»Aber im Fernsehen die schönen Worte aufsagen!«

Dick sein steht in Wien für gemütlich sein. Nur gerade das war Helmut Qualtinger wirklich nicht. Er hielt uns einen Spiegel vors Gesicht, am treffendsten wohl als »Herr Karl«, über den Hans Weigel sagte: »Er wollte einem bestimmten Typus auf die Zehen treten, und ein ganzes Volk schrie Au.«

Fast so legendär wie die Figuren, die er schuf, waren Qualtingers »Practical Jokes«. So stellte er im Unterrichtsministerium den Antrag, den Buchstaben U aus dem deutschen Sprachschatz zu entfernen, da dieser »unsittlich, unseriös und unschön« sei. Er lud auch – formvollendet, mittels offiziellem Briefpapier des »Pen-Clubs« – Journalisten ein, zum Westbahnhof zu kommen, wo sie Gelegenheit hätten, den »Eskimodichter und Literaturnobelpreisträger Kobuk« zu interviewen, der nach Österreich gekommen sei, um hier »über die Aufführung seines Dramas ›Einsamer Iglu‹ zu verhandeln«. Am Perron freilich stand der Qualtinger, wer sonst, mit einer Pelzmütze auf dem Kopf. Einen Dichter namens Kobuk hat es selbstverständlich nie gegeben.

Weiters nervte »Quasi« den Fernsehdirektor Gerhard Freund, den er wochenlang mit der Stimme der Annie Rosar anrief, um sich über eine im Fernsehen gezeigte Qualtinger-Parodie auf die Volksschauspielerin zu beschweren.

Eines Abends spazierte Qualtinger mit André Heller über die Kärntner Straße, auf der damals noch die »Schönen der Nacht« ihrer Kundschaft harrten. Es war eiskalt, stürmisch, und ein scheußlicher Schneeregen machte die Stadt ungemütlich. An der Ecke zur Krugerstraße standen, in dicke Schals und Mäntel gehüllt, zwei Prostituierte, die ihre frierenden Körper eng an die wärmende Hausfassade schmiegten. Würden die beiden Herren mit ihnen für eine Weile das geheizte Zimmer eines nahen Hotels teilen? Das mochten die Freudenmädchen gedacht haben, als Heller und Qualtinger sich ihnen näherten.

Die Herren freilich, weit entfernt von derartigen Ambitionen, gingen an den Damen vorbei. Heller drehte sich nach ein paar Metern um, sah die Mitleid erregenden Geschöpfe noch einmal an und flüsterte Qualtinger zu: »Also, ehrlich, bei dem Wetter möcht ich ka Hur sein!«

Worauf dieser die nicht unberechtigte Frage stellte: »Bei welchem Wetter möchst du a Hur sein?«

Als Qualtinger sich in den sechziger Jahren von der Kleinkunst zurückzog, spielte er Theater, drehte Filme und betätigte sich als Autor satirischer Kurzgeschichten. Eine davon – die den Titel »Wienfilm« trägt und zu seinen köstlichsten zählt – führt uns zu einer Qualtinger-Schnurre, deren Pointe ihm leider posthum widerfuhr, was umso bedauerlicher ist, als sie zu erleben ganz nach seinem Geschmack gewesen wäre.

In Qualtingers »Wienfilm«-Satire kommt es im Foyer eines Vorstadtkinos zu einem Dialog zwischen Filmoperateur und einer Besucherin.

BESUCHERIN: »Der Johannes *Heester*, der Theo *Lingens*, der Heinz Rühmann und der Willi *Forster*, das sind meine Buam! Und der *Hörbinger!*«

OPERATEUR: »*Hörbiger!*«

BESUCHERIN: »Das is der Bruder!«

Das Reizvolle an dieser kleinen satirischen Szene ist natürlich, dass die Kinobesucherin alle Namen ihrer Lieblinge (außer den von Heinz Rühmann) falsch aufsagt, was dem Ganzen eine sehr Wienerische Note verleiht.

Besagter Dialog ist in dem 1986 von Brigitte Sinhuber im Langen Müller Verlag herausgegebenen »Qualtinger-Buch« in völlig richtiger (weil falscher) Schreibweise nachzulesen.

Zwölf Jahre später wurde eine neue »Qualtinger-Gesamtausgabe«, diesmal im Deuticke Verlag, veröffentlicht. Wobei darin einmal mehr die Satire »Wienfilm« in Druck ging, und zwar im Band 3 auf Seite 264.

Hier freilich schlug der übereifrige Lektor zu. Er las *Heester, Lingens, Hörbinger* und erkannte mit lektoraler Gründlichkeit, dass da etwas nicht stimmen konnte.

Und verbesserte die Namen.

So ist jetzt in dem Buch zu lesen:

BESUCHERIN: »Der Johannes *Heesters*, der Theo *Lingen*, der Heinz Rühmann und der Willi *Forst*, das sind meine Buam! Und der *Hörbiger!*«

OPERATEUR: »*Hörbiger!*«
BESUCHERIN: »Das is der Bruder!«

Womit die ganze, schöne Qualtinger-Satire zu Tode korrigiert wurde. Ein geradezu klassischer Pointenmord.

»Quasi« schau obe!

Der Dialog zwischen Besucherin und Filmoperateur kann, wie jeder kundige Wiener weiß, nur im »Bellaria«-Kino stattgefunden haben, in dem heute noch die aus den dreißiger und vierziger Jahren stammenden Schwarzweißfilme laufen. Auch die nächste Episode handelt im »Bellaria« – hat aber mit dem Kabarett absolut nichts mehr zu tun.

Der schon in Qualtingers Text erwähnte unverwüstliche Johannes Heesters wurde eines Tages, weit über neunzig Jahre alt, als Stargast im »Bellaria«-Kino erwartet, in dem eine Woche lang eine Reihe seiner Filme gezeigt wurde. Eine Fernsehreporterin befragte aus Anlass seines Besuchs einige der betagten Fans, die ins »Bellaria« gekommen waren, um den Publikumsliebling aus nächster Nähe persönlich erleben zu können.

»Welcher ist Ihr liebster Heesters-Film?«

»Wie oft haben Sie ihn schon gesehen?«

»Sehen Sie ihn lieber als Danilo oder als Eisenstein?« usw.

Zu guter Letzt wandte sich die Journalistin an eine weitere alte Dame, die wie gebannt auf das Eintreffen des Stars wartete, um sie zu fragen:

»Na, sind Sie schon gespannt?«

Worauf die Befragte vor laufender Kamera entrüstet erwiderte:

»Also, was erlauben Sie sich?!«

Erst bei näherer Betrachtung erkannte die Reporterin, dass die Dame schon mehrere Gesichtsmanipulationen hinter sich gebracht hatte.

»Nennen wir es neuwertig«

Geschichten von Käuzen und Originalen

Einige Käuze aus dem alten Österreich wird man auch heute noch antreffen. In den meisten Fällen sind es aber deren Kinder, Enkel und Urenkel, die in ihnen fortleben. So manchem Kauz aus all diesen Generationen bin ich persönlich oder in Erzählungen begegnet. Wenn auch in diesem Kapitel der eine oder andere berühmte Name auftaucht, dann nimmt er fast ausnahmslos die Funktion des Chronisten ein, die eigentliche Geschichte – die Pointe also – gehört den Käuzen und Originalen des zu Ende gegangenen Jahrhunderts.

Ein paar Jahre sind wohl schon ins Land gezogen, seit ich ein Wienerliedfest besuchte, das der Erinnerung an die legendäre Maly Nagl gewidmet war, die bis zu ihrem Tod im Jahre 1977 als Wiens letzte Volkssängerin galt. Sie war durch die Interpretation vieler Lieder, die ihr Mann Fritz Wolferl für sie komponiert und getextet hatte, bekannt geworden.

Die Geschichte, auf die ich nun zu sprechen komme, muss ihren Ursprung – so wollen wir hoffen – noch in der Zeit vor der Eheschließung mit Herrn Wolferl haben.

Während der feierlichen Eröffnung des erwähnten Wienerliedfestes stellte der Programmansager die Ehrengäste vor: »Wir heißen Herrn Gemeinderat Sowieso herzlich willkommen«, worauf sich ein in der ersten Reihe sitzender wohlbeleibter Politiker erhob und vom Publikum mit freundlichem Applaus bedacht wurde. Ähnlich ging es weiter, als man einem Bezirksvorsteher, seinem Stellvertreter und – schön der Reihe nach – sieben Bezirksräten die Reverenz erwies. All die Honoratioren verneigten sich bei der Nennung ihrer Namen artig und ließen den Beifall der Anwesenden huldvoll über sich ergehen. Endlich verkündete der Ansager: »Und jetzt begrüße ich den Michl Ableitinger!«

Ein gebrechlich wirkender Mann stand mühsam auf und zeigte sich den immer noch höflich applaudierenden Besuchern, die sich jetzt aber konsterniert fragten: »Wer, um Himmels Willen, ist Michl Ableitinger?«

Es verging nur ein kurzer Augenblick, ehe der Ansager die Ratlosigkeit der Anwesenden beendete: »Der Michl Ableitinger hat im Zwölferjahr mit der Maly Nagl a G'spusi g'habt.«

Ein schöner Anlass, in die Geschichte eingegangen zu sein.

Auch der nächste Fall zeigt auf, wie uns die Zeit mitunter zu entfliehen droht. Während eines Urlaubs in Steinbach am Attersee schlenderte ich – es muss wohl in den späten siebziger Jahren gewesen sein – an zwei sehr betagten Damen vorbei, die auf einer Parkbank saßen und einem gemächlich übers Wasser segelnden Schifflein nachblickten. Ich hörte, als ich an den beiden Damen vorbeiging, nur ein paar Wortfetzen, doch die hatten es in sich.

»Sag«, fragte die eine in die Stille hinein, »wie geht's denn eigentlich dem Kronberg?«

»Dem Kronberg?«, wunderte sich die andere. »Weißt du nicht? Der ist im Ersten Weltkrieg gefallen!«

Im Ersten Weltkrieg! – Die Dame informierte ihr Nebenan also vom Hinscheiden eines Bekannten, das mehr als ein halbes Jahrhundert zurücklag. Von der alten Welt, aus der sie stammten, war nicht viel übrig geblieben – und doch wollte die Frau auf der Parkbank wissen, wie's dem Kronberg geht, von dem sie so lange nichts gehört hatte. Vielleicht verdrückte sie auch noch ein paar Tränen über sein Schicksal, das ihr all die Jahrzehnte verborgen geblieben war.

Aus einer anderen, geradezu klassischen Sommerfrische, aus Altaussee nämlich, stammt eine Episode, in deren Mittelpunkt Klaus Maria Brandauer steht. Der Schauspieler wurde schon in jungen Jahren als aufstrebendes Talent des Theaters in der Josefstadt gefeiert, worüber man in seiner Heimatgemeinde Altaussee unendlich stolz war. Nicht, dass sich besonders viele Ausseer der Mühe unterzogen hätten, in das berühmte Theater nach Wien zu fahren, um dort den als Lausbuben in seiner Krachledernen in Erinnerung Gebliebenen bewundern zu können – aber es war schon etwas Außergewöhnliches, immer wieder von »Klausis« Erfolgen in der Zeitung zu lesen.

Als dann das Burgtheater rief, war im Ausseerland buchstäblich der Teufel los. Man feierte den Schauspieler und ließ keine Gelegenheit aus, auf den nunmehr noch größeren Ruhm des ohnehin schon prominenten Bürgers anzustoßen.

Dem Oberförster von Altaussee freilich blieb es vorbehalten, die Freude der Bevölkerung in Worte zu fassen, als er dem in seinen Theaterferien persönlich anwesenden neuen Mitglied der ersten Bühne des deutschen Sprachraums im Gasthaus zuprostete: »Servas Klaus, jetzt hast es aber wirklich g'schafft. Und wennst so weitermachst, kommst a no an die Staatsoper!«

Dass es der Ausseer sogar einmal bis nach Hollywood bringen

würde – das konnte selbst der enthusiastische Oberförster nicht ahnen.

Zwar erfreuen sich die »Sommerfrischen« in Alt- und Bad Aussee, in Ischl und Gastein, in Vöslau und Reichenau nach wie vor großer Beliebtheit, der Sonnenhunger unserer Tage lässt Herrn und Frau Österreicher aber auch ganz andere Regionen erschließen. Als Fritz Eckhardt mir einmal von einem im tunesischen Badeparadies Djerba verbrachten Urlaubsaufenthalt berichtete, merkte er zu guter Letzt noch an: »Das Publikum wird jedes Jahr schlechter. Heuer müssen überhaupt schon die vom nächsten Jahr dort gewesen sein!«

Auch die nun folgende Geschichte zeigt, was passieren kann, wenn sich die Wege berühmter Schauspieler mit denen der namenlosen Käuze überschneiden. Josef Meinrad, der es sich zum Prinzip machte, immer nur gütige Menschen darzustellen, sollte einmal in seinem Leben damit konfrontiert werden, wie sein Publikum darauf reagierte, wenn er einen Schurken spielte.

Am Tag nach der Ausstrahlung der ersten Folge einer Fernsehserie, in der er als Bösewicht agierte, läutete es an der Tür der Meinrad-Villa in Wien-Mauer. Als der Ifflandringträger öffnete, stand ein vierschrötiger Mann von der Müllabfuhr vor ihm und drohte: »Des ane sag i Ihna, Herr Meinrad, wenn Sie der Mörder sind, dann leer i Ihnare Mistkübeln nimma mehr aus.«

◇

Es ist noch gar nicht so lange her, dass dem Handwerk »goldener Boden« bescheinigt wurde. So golden war er doch wieder nicht, denn mittlerweile mussten viele der einst blühenden Kleinbetriebe ihre Pforten schließen. Hier soll der Mentalität eines ehrbaren Schuhmachermeisters, wie es ihn bis vor wenigen Jahren noch gegeben hat, ein Denkmal gesetzt werden.

Christian Futterknecht, Schauspieler des Theaters in der Josefstadt, hatte sich zur längst fälligen Musterung seines privaten Kleiderkastens entschlossen. Die karge Freizeit wurde geopfert, um untragbar gewordene Garderobenstücke zu entsorgen. Tausend Erinnerungen gingen ihm durch den Kopf, während er in alte Anzüge schlüpfte, von deren Existenz er kaum noch wusste.

Nach Stunden mühsamen An- und Auskleidens entdeckte der Mime schließlich in der Hosentasche eines dunkelblauen Dreiteilers, den er als Festtagskleid seiner Maturafeier zu erkennen glaubte, den Reparaturschein einer Schusterwerkstatt.

Schemenhaft sah der Schauspieler ein Paar schwarze Lackschuhe vor sich, deren Sohlen damals »gedoppelt« werden mussten. Ja, er hatte sie vor zehn, fünfzehn Jahren einem Schuhmacher zur Reparatur anvertraut, es aber aus irgendeinem Grund verabsäumt, sie dort wieder abzuholen. Ob das vergessene Schuhwerk immer noch in dem kleinen Geschäft lagerte?

Futterknecht fischte aus der Hosentasche den Reparaturschein heraus, auf dessen Stempel die Adresse des Handwerkers zu erkennen war, und machte sich auf den Weg in die Werkstätte auf dem Wiener Getreidemarkt. Der Meister begrüßte ihn, warf einen kurzen Blick auf das vergilbte Papier und sah dann in sein mit Schuhen aller Art vollgestopftes Regal. Schließlich meinte er, als gelte es, einen ganz alltäglichen Geschäftsvorgang abzuwickeln:

»Alles bestens, nächste Woche san's fertig!«

Auch wenn der Leisten nach all den Jahren nicht mehr dem letzten Schrei entsprach – Christian Futterknecht hat seine Schuhe wieder bekommen und sie ein paar Jahre noch, eher aus Gründen der Nostalgie, behalten. Die Werkstätte des Schusters aber gibt es längst nicht mehr.

Ging es in dem eben beschriebenen Fall um ein einzelnes Geschäft, das der neuen Zeit zum Opfer fiel, so ist im Folgenden ein ganzer Straßenzug betroffen. Hermann Bratmann war der letzte jüdische Kaufmann in der Wiener Judengasse, ein Original, bei dem man bis vor nicht allzu langer Zeit noch »alles vom Frack bis zur Taschenuhr« käuflich erwerben konnte. Bratmanns Motto lautete: »Nicht alt, nicht neu – wir nennen es neuwertig.« Ich selbst durfte in dem kleinen Gewölbe – der alte Bratmann hat wohl »Gewelbe« gesagt – innerhalb weniger Minuten Zeuge zweier Szenen werden, die mir unvergesslich blieben.

Szene Nummer eins. Ein Herr betrat den »Second-Hand-Laden« und verlangte nach einem Girardihut. Wie schön, dachte ich, dass es immer noch Menschen gibt, die einen Girardihut kaufen und vielleicht sogar tragen. Bratmann, ein kleiner stämmiger Mann, erklomm eine hohe Leiter, um ein Modell nach dem anderen aus dem obersten Fach seiner Stellage zu holen. Der Kunde probierte jeden einzelnen der angepriesenen Strohhüte, von denen aber kein einziger passte. Nach einem halben Dutzend endlich setzte der betagte Händler seiner Kundschaft den letzten in seinem Bestand befindlichen Hut auf und stöhnte, ein wenig ermattet schon: »So, der da sitzt jetzt wie angegossen!«

Während er die Worte sprach, rutschte die Kopfbedeckung bedrohlich über das Gesicht des Kunden, so dass dieser kaum noch aus den Augen zu schauen imstande war.

»Der Hut ist zu groß!«, beklagte der Besucher.

Da explodierte der alte Bratmann und erklärte in seinem schönsten Jiddisch: »Der Hut is nix zu groß. Ihr Kopp is zu klein!«

Als der Mann mit dem zu kleinen Kopf den Laden verlassen hatte, erschien eine Dame mittleren Alters auf der Suche nach einem Operngucker.

Szene Nummer zwei im Geschäft des alten Bratmann. »A Opperngucker ich kann Ihnen geben, da hab ich wirklich erste Ware, die kriegen Se nur bei mir, gnä Frau, da schauen Se her.« Herr Bratmann legte ein beinahe neuwertiges Theaterglas auf das Verkaufspult. »Und was das Wichtigste ist«, fügte der Geschäftsmann vom alten Schlag an, »das ist ein Erzeignis von der Firma Zeiss in Jena, hören Sie: Zeiss in Jena! Eines der letzten Gläser, wo Se noch werden finden in diese Qualität. Heitzutage wird doch nur noch a Schmarren erzeigt, da kennen Se durchschauen und werden den Tristan nicht unterscheiden von der Lustigen Witwe.«

Die Dame blickte durch das ihr überreichte Glas, drehte an dem zur Einstellung der Dioptrienzahl vorgesehenen Rädchen und betrachtete das Präzisionsgerät von allen Seiten. Dabei entdeckte sie einen winzig kleinen Schriftzug, dessen Entzifferung ihr nur mit Mühe gelang. Und im selben Augenblick rief sie aus: »Aber Herr Bratmann, wieso sagen Sie Zeiss-Qualität? Wo doch hier steht ›Made in Japan‹!«

Herr Bratmann, wie immer um keine Antwort verlegen, stellte der Kundin die Gegenfrage: »Jetzt frag ich Sie, was is Zeiss? Heite zählt doch nur mehr, was kommt von die Japaner, *das* is Präzision. Alles andere Sie kennen wegschmeißen!«

Die Dame hat gekauft. Und mir war in diesem Augenblick klar geworden, dass ich eine Szene wie diese wohl nie wieder erleben würde.

In der Tat reihen sich in der Wiener Judengasse heute Sportartikel- und Modegeschäfte aneinander, in denen Jeans, Skateboards und Piercingringe ihre Besitzer wechseln. Die Spuren des alten Bratmann aber haben sich längst verflüchtigt.

◇

Vom Helden der nächsten Geschichte darf ich – ohne ihn je kennen gelernt zu haben – mit Fug und Recht annehmen, dass er die Schwelle zu Herrn Bratmanns Verkaufsstätte kaum jemals überschritten haben wird: Der Medizinalrat Dr. Mayer galt – laut Überlieferung von Teddy Podgorski – in der Nachkriegszeit als bestgekleideter Mann von Wien. Er trug nur Maßschuhe, man munkelte sogar von eigens für ihn angefertigten Krawatten, Hüten und Glacéhandschuhen. Unnötig zu erwähnen, dass er Stammkunde bei Knize am Graben war, dem elegantesten Herrenmodesalon der Stadt, von dessen Schneidermeister sich der Medizinalrat alle paar Wochen einen neuen Anzug, nur vom feinsten Tuch versteht sich, anfertigen ließ.

Eines Tages jedoch flog Dr. Mayer zu einem Ärztekongress nach London, wo er sich, kaum angekommen, beim Hotelportier nach Name und Adresse des ersten Tailleurs an der Themse kundig machte. Man gab ihm Auskunft, dass ein Mann von Welt in London ausschließlich in der königlichen Hofschneiderei Gieves & Hawkes zu ordern hätte. Mayer befolgte den Rat, wurde in dem mit edlen Hölzern getäfelten Salon in No. 1 Savile Row auf eine Personenwaage gehoben, an allen nur erdenklichen Körperstellen gemessen und einem mehr als einstündigen Verhör nach persönlichen Vorlieben bezüglich Beinfreiheit, Revers- und Stulpenbreite unterzogen.

Danach breitete das Verkaufspersonal erlesene Kaschmirstoffe aus, für deren erlesensten sich Mayer entschied.

Nach Wochen bangen Wartens wurde das in dezentem Graphitgrau mit zartem Nadelstreif gehaltene Kleidungsstück eingeschrieben und per Nachnahme an Herrn Medizinalrats Wiener Adresse überstellt.

Der erste Weg im neuen Gewande führte den Dr. Mayer zu seinem Leibschneider Kniže, der ihn persönlich empfing. Stolz zeigte der Arzt auf seinen Anzug und fragte: »Na, was sagen Sie, Herr Kniže?«

Die Situation war nicht einfach. Sollte Herr Kniže das Produkt eines Konkurrenzunternehmens – selbst wenn es im fernen London beheimatet war – loben? Auf der anderen Seite aber: Sollte er das offen zur Schau gestellte Glücksgefühl einer seit Jahrzehnten treuen Kundschaft schmälern?

Kniže entschied sich für eine dritte Lösung. Er delegierte.

»Verzeihen Sie, Herr Medizinalrat, dass ich mich der Beurteilung entziehe«, sagte er, »aber in einem solchen Falle muss ich unseren Zuschneider Nowotny zu Rate ziehen.«

Nowotny wurde gerufen und mit der Abgabe einer Expertise beauftragt: »Na, Nowotny, was sagen Sie zum neuen Anzug des Herrn Medizinalrat?«, fragte Herr Kniže.

Nowotny inspizierte das maßgefertigte Produkt von oben nach unten und beurteilte es mittels seiner böhmischen Mundart: »Naja, dann schau ma mal. Ärmel san schen eingesetzt, Schulter gut, Rücken sehr schen, Taschl sitzt auch gut. Im Schritt passend, unten der Saum auch sehr schen. Schen, wirklich schen!«

Ein abschließender Blick noch auf das Gesamtkunstwerk, und dann fragte Herr Nowotny den Medizinalrat:

»Selber g'macht?«

Mit dem Primarius Dr. Koller treffen wir auf einen weiteren Vertreter des Ärztestandes. Oft und oft hatte der erfahrene Mediziner Patienten, wenn sie mit heftigen Rückenschmerzen in seine Ordination gekommen waren, zu dieser und jener Behandlung geraten. Doch als ihn eben dieses Leiden im Alter von sechzig Jahren selbst zu plagen begann, schien er am Ende seines Lateins angelangt zu sein. Da tat er das Beste, was er tun konnte – er vertraute sich den Heilkünsten des als Fitnesspapst bekannt gewordenen Willi Dungl an.

Dungl, der den Aufstieg vom Masseur zu einer Instanz des österreichischen Gesundheitswesens schaffte und dafür vom Bundespräsidenten mit dem Titel Professor ausgezeichnet wurde, empfängt in seinem Gesundheitszentrum in Gars am Kamp täglich Leidende, die auf seine heilenden Kräfte schwören.

Einer von ihnen war der erwähnte Primarius Dr. Koller.

Dr. Koller begab sich nun ins Vorzimmer des Behandlungsraumes von Willi Dungl und wurde, nach längerer Wartezeit, von der Assistentin des Fitnesspapstes aufgerufen. Und zwar mit den Worten:

»Herr Koller bitte eintreten, der Herr Professor lässt bitten!«

Ein Original besonderen Zuschnitts war »Poldi« Waraschitz, der einzig und allein damit berühmt wurde, niemals irgendetwas bezahlt zu haben. Wiens legendärer »Schnorrerkönig« ging sein Leben lang keiner geregelten Arbeit nach, er verfügte über keinerlei Vermögen oder sonstige Einkünfte – er lebte von nichts anderem als vom Schnorren, dies aber in großem Stil.

Denn selbstverständlich waren auch seine Anzüge nach Maß gefertigt, waren seine Krawatten aus feinster Seide, kamen seine Hemden und Schuhe aus den besten Salons. Bei Filmdreharbeiten in aller Welt war er ein gern gesehener Gast der Stars, die für »Poldis« Flug sowie Hotel und Verpflegung in den ersten Häusern am Platz aufkamen.

Als eines von fünfzehn Kindern einer armen Bauernfamilie im niederösterreichischen Lassee geboren, hat es Josef Waraschitz verstanden, sich in die Herzen und Brieftaschen der internationalen Prominenz zu schmeicheln, die dem seltsamen Kauz wiederum – da »Poldi« stets die Aufmerksamkeit der Presse auf sich zog – zusätzliche Publicity verdankte. So zählten Größen wie Liz Taylor, die Begum, Robert Stolz, Brigitte Bardot und Curd Jürgens zu den ständigen Gönnern des Lebenskünstlers.

Fritz Muliar kannte Waraschitz bereits, als dieser weder berühmt noch als »Schnorrerkönig« tätig war. Und doch sollte er sich seines späteren Ehrentitels schon damals würdig erweisen.

Eines Tages, in den dreißiger Jahren, als der junge Muliar für einen Hungerlohn in Wiens literarischem Kabarett »Der liebe Augustin« auftrat, spazierte er über die Kärntner Straße am Hotel Meißl und Schadn vorbei, in dessen Kaffeehaus »Poldi«, der sich damals als »Theateragent« bezeichnete, saß. Von seinem Fenstertisch des Luxushotels aus forderte Waraschitz den Schauspieler mit einer Handbewegung auf, ins Lokal zu kommen. Muliar trat ein und nahm schüchtern an »Poldis« Seite Platz.

»Sie sind doch der junge Mensch vom ›Lieben Augustin‹«, sagte Waraschitz. »Ich habe für Sie ein sehr schönes Engagement zu Direktor Gondrell nach München. Das wär doch was für Sie.«

Muliar zeigte sich hoch interessiert, was Waraschitz mit Befriedigung zur Kenntnis nahm. Der Schnorrer sprang auf, um, wie er sagte, kurz telefonieren zu gehen – offensichtlich in Sachen Gondrell, wie Muliar inständig hoffte.

Muliar wartete. Er wartete lange, sehr lange. Bis endlich der Kellner kam und ihn wissen ließ, dass Herr Waraschitz überraschend weg musste, sich aber demnächst bei ihm melden würde.

Als Muliar nun seinen Kleinen Braunen zahlen wollte, korrigierte ihn der Ober: »Bitte sehr, von Herrn Waraschitz sind auch noch eine Melange, Butterbrot und zwei Eier im Glas offen. Das müssen Sie bitte übernehmen, hat er gesagt.«

Wiens späterer »Schnorrerkönig« war also in jungen Jahren schon einschlägig tätig gewesen. Muliar bezahlte schweren Herzens und rief am selben Tag beim Theaterzaren Gondrell in München an.

Der hatte zwar von einem Herrn Waraschitz noch nie gehört, suchte aber gerade einen jungen Schauspieler und engagierte Muliar vom Fleck weg.

Es war vielleicht das einzige Mal in seinem Leben, dass Waraschitz durch »Arbeit« Geld verdiente.

Als er sich, Jahrzehnte später und bereits berühmt, beim Schwimmen an der Côte d'Azur die Hand verletzte und vom Arzt nach seinem nächsten Angehörigen gefragt wurde, da antwortete der »Schnorrerkönig« geradezu wahrheitsgemäß: »Curd Jürgens!« Der nun prompt für dessen Krankenhauskosten aufkam.

Klar, dass seine berühmten Freunde dann auch das Begräbnis I. Klasse finanzierten, als Waraschitz 1970 für immer von ihnen gegangen war. Denn der Ruf, der Welt bester Schnorrer zu sein, verpflichtete über »Poldis« Grab hinaus.

Erbrachte schon der erwähnte Oberkellner des Hotels Meißl und Schadn den Beweis, dass Wiens Servierpersonal über ein beachtenswertes Sensorium verfügt, die jeweilige Finanzsituation seiner Klientel zu erahnen, so zeigt dies der nächste Fall noch deutlicher auf. Seit Jahr und Tag begrüßte der Ober im Café Mozart hinter der Staatsoper einen treuen Stammgast mit den Worten »Guten Morgen, Herr Fichtinger«. Als nun bekannt wurde, dass der bis dahin erfolgreiche Geschäftsmann Konkurs anmelden musste, sprach ihn der Kellner – wohl, um ihn seiner unverminderten Wertschätzung zu versichern – fortan mit »Herr Direktor« an.

»Eine Melange für Herrn Direktor, bitte sehr, Herr Direktor ...«, fügte der psychologisch geschulte Ober der jeweiligen Bestellung an.

So ging's ein paar Jahre dahin, doch als der Kellner Herrn Fichtinger eines Tages, wie gewohnt, mit »Habedjehre, Herr Direktor« begrüßte, winkte ihn dieser beiseite und erklärte: »Sie können wieder Herr Fichtinger zu mir sagen. Ich hab schon wieder ein Geschäft!«

Auch Paul Hörbiger tritt – wie manch anderer Prominenter in diesem Kapitel – hier nur als Quelle eines Ausspruchs auf, den ihm sein Schulfreund Erich Pollak hinterließ. Der kleine Pollak wuchs, wie so viele Wiener Juden zur Jahrhundertwende, in einer assimiliert lebenden Familie auf, für die es ganz selbstverständlich war, die römisch-katholischen Festtage zu feiern. In diesem Fall ging die Assimilation so weit, dass Erich Pollak seinem Vater kurz vor Weihnachten die interessante Frage stellte: »Papa, haben die Katholiken auch einen Christbaum?«

Der Christbaum wiederum führt mich auf direktem Wege zu Franz Jantsch, dem mit 92 Jahren ältesten aktiven Pfarrer Österreichs.

Mehr als ein halbes Jahrhundert Seelsorger in der Hinterbrühl bei Wien, gilt er seit jeher als unbequemer Mahner, der – lange bevor dies von der Kirchenführung gebilligt wurde – weibliche Ministranten und ökumenische Feiern zuließ. In der Nazizeit Priester im niederösterreichischen Vösendorf, verhalf er dort Juden zu »Ariernachweisen« und damit zum Überleben. Jantsch wurde damals immer wieder zum Verhör befohlen, weil die Gestapobeamten nicht recht glauben konnten, dass es in Vösendorf so viele Kohns und Lichtblaus gab, deren sämtliche Ahnen »Arier« gewesen seien.

Als nun Franz König, der frühere Erzbischof von Wien, in die Hinterbrühl kam, um Dr. Franz Jantsch zum 90. Geburtstag zu gratulieren, versuchte er in einem Scherzwort die Selbstlosigkeit des alten Pfarrers mit den Tugenden der Bettelmönche des »*Franziskaner*«-Ordens zu vergleichen.

Und also sprach der Kardinal: »So wie *Franz is kaner*!«

◇

Nun aber zu einer Geschichte, die mir – der Leser wird gleich verstehen, warum – persönlich sehr nahe geht. Sie handelt von der letzten »Demelinerin« vom alten Schlag. »Demelinerinnen« wurden die Servierdamen der einstigen k. u. k. Hof-Zuckerbäckerei Demel am Wiener Kohlmarkt genannt, deren berühmteste wohl die Frau Grete war. Das eine oder andere Mal hat sie mich dort noch »Haben schon gewählt?« gefragt und mir dann die unvergleichliche Süßspeise Fragilité an den Tisch gebracht.

Sie war noch von der alten Anna Demel ins Haus geholt worden, in dem sie dann – angefangen vom Herzog von Windsor über

John F. Kennedy bis zur englischen Königin Elizabeth II. – alles bediente, was in ihrem Jahrhundert Rang und Namen hatte. 1974 warf sie, längst schon »Ober-Demelinerin« geworden, das Handtuch, als ein neuer Herr das Kommando im Tortenreich übernahm: Udo Proksch, den sie früher einmal mit Hausverbot belegt hatte, weil er Tennisbälle gegen wertvolle Demel-Gläser warf, bis diese in Scherben gingen. Als eben dieser Udo Proksch ihr Chef werden sollte, ging die Frau Grete in Pension – wie dies Helmut Qualtinger und Gerhard Bronner im Kostüm der »Demelinerinnen« Jahrzehnte zuvor schon kabarettistisch prophezeit hatten:

»Auch wir sind nimmermehr die Jüngsten,
Ich geh nächste Pfingsten
In Pension …«

Irgendwann, als sie längst schon »in Pension« gewesen ist, hat sie mir dann ihre ganze Geschichte erzählt, die Frau Grete, die eigentlich Paula Hromada hieß, sich aber Grete nennen musste, weil es 1929, als sie als jüngstes Servierfräulein dorthin kam, beim Demel schon eine Paula gegeben hat. Selbst ihr Mann sagte ein halbes Leben lang Grete zu ihr. Einmal noch erinnerte sie sich an ihre noble Kundschaft – den Herrn von Adenauer, den Herrn von Figl, den Herrn von Kreisky und bestätigte mit ihren Erzählungen, was der Herr von Torberg einst geschrieben hatte: »Wer beim Demel nicht mindestens ein ›von‹ ist, ist kein richtiger Demel-Besucher.«

Viele Jahren waren vergangen, und es gab längst keine Grete mehr beim Demel. Man schrieb den Spätsommer 1995, als mir die traurige Pflicht oblag, meiner Mutter die letzten Besuche in einem Wiener Krankenhaus abzustatten. Ich saß da, oft stumm, viel konnte nicht mehr gesagt werden.

Eines Tages erhob sich eine alte Frau aus ihrem Bett, das neben dem meiner Mutter stand. Sie kam auf wackeligen Beinen auf mich zu und sagte: »Können sich noch erinnern?«

Es war die Frau Grete.

In der Nacht darauf ist meine Mutter gestorben. Die Frau Grete hat ihr, wie sie mir am nächsten Morgen mitteilte, in der Stunde ihres Ablebens die Hand gehalten.

Um das Kapitel dennoch anekdotisch abzuschließen, wie es sich für dieses Buch geziemt, sei hier eine ganz andere Geschichte von der Frau Grete erzählt, die meinem Freund Gerhard Tötschinger von der unvergessenen Schauspielerin Vilma Degischer überliefert wurde.

Da im Herbst 1945 auch der noblen Hof-Zuckerbäckerei die Zutaten für ihre Rezepte nur gegen Lebensmittelkarten geliefert wurden, war das Angebot an Süßspeisen in dem einstigen Tortenparadies entsprechend dürftig. Damals betrat Vilma Degischer nach langer Zeit wieder die Konditorei am Wiener Kohlmarkt. Sie war durch die zerstörte Stadt geschritten, hatte die erstaunlicherweise intakt gebliebene hohe Glastüre des Süßspeisentempels geöffnet und sich an ihren alten Stammtisch gesetzt.

»Schön, dass uns nicht vergessen haben«, wurde sie von der Frau Grete begrüßt.

Und die Degischer gustierte: »Liebe Frau Grete, bringen Sie mir bitte eine Schale Gold und einen Indianer mit Schlag – nein, bitte lieber eine Orangencremetorte, halt, doch nicht, also – eine Schale Gold, Schlagobers extra und eine Triestertorte!«

Frau Grete hatte ruhig zugehört. Und jetzt beugte sie sich diskret vor, sah Vilma Degischer an und fragte: »Leben am Mond?«

»Da blieb dem Auge des Gesetzes vor Schreck der Mund offen«

Redaktionelle Belange

Wie gemächlich war doch die Nachrichtenübermittlung, als die Tante Jolesch noch lebte und in ihrem gutbürgerlichen Salon am Wiener Arenbergring täglich zu ihrer Zeitung – im Zweifelsfall wird's wohl die »Neue Freie Presse« gewesen sein – griff. Während heutzutage jedes Blatt darauf bedacht ist, alles möglichst schnell und »exklusiv« zu berichten und die Konkurrenzsituation immer schärfer wird, war in einer frühen Ausgabe der »Neuen Freien Presse« in der letzten Zeile eines politischen Berichts zu lesen: »Näheres entnehmen Sie der ›Wiener Zeitung‹.«

Das von Friedrich Torberg vorrangig beschriebene Presseorgan war das »Prager Tagblatt«, dessen Wiener Kulturredaktion er mehrere Jahre angehörte. Eine deutschsprachige Tageszeitung, der diese Bedeutung zukäme, existiert in Prag längst nicht mehr, weil ja dort auch nicht mehr Deutsch gesprochen, geschweige denn gelesen oder gar geschrieben wird. Zur deutschen Sprache in Prag fällt mir eine Geschichte ein, die freilich aus einer ganz anderen Epoche stammt und daher mit dem berühmten Prager Deutsch nichts mehr zu tun hat: Nachdem Hitler durch die Gründung des »Protektorats Böhmen und Mähren« die Souveränität der Tschechoslowakei zerstört hatte, mussten die dortigen Behörden sowohl auf Tschechisch als auch auf Deutsch »amtshandeln«. Und deshalb rief der Schaffner, wenn die Straßenbahn vor dem berühmten Nationalmuseum am Wenzelsplatz hielt, widerwillig, aber gemäß der neuen Vorschriften aus: »Museum – Museum. Erste Museum war Deitsch.«

Wir aber wenden uns dem Journalismus zu, dem dieses Kapitel gewidmet ist. Ich selbst habe in meiner frühen Tätigkeit als Zeitungsreporter noch den Wechsel vom Bleisatz zum Computer und damit den immer schneller werdenden Informationsfluss erlebt.

»Reißerische« Geschichten freilich sind keine Erfindung unserer Tage, die hat es selbst in der Steinzeit des Zeitungswesens schon gegeben. Man erzählt von einem Sensationsautor, der in den letzten Jahren der österreichisch-ungarischen Monarchie recht gut davon lebte, für ein wöchentlich erscheinendes Groschenheft Fortsetzungsromane zu schreiben. Je blutrünstiger jede einzelne Folge war, desto besser kam sie beim Publikum an. Daher entschloss sich der Verleger der Zeitung, dem Starschreiber für jede auf unnatürliche Weise verstorbene Person seiner Handlung ein Sonderhonorar von fünfzig Kronen zu zahlen. Als aber eine Folge mit dem Satz endete: »Unter solch düsteren Vorzeichen stach der Schnelldampfer mit seinen dreitausend Passagieren in See; Fortsetzung nächste Woche«, drahtete der Verleger vorsorglich an seinen Autor:

»Falls Schiff untergeht, zahle ich nur Pauschalhonorar.«

Wie die meisten Reporter begann ich im Lokalressort, und zwar beim »Kurier«, wo mir im Laufe der Jahre viele junge Leute begegneten, die den Wunsch hatten, Journalisten zu werden. Es sollte aber nur ganz wenigen gelingen, in dem Beruf Fuß zu fassen, da die Diskrepanz zwischen dem angeblichen Traumjob und der knochenharten Arbeit, die einem Zeitungsmenschen abverlangt wird, doch sehr groß ist. Einer, der damals so wie ich unbedingt Journalist werden wollte, war der Sohn eines Großbäckers, der eigentlich die gutgehende Konditorei seiner Eltern im vierten Wiener Gemeindebezirk übernehmen sollte.

Er ging heimlich zum »Kurier« und gestand seiner Mutter erst nach einiger Zeit, dass er im *Lokal*-Ressort des Blattes tätig war, worauf diese gereizt entgegnete: »Das schaut dir wieder ähnlich – von an *Lokal* ins andere!«

Der junge Mann ist dann doch in die Bäckerei zurückgekehrt, was – wie ich hörte – dem elterlichen Betrieb gut getan haben soll.

Eines Tages, in jener Zeit, als ich das journalistische Handwerk erlernte, langte in der Redaktion die Meldung von einem Bankraub ein, dessen Täter sich mit einer Beute von mehreren Millionen auf der Flucht befand. Ein junger Reporter, der erst seit wenigen Tagen als Volontär tätig war, wurde an der Seite eines Fotografen per Redaktionswagen zu dem am Stadtrand von Wien gelegenen Tatort geschickt, um dort den überfallenen Kassier, die amtshandelnden Polizisten und eventuelle Zeugen zu interviewen. In solchen Fällen zählt jede Minute, ist es doch vorrangig, den Bericht noch vor Andruck der Abendausgabe ins Blatt zu rücken. Alle warteten daher an diesem Nachmittag gespannt auf die erhoffte Sensationsstory des Nachwuchsreporters.

Doch plötzlich kehrte der Fotograf, nach einer Viertelstunde nur, mutterseelenallein und ohne jegliche Ausbeute in die Redaktion zurück, um dem fassungslosen Lokalchef mitzuteilen: »Wir sind in der Lindengasse losgefahren, aber am Gürtel hat der Kollege dann plötzlich die Autotür aufgemacht und mir zugerufen: ›Sagen Sie denen in der Redaktion, des is doch ka Beruf für mich.‹«

Er stieg aus und ward nie wieder gesehen. Das Ende einer Karriere – mitten im Einsatz.

Die ersten Berichte, die ich im »Kurier« schreiben durfte, behandelten die von der Zeitung organisierten, sehr populären Hausfrauennachmittage. Dort traten skurrile Alleinunterhalter wie »Moby, der musikalische Weltreisende« oder »der witzige Jurist Dr. Felix Czerny« auf, und als männliches Mannequin stolzierte der schon sehr in die Jahre gekommene »schöne Edi« über die Bühne des Volkstheaters. Meine journalistische Aufgabe bestand darin, die Leser des Blattes in einem Ein- oder – wenn mir das Glück hold war – Zweispalter (denn selbstverständlich wurde auf Zeilenhonorarbasis verrechnet) über die »künstlerischen Darbietungen und die Begeisterung des Publikums« zu informieren. Die wahren Stars der Hausfrauennachmittage waren aber der Conférencier Ernst Track sowie Paul Popp, einer der prominenten Schreiber der damals noch größten Tageszeitung des Landes.

Paul, ein wirkliches Original, hatte sich in der Nachkriegszeit als Komiker im Varieté »Bouquet« auf dem Eislaufverein einen Namen gemacht, wo er für einen Auftritt die sagenhafte Gage von 600 Schilling bekam. Er wagte es jedoch nicht, seinem Vater – einem Fabriksdirektor, für den »Schauspieler gleich nach Prostituierten rangierten« – zu gestehen, auf welche Weise er sein Geld verdiente. Eines Tages kam der 19-jährige Paul während eines Spaziergangs mit seinen Eltern an einem Plakat vorbei, auf dem »Popp, die Novität!« stand.

»Schau, da heißt einer so wie wir, den schau ma uns an«, lachte der alte Popp und kaufte drei Karten. Die Familie betrat die riesige »Bouquet«-Halle, Paul setzte sich zwischen Mama und Papa, erhob sich kurz vor seinem Auftritt und lief zur Bühne.

Um auf dieser Hans Moser, Theo Lingen, Richard Romanowsky und Heinz Rühmann zu parodieren. Während ihm die Zuschauer zujubelten, drohte Vater Popp vor Scham im Erdboden zu versinken. »Er hat sich von diesem Schock lange nicht erholt«, erzählte Paul. Und gab ihm zuliebe die Tingelei auf, um fortan Philosophie und Theaterwissenschaften zu studieren und Journalist zu werden.

Erst nach dem Tod des Direktors Popp erkannte der Sohn, dass er das nicht hätte tun müssen. Als er nämlich ein Fach des väterlichen Schreibtischs öffnete, fielen ihm Kritiken, Fotos und Plakate in die Hände, die der alte Popp von den Varietéauftritten seines Sohnes gesammelt hatte.

Er wäre nie in der Lage gewesen, es zugegeben – aber er war stolz auf ihn.

Ehe Popp seinem Vater zuliebe die in seinen Augen schaurige Welt der Gaukler und Komödianten verließ und die Journalistenlaufbahn einschlug, sollte er freilich noch seine Meisterprüfung als Conférencier ablegen. Als es ihm nämlich auf offener Bühne gelang, keinen Geringeren als Karl Farkas aus der Bahn zu werfen.

Es gab nach dem Krieg zahllose Varietés, Kabaretts und Kinosäle, in denen Wiens Komödianten – gemeinsam oder getrennt – auftraten. Eine der Stätten dieses Wirkens war das »Haus der Komiker« auf der Mariahilfer Straße.

Das aktuelle Programm im Herbst 1947 lief mehrere Wochen, wobei Popp, um das Publikum »aufzuwärmen«, jeden Abend die erste Conférence hielt. Danach kamen die alten Profis Fritz Heller, Fritz Imhoff und schließlich – als strahlender Höhepunkt – Karl Farkas.

Nach der Pause, als die Einzelauftritte vorüber waren, hatte Paul noch eine Doppelconférence mit Farkas. Er ärgerte sich jeden Abend, weil der berühmte Kollege ihn ständig unterbrach und damit sämtliche Popp-Pointen »tötete« – Farkas konnte es einfach nicht ertragen, dass das Publikum über einen anderen lachte.

Da schwor Paul Rache.

Und so trat Farkas eines Abends wieder vor den Vorhang und begann seine Soloconférence. Nun passierte etwas, das dem Meister noch nie widerfahren war. Er setzte seine erste Pointe, gekonnt wie immer, doch kein Mensch lachte.

»Was für ein Publikum«, dachte Farkas, sprach aber unbeirrt weiter. Der Text steigerte sich, der Conférencier »drückte auf die Tube«, setzte zur zweiten Pointe an.

Nichts. Kein Mensch lachte.

Farkas kochte innerlich, gab jedoch nicht auf. Die dritte Pointe, und wieder: kein Lacher.

Der Kabarettstar ging ohne nennenswerten Applaus ab.

Verzweifelt nahm er in der Garderobe Platz und jammerte den neben ihm sitzenden Paul Popp an: »Jetzt ist es aus, die Leute lachen nicht mehr über mich. Ich bin alt und verbraucht, meine Karriere ist am Ende, ich werde nie wieder auftreten.«

Da erbarmte sich Popp des großen Kollegen und gestand ihm die volle Wahrheit: Er hatte während der letzten Vorstellungen die Farkas-Conférence mitgeschrieben und auswendig gelernt. Um sie am Beginn des Programms wortwörtlich vorzutragen. Farkas wiederholte nur die Pointen, die Popp schon eine Stunde vor ihm verwendet hatte. Kein Mensch konnte ein zweites Mal darüber lachen.

Von da an fiel der alte Farkas dem jungen Popp nicht mehr ins Wort.

Bald wär's ohnehin nicht möglich gewesen – denn da hatte sich Paul, seinem Vater zuliebe, von der Bühne zurückgezogen.

Das alles war lange, bevor ich Pauli Popp als Star und Organisator der Hausfrauennachmittage kennen lernte. Bald schrieb ich nicht nur über diese Veranstaltungen, sondern auch – wie es sich für einen jungen Lokalreporter gehört – über Kriminalfälle.

Dr. Franz Heger war damals der legendäre Chef des Wiener Sicherheitsbüros. Als ihm in der Nachkriegszeit die Festnahme einer Banknotenfälscher-Bande gelang, soll er erleichtert aufgeatmet haben: »Gott sei Dank, wir sind wieder ein normales Land. Sie fälschen schon wieder Geld und keine Brotkarten.«

Bereits in »meiner Zeit« als Lokalreporter nahm der in Ehren ergraute Kriminalist, den man nicht nur ob seiner Leidenschaft für Pfeifentabak als »Maigret von Wien« bezeichnete, die Einvernahme eines Mordverdächtigen vor. Als der mutmaßliche Täter nach dreistündigem Verhör endlich sein Geständnis abgelegt hatte, öffnete Hofrat Heger erleichtert eine Schranktüre in seinem Büro, hinter der ein kleines Waschbecken installiert war, um sich nach getaner Arbeit den Schweiß von der Stirn zu wischen. Kaum war der Verschlag offen, fiel ihm der als rasender Reporter der »Kronen Zeitung« tätige Hans Konitschek in die Arme. Dieser hatte sich drei Stunden lang hinter der Tür verbarrikadiert, um in dieser nicht besonders komfortablen Position das Schuldbekenntnis des Mörders abzuwarten und Wort für Wort mitzuschreiben.

»Was machen Sie da?«, fragte der verdutzte Dr. Heger.

Worauf Konitschek die bald klassische Antwort gab: »Herr Hofrat, ich recherchiere!«

Ähnliches ist, wiewohl diese Episode in ganz anderen Kreisen spielt, vom Kameramann Hans Imber, einem Pionier des Österreichischen Fernsehens, zu vermelden: Imber hatte nach dem Krieg den Auftrag erhalten, für die Wochenschau die Weihe des wiederaufgebauten Stephansdoms zu filmen. Es war ihm, all den strengen Kontrollmaßnahmen zum Trotz, vor Beginn des Festaktes mit atemberaubendem Geschick gelungen, die Rückseite des Tabernakels abzuschrauben und seine Kamera hinter dem Altar des Doms in Position zu bringen. Als Kardinal Theodor Innitzer nun am Höhepunkt des Gottesdienstes die reich verzierte, vergoldete Tabernakeltür öffnete, blickte er – über die Monstranz hinweg – direkt ins Gesicht des Kameramanns Imber. Für einen kurzen Augenblick verdunkelten sich die Züge des fassungslosen Erzbischofs. Hans Imber freilich hatte nichts anderes als die Ablieferung eines meisterhaften Bildberichts im Sinn und flüsterte dem Kirchenfürsten daher zu:

»Lächeln! Eminenz! Lächeln!«

Ehe der erwähnte Hans Konitschek zur »Krone« kam, schrieb er für das Boulevardblatt »Express«, in dem Roman Schliesser – der später als »Adabei« legendär werden sollte – sein direkter Vorgesetzter war.

Als Reporter im Lokalressort muss man nicht unbedingt ein brillanter Schreiber sein – viel wichtiger ist es, über exzellente Kontakte zur Exekutive zu verfügen, um so an die begehrten »Exklusivstorys« heranzukommen. Diejenigen sind die Besten, die am schnellsten, möglichst unter Umgehung der Konkurrenz, erfahren, wo Berichtenswertes passiert.

Und zu diesen zählte damals zweifelsfrei Hans Konitschek, der nichts anderes als seinen Beruf kannte und, wenn irgendwo in und um Wien »was los« war, von Polizisten zu jeder Tages- und Nachtzeit telefonisch informiert wurde. Dem Lokalchef Roman Schliesser oblag es dann, Konitscheks Beiträge von etwaigen Stilblüten zu befreien. So war es auch, als »Konerl«, wie die Kollegen ihn liebevoll nannten, eines Tages von einem in seiner Brutalität nicht zu überbietenden Blutdelikt erfuhr, bei dessen Aufklärung selbst altgediente Kriminalbeamte über Magenbeschwerden klagten. Unvergessen bleibt der Satz, den Konitschek nun zu Papier gebracht und danach auf Schliessers Tisch gelegt hatte. Denn die erste Zeile seines Berichts lautete:

»Da blieb dem Auge des Gesetzes vor Schreck der Mund offen!«

Ein anderer Lokalreporter hatte seinen Artikel über ein Lawinenunglück mit den nicht minder ergreifenden Worten eingeleitet:

»Augenzeuge: ›Ich sah nichts!‹«

Als Roman Schliesser 1966 als »Adabei« zur »Krone« wechselte, übernahm Heinz Hansen die Gesellschaftsberichterstattung im »Express«. Hansen hatte in der Zwischenkriegszeit – noch unter seinem wirklichen Namen Zwicklitzer – als Lokalreporter der Tageszeitung »Die Stunde« gearbeitet.

Der besessen hinter jeder Story herjagende Journalist lebte damals in der Wohnung seiner Mutter im dritten Bezirk. Zwicklitzer hatte sich, nach einem langen, in der Redaktion der »Stunde« durchwachten Nachtdienst, im Morgengrauen zu Bett begeben, um seinen wohlverdienten Schlaf nachzuholen.

Während er also am späteren Vormittag immer noch ruhte, läutete es an der Wohnungstür. Seine Mutter öffnete und wurde von mehreren Männern, die sich als Journalisten zu erkennen gaben, um Einlass gebeten. Die Herren fragten Frau Zwicklitzer, ob sie ihr Telefon benützen dürften, um an ihre Redaktionen eine hochaktuelle Geschichte weiterzuleiten.

Aber natürlich, sagte Frau Zwicklitzer und ließ die Herren eintreten, ihr Sohn sei ja selbst Reporter, und sie wüsste daher genau, wie wichtig in solchen Fällen die schnelle Nachrichtenübermittlung an die jeweilige Redaktion sei.

Einer nach dem anderen gab nun via Zwicklitzers Telefon seinen Bericht durch. Tatsächlich war, wie sich bald herausstellen sollte, in dem Haus, in dem Zwicklitzers wohnten, ein grauenhafter Mord geschehen. Alle Blätter berichteten an diesem Tag in großer Aufmachung von dem ganz Wien schockierenden Kriminalfall.

Mit Ausnahme der »Stunde«. Hansen hatte den Mord im eigenen Haus verschlafen, da die Mama es nicht übers Herz brachte, ihren Buben zu wecken.

Nach seinem Erwachen erfuhr Zwicklitzer von dem Malheur. Er soll von diesem Tage an für mehrere Wochen jeglichen Kontakt mit seiner Mutter eingestellt haben.

»Die Stunde« gehörte zum Imperium des gefürchteten Zeitungszaren Imre Békessy, den Karl Kraus »einen Mann von durchaus gesunder Prostitution« nannte und mit den Worten »Hinaus aus Wien mit dem Schuft!« der Stadt verweisen wollte. Auf ihn und sein auf Korruption aufgebautes Verlagshaus war wohl jener von Fritz Grünbaum stammender Schüttelreim gemünzt, der die Békessy-Journalisten so definierte:

»Man kann, wenn sie Bericht erstatten,
Genau wer sie besticht erraten!«

Zwicklitzers Redaktionskollege in der »Stunde« war kein Geringerer als Billy Wilder, der im Rahmen einer Prominentenumfrage für dieses Blatt an einem einzigen Tag Richard Strauss, Arthur Schnitzler und Sigmund Freud interviewen sollte (von Letzterem aber hinausgeworfen wurde). Als Wilder Jahrzehnte später nach Wien kam, rissen sich die einstigen Kollegen um ein Interview mit dem inzwischen weltberühmt gewordenen Hollywoodregisseur.

So auch der jetzt als Gesellschaftsreporter beim »Express« unter dem Namen Hansen tätig gewordene Heinz Zwicklitzer.

Er meldete sich an der Rezeption des Hotel Ambassador am Neuen Markt an: »Mein Name ist Hansen, bitte, sagen Sie Herrn Wilder, dass ich ihn sprechen möchte.«

Der Portier rief Billy Wilder in seinem Zimmer an, um ihm zu melden, dass ein Herr Hansen hier sei, um ihn zu interviewen.

»Tut mir leid«, bedauerte der Portier, als er den Hörer aufgelegt hatte, »Herr Wilder ist nicht zu sprechen.«

Heinz Hansen, der besessene Reporter, nahm in der Lobby Platz und wartete. Er wartete vier volle Stunden, bis Billy Wilder endlich die Treppe herunter kam. Der berühmte Regisseur sah Hansen und rief laut durch die riesige Halle:

»Zwicklitzer! Warum hast du nicht gleich gesagt, dass du es bist!«

Schliessers Nachfolger als »Adabei« der »Kronen Zeitung« ist Michael Jeannée, der – ehe er sich in die Welt der Oberen Zehntausend stürzte – ebenso große wie Aufsehen erregende Reportagen schrieb. Und so ergab es sich, dass er eines Tages Österreichs damaligen Armeekommandanten Emil Spannocchi zum Interview bat. Man war fast am Ende des Gesprächs angelangt, als der General seinem Ärger über manch unangenehme Frage Luft machte: »Sind S' mir nicht bös und nehmen S' es nicht persönlich, Herr Jeannée«, sagte Spannocchi, »aber Ihr Beruf ist die Pest des Jahrzehnts!«

Da erwiderte Jeannée:

»Herr General, sind Sie mir ebenfalls nicht bös, wenn ich sage, Ihr Beruf ist die Pest des Jahrhunderts!«

Jeannée war eine Zeit lang auch als Kriegsreporter unterwegs. Nach Einsätzen im Iran, auf den Falklandinseln, am Golf und in Slowenien wurde das Flugzeug, mit dem er 1992 das heftig umkämpfte Sarajewo verlassen wollte, von bosnischen Soldaten mit Granaten und MG's beschossen. Als er die faustgroßen Einschusslöcher an seiner Maschine sah, hatte er genug davon, Kriegsreporter zu sein und fasste den Entschluss, »Adabei« zu werden.

Es gab – und gibt – auch weibliche Kriegsreporter, die für eine »gute Story« ihr Leben aufs Spiel setzen. Eine von ihnen ist Bettina Lüscher, die beim Westdeutschen Rundfunk begonnen hatte und später Moderatorin des amerikanischen Nachrichtensenders CNN wurde. Als man sie einmal über ihren Einsatz im Golfkrieg befragte – von dem hunderte Radio- und Fernsehteams aus aller Welt live berichteten – sagte sie: »Wenn man dort angekommen ist, musste man weniger Angst davor haben, von Panzern oder Heckenschützen erschossen, als von einem Mikrophon erschlagen zu werden.«

Zu den spannendsten und ereignisreichsten Phasen der österreichischen Zeitungsgeschichte zählen die ersten Jahre der Zweiten Republik. Österreich war nach Ständestaat und Nazidiktatur ein demokratisches Land geworden, in dem endlich wieder Meinungsfreiheit herrschte. Das war wohl ein gewaltiger Anreiz für junge Menschen, den Beruf des Journalisten zu ergreifen. Die damaligen Reporter waren wirkliche Pioniere, die Tag und Nacht, auch an Sonn- und Feiertagen, meist ohne für ihre Überstunden entlohnt zu werden, im Einsatz standen, jeder packte an, wo Not am Manne war.

Als sich nun im Frühjahr 1955 Bundeskanzler Julius Raab in Moskau an der Spitze einer Regierungsdelegation mit den Sowjets über den Abzug der Besatzungstruppen einigen konnte, bedeutete dies den Durchbruch zum österreichischen Staatsvertrag. Das war wahrlich ein Grund für den »Neuen Kurier«, am 14. April 1955 eine Sonderausgabe mit dem vom ganzen Land ersehnten »Aufmacher« zu drucken:

»Österreich wird frei!«

Es gab zwar einen exakten – in versiegelten Kuverts deponierten – Plan, der genaue Angaben darüber enthielt, wer im Falle der Vorbereitung einer solchen Sonderausgabe in die Redaktion und in das Druckereigebäude in der Wiener Seidengasse zu kommen hätte. Doch aus irgendeinem verhängnisvollen Grund war auf einen Teil der in ganz Wien ausschwärmenden Kolporteure vergessen worden.

Da lagen also am 14. April 1955 zehntausende druckfeuchte »Kurier«-Exemplare mit der sensationellen Meldung auf der »Rodel« – wie die Rotationsmaschine in der Fachsprache genannt wird –, aber es waren viel zu wenige Austräger da, um die Sonderausgabe zu vertreiben. In dieser für Journalisten unerträglichen

Situation war sofort klar, dass jeder einzelne Reporter und Redakteur die Hemdsärmeln aufkrempeln und mit einem Packen Zeitungen unterm Arm ausfahren würde, um sie selbst zum Verkauf anzubieten.

Reinald Hübl, der Chef der Lokalredaktion, hatte am Wiener Graben Position bezogen, wo er lautstark »Sonderausgabe! Sonderausgabe!« rief. Da kam zufällig ein Studienkollege des Wegs, der ihn ein wenig verwundert ansah: »Ich hab ja gewusst, dass du für die Zeitung arbeitest«, sagte der Freund und rümpfte die Nase, »aber als Kolporteur – das hätte ich nie gedacht.«

»Das ist noch gar nichts«, erwiderte Hübl. »Geh einmal um die Ecke, zum Stephansdom, dort steht der Dichand!«

Hans Dichand war damals Chefredakteur des »Neuen Kurier«. Vier Jahre später sollte er das Blatt nach einem Streit mit dem Herausgeber Ludwig Polsterer verlassen, um danach die während des Krieges eingestellte »Kronen Zeitung« neu zu gründen. Sie ist heute die bei weitem auflagenstärkste Zeitung des Landes.

Der Tag der tatsächlichen Unterzeichnung des Staatsvertrags im Schloss Belvedere war dann ein unvergesslicher Tag für jeden Österreicher – und ein doppelt unvergesslicher für Fritz Muliar und seine Frau Franziska Kalmar. Die beiden traten 48 Stunden später vors Standesamt. Was ein Wiener Blatt zu der Schlagzeile inspirierte: »Österreich ist frei, Fritz Muliar gefangen!«

Gerade in den Tagen, da Österreich seine Freiheit erlangte, erhielt der aus Wien stammende Schriftsteller und Journalist Frederic Morton ein einzigartiges Angebot. Er war beim Einmarsch der Nazitruppen mit seinen Eltern aus Österreich geflohen und hatte es mittlerweile in Amerika zu derartigem Ansehen gebracht, dass die »New

York Times« ihm im Juni 1955 den Auftrag erteilte, ein Interview mit Thomas Mann zu führen, der damals seinen 80. Geburtstag feierte. Der Dichter hielt sich mit seiner Frau Katja gerade in einem kleinen Hotelappartement mit angeschlossener Küche in Travemünde auf, wo er den Berichterstatter erwartete.

Doch der kam nicht. Es war ihm, aufgrund widriger Umstände, wie mir Morton viel später – und immer noch peinlich berührt – erzählte, nicht gelungen, ausgerechnet zu diesem so wichtigen Termin pünktlich zu erscheinen. Morton traf mit mehr als einstündiger Verspätung in dem Hotel ein. Er entschuldigte sich tausendmal, worauf Thomas Mann ihm eine »Buße« auferlegte.

Es hatte sich nämlich nicht nur der junge Interviewer, wie es sich gehört, auf das Gespräch mit dem alten Dichter vorbereitet, sondern auch der alte Dichter auf das Gespräch mit dem jungen Journalisten. Thomas Mann wusste daher, dass Morton nach seiner Emigration aus Wien zunächst eine Bäckerlehre in New York absolviert hatte. Und so lautete Thomas Manns Vorschlag, das Zuspätkommen wieder gutzumachen:

»Backen Sie mir und meiner Frau ein paar Wiener Kaisersemmeln.«

Die dafür benötigten Ingredienzien waren schnell besorgt, worauf der in Wien geborene und in New York lebende Reporter dem in Lübeck geborenen und in der Schweiz lebenden Nobelpreisträger in Travemünde fünf Wiener Kaisersemmeln buk.

Ach ja, das Interview fand dann auch noch statt. Es war das letzte, das Thomas Mann geben sollte. Er starb zwei Monate später.

Von einer der kuriosesten Affären in der österreichischen Zeitungsgeschichte erzählte mir Heinz Nußbaumer, der damalige Außenpolitikchef des »Kurier« (und spätere Pressechef der Bundespräsidenten Waldheim und Klestil):

Bundespräsident Franz Jonas war Mitte der sechziger Jahre nach Klagenfurt gefahren, wo er am Alten Platz vor dem Lindwurm mit allen militärischen Ehren empfangen wurde. Es ergab sich, dass ein zwar harmloser, aber offensichtlich nicht ganz zurechnungsfähiger Zaungast salutierend neben dem Bundespräsidenten einherging, während dieser die Parade abschritt. Ein »Kurier«-Fotograf hatte die skurrile Szene eingefangen und nach Wien gemeldet, dass das Bild per Funk unterwegs sei. Chefredakteur Hugo Portisch platzierte das Foto auf Seite eins der Abendausgabe und beauftragte einen Wiener Lokalredakteur, den dazu passenden Text zu verfassen. Dieser schrieb – ohne das Bild gesehen zu haben – ein paar Zeilen über den Vorfall und setzte darüber den Titel »Ein Irrer schreitet die Parade ab«.

Wenige Minuten später langte das aus Kärnten gefunkte Bild in Wien ein. Der über die Zusammenhänge uninformierte Fotolaborant sah den Schnappschuss, erkannte den Bundespräsidenten und einen Unbekannten, für den sich ohnehin kein Mensch interessieren würde. Er schnitt den Unbekannten weg und leitete das Foto an die dafür zuständige Chemigrafie weiter.

Worauf die Verkettung der unglückseligen Umstände ihrem fatalen Höhepunkt zustrebte.

Es war jedenfalls das erste und einzige Mal in der Geschichte der Zeitung, dass die gesamte Abendausgabe des »Kurier« eingestampft werden musste.

Denn neben dem Titel »Ein Irrer schreitet die Parade ab« prangte das Bild des österreichischen Bundespräsidenten.

Hugo Portisch, der nach Dichands Abgang Chefredakteur des »Kurier« geworden war, zählt längst zu den profiliertesten Journalisten des Landes. Klar, dass seine Leitartikel in der »Kurier«-Redaktion sakrosankt waren, kein Komma durfte verändert, kein Halbsatz ohne Einverständnis des Autors gekürzt werden. Wie jeder ernsthaft arbeitende Journalist feilte Dr. Portisch so lange irgend möglich an jedem Wort, jeder Formulierung, weshalb seine Manuskripte meist im allerletzten Moment fertig wurden.

Es war wieder einmal »fünf vor zwölf« (was für den Andruck der Abendausgabe in etwa fünf nach vier bedeutet), als ein Portisch-Kommentar in der Setzerei einlangte. Wie immer wurde das Manuskript – um das zeitgerechte Erscheinen des Blattes zu gewährleisten – auf mehrere Setzer verteilt, von denen einer, just in dieser äußerst kritischen Phase der Zeitungsproduktion, eine menschliche Regung verspürte, die keinerlei Aufschub duldete. Er rief, während er in Richtung der Toiletten rannte, dem Kollegen an der benachbarten Setzmaschine zu, dass er bald wieder käme – ward dann aber lange nicht mehr gesehen.

Als der Setzer vom Nebentisch seinen Anteil am Satz des Leitartikels abgeschlossen hatte, spazierte er zur Tastatur des Verhinderten und flicht in den Zeilenfluss die Worte ein:

»Warum so lange scheißen?«

Selbstverständlich dachte er, sein Kollege würde nach seiner Rückkehr den kleinen Scherz bemerken und die unerlaubt eingefügten Lettern aus dem Bleisatz entfernen. Doch der Setzer achtete, als sein Geschäft glücklich beendet war, nur auf die Fertigstellung des noch offenen Textes. Als dieser endlich gesetzt war, riss man ihm die Zeilen aus der Hand, um die Seite prägen und in die sofort anlaufende Druckmaschine »hängen« zu können. Leider wurde die

Seite aus Zeitmangel, entgegen sonstigen Gepflogenheiten, nicht mehr vom wachsamen Auge des Korrektors inspiziert. Und so konnte man inmitten von Hugo Portischs tiefsinniger Betrachtung des Zeitgeschehens an diesem Abend im »Kurier« lesen:

»Warum so lange scheißen?«

Über sämtliche an dieser Aktion beteiligten Mitarbeiter der Setzerei wurden damals Kündigungen verhängt, die die Druckereileitung jedoch auf Wunsch von Dr. Portisch wieder zurücknahm.

Das so schändlich verunglimpfte Manuskript war, wie in jenen Tagen noch üblich, durch einen Redaktionsdiener in die Setzerei befördert worden. Günther Nenning erinnert sich eines Boten namens Stögermüller, der diese Tätigkeit nach dem Krieg in der sozialistischen Tageszeitung »Neue Zeit« ausübte. Da in dem Grazer Blatt der Redaktionsschluss erst knapp vor Mitternacht lag, ging es dort nicht ganz so hektisch zu wie beim »Kurier«. Dem Boten Stögermüller blieb daher genügend Zeit, auf dem Weg von der Redaktion in die Setzerei im Stiegenhaus Platz zu nehmen und das zu befördernde Manuskript in aller Ruhe durchzulesen. Manchmal kam er sogar zurück und sagte zu Nenning: »Junger Genosse Doktor, so kann man das nicht schreiben!«

Nenning behauptet, von den kritischen Anmerkungen des alten Redaktionsdieners gar manches gelernt zu haben.

Leider sind die zwischenmenschlichen Beziehungen in den Redaktionen seither stark zurückgegangen. Wurden die Boten vorerst durch Rohrpostanlagen ersetzt, so existiert heute gar keine Setzerei mehr, da ein Großteil der Zeitungsherstellung vom Computer erledigt wird.

Günther Nenning sieht sich übrigens als Vertreter der dritten

Generation einer »dem sozialistischen Erb- und Kleinadel angehörenden Familie«. Begründer dieser Dynastie war sein Großvater Ludwig Fleischer, der in der Praterstraße ein Textilgeschäft hatte. In dessen Auslage stand ein großes Schild mit der Aufschrift:

»Für Genossen 20 % Rabatt.«

So bedeutsam der tägliche Leitartikel für jede Zeitung auch sein mag – sein Fehlen würde die Leser weit weniger aufregen als das Nichterscheinen des Horoskops. Als das Unvorstellbare tatsächlich einmal durch einen Kommunikationsfehler im »Kurier« eintrat, war der Redaktionssekretär Adolf Pürstl den ganzen Tag über damit beschäftigt, die zum Teil wüsten Beschimpfungen empörter Abonnenten über sich ergehen zu lassen. Gerade rief wieder eine Dame an, die den an der Misere völlig Unschuldigen attackierte, als der langjährige Redakteur Oswald Finsterl das Zimmer betrat und Zeuge des folgenden Gesprächs wurde:

»Tut uns wirklich leid, gnä' Frau«, sagte der ob zahlloser Telefonate ähnlichen Inhalts bereits völlig entnervte Herr Pürstl, »das Horoskop ist erstellt worden, man hat nur darauf vergessen, es ins Blatt zu rücken ... Ja natürlich, wenn Sie wollen, lese ich Ihnen gerne vor, was im Manuskript steht ... Was Sind S' denn für a Sternzeichen? ... Schütze, gut!«

Herr Pürstl nahm ein Exemplar des vor ihm liegenden Konkurrenzblattes »Kronen Zeitung« zur Hand, blätterte darin, bis er zu Helga Kuhns populärer Horoskop-Seite gelangte und zitierte dann aus »Frau Helgas« aktueller Schütze-Deutung: »Bei den Anfang Dezember Geborenen ist dank Venus einiges los in Sachen Liebe! Ein Jammer, dass viele nur davon träumen, es aber nicht wagen, jemandem zu gestehen, dass sie ihn begehren. Sie sollten ...«

»Na hören Sie«, unterbrach die Anruferin, »das ist ja wortwörtlich das Horoskop aus der ›Kronen Zeitung‹.«

»Da sehen Sie's wieder einmal, gnä' Frau«, ließ Herr Pürstl sich nicht aus der Fassung bringen, »die Sterne lügen nicht!«

◇

Ein Grandseigneur unter den Wiener Journalisten ist Professor Dr. Lucian O. Meysels, dessen schreiberische Qualitäten durch sein umfassendes Allgemeinwissen ergänzt werden. Einer, dem das hohe Niveau des außenpolitischen Redakteurs der »Wochenpresse« offensichtlich auffiel, war Englands früherer Premier- und Außenminister Anthony Eden, den Meysels im Oktober 1973 in London zum Interview traf. Das Gespräch fand am Höhepunkt des Yom Kippur-Krieges statt, weshalb der Journalist den Politiker gleich zu Beginn nach seinen Erinnerungen an den ersten Sinaifeldzug im Jahre 1956 befragte. Sir Anthony hatte damals als britischer Premierminister den Angriff auf ägyptische Stellungen am Suezkanal mitentscheiden müssen, wofür Großbritannien von der UN-Vollversammlung – unter besonderer Mitwirkung der USA – verurteilt wurde, obwohl gerade Washington einiges zum Entstehen des Konflikts beigetragen hatte. Anthony Eden hatte kurz danach als Premierminister zurücktreten müssen.

Als viele Jahre später im Nahen Osten ein neuer Krieg tobte, wollte Lucian O. Meysels vom wohl wichtigsten Zeitzeugen erfahren, was damals, 1956, schief gelaufen war und ob er sich rückblickend irgendetwas vorzuwerfen hätte.

»Sie werden doch nicht erwarten, dass ich Ihnen das erzähle«, erklärte Eden unter Berufung auf die Verschwiegenheitspflicht, die seine hohe Stellung mit sich brachte. Nun sah er den so seriös wirkenden Journalisten aus Wien noch einmal etwas genauer an, fasste Vertrauen zu ihm und sagte: »Wissen Sie was, ich erzähle es Ihnen. Aber Sie müssen mir versprechen, dass Sie das erst in meinem Nachruf schreiben werden.«

Nach einer schnell angebrachten Höflichkeitsfloskel – »Sir Anthony, Sie mögen 120 Jahre alt werden« – gelobte Meysels Stillschweigen bis zur Stunde seines Ablebens. Dann beantwortete Eden die Frage mit nur einem Satz: »I would do it again, but I wouldn't listen to the Americans.«*

Meysels' Nachruf auf Anthony Eden erschien im Jänner 1977. Und endete mit eben diesen Worten.

Was den nun folgenden Eklat betrifft, hätte die Tante Jolesch wohl ihre Hände über dem Kopf zusammen geschlagen – und ihre Enkel taten dies tatsächlich. Grund genug dafür hatten sie. Veröffentlichte doch die jüdische Zeitschrift »Die Gemeinde« in ihrer Juliausgabe des Jahres 2000 eine wohlwollende Kritik über eine Publikation mit rechtsradikalen Inhalten!

Um es ganz genau zu sagen: Das offizielle Organ der Israelitischen Kultusgemeinde Wien bezeichnete in einer Rezension das Buch »Der Vertreibungs-Holocaust, Politik zur Wiedergutmachung eines Jahrtausendverbrechens« als »Standardwerk zu den Vertreibungsverbrechen am deutschen Volk«.

* »Ich würde es wieder tun, aber ich würde nicht auf die Amerikaner hören.«

Wie aber ist die Anerkennung von so unerwarteter Seite zu erklären?

Nun, die Redaktion der »Gemeinde« musste infolge drastischer Sparmaßnahmen die Entlassung ihres einzigen Kulturredakteurs hinnehmen, worauf eine in redaktionellen Belangen vollkommen unerfahrene Mitarbeiterin das Einrichten der Buchkritiken übernahm. Die junge Dame bekam das von einem NDP-eigenen Verlag herausgegebene Werk auf den Schreibtisch, dessen Werbebroschüre sie einfach in den Druck beförderte.

Dies war wohl das erste Mal, dass in einer Zeitung der Israelitischen Kultusgemeinde ein Jubelbericht über ein Buch erschien, in dem rechtsextreme Thesen verbreitet wurden.

Zum Schaden kam der Spott: »Die Gemeinde« wurde in der nächsten Nummer der rechten Wochenzeitschrift »Zur Zeit« ausdrücklich »für ihre objektive Berichterstattung, an der sich so manche Rechtspublikation ein Beispiel nehmen sollte«, gelobt.

Ich selbst habe als junger Journalist für »Die Gemeinde« mehrere Theaterkritiken verfasst. Eine davon behandelte das originelle Lustspiel »Der Tag, an dem der Papst gekidnappt wurde«, das die Geiselnahme des Oberhaupts der katholischen Kirche durch einen jüdischen Taxifahrer zum Inhalt hat.

Sparsamkeit war in der »Gemeinde« damals schon oberstes Gebot. Und daher schnappte der Chefredakteur Ernst Blaha nach Luft, als ich ihm ein Foto der Hauptdarsteller Paul Hörbiger (Papst) und Fritz Muliar (Taxichauffeur) auf den Tisch legte.

»Muss ma dem Fotografen was zahlen?«, fragte er.

Ich bejahte.

»Wieviel?«

»Ich würde sagen, fünfzig Schilling«, lautete meine vorsichtige Einschätzung.

»Oh Gott«, stöhnte Blaha und betrachtete die Rückseite des Bildes, auf der der Stempel des Fotografen Oscar Horowitz zu erkennen war.

Blaha, nicht nur Chefredakteur der »Gemeinde«, sondern auch zuständig für das Inkasso der Kultussteuer, öffnete daraufhin eine Lade seines Schreibtischs, blätterte in einer Kartei und sagte erleichtert: »Sehr gut, der Horowitz hat die Kultussteuer nicht gezahlt. Wer ma von ihm um fünfzig Schilling weniger verlangen!«

Kaum jemand konnte sich in der Nachkriegszeit vorstellen, welch ungeheure Bedeutung dem Fernsehen innerhalb weniger Jahre und Jahrzehnte zukommen sollte. So ist einem Bericht der Wiener Zeitung »Welt am Abend« vom 11. Februar 1948 zu entnehmen, dass es »nach Ansicht des Fernsehspezialisten der Paramount aus verschiedenen Gründen erst in 20 bis 25 Jahren möglich sein wird, Filme durch Fernsehen in die Wohnungen zu übertragen«.

Doch das Fernsehen hielt – zwar später als in den meisten anderen europäischen Ländern – am 1. August 1955 seinen Einzug in Österreich. Bekannte Zeitungsjournalisten diskutierten an diesem lauen Sommerabend in einem notdürftig als Fernsehstudio adaptierten Klassenzimmer vor einer staunenden, wenn auch verschwindend geringen Anzahl von Zusehern über die Frage: »Hat das Fernsehen Zukunft?«

Um sie einstimmig mit »Nein!« zu beantworteten.

Im ersten Jahr gab es gerade ein paar hundert Fernsehgeräte, die vor allem in Kaffee- und Gasthäusern sowie in den Auslagen der Radiogeschäfte aufgestellt waren. Das Sendungsangebot freilich hielt sich in Grenzen: Das jeweils am Montag und Mittwoch um 17 Uhr und am Samstag um 20.30 Uhr beginnende Versuchsprogramm dauerte nie länger als 45 Minuten. Gezeigt wurden – vorerst nur durch Standfotos dokumentierte – Nachrichten, die »Fernsehküche«, die Verkehrssicherheitssendung »Schach dem Tod«, eine von »Ironimus« Gustav Peichl gestaltete »Karikatur der Woche« und die Quizsendung »Fass das Glück« mit Heinz Conrads.

Auch Theater und Oper sollten in dem neuen Medium bald ihren Platz finden und mit diesen der Kulturreporter Heinz Fischer-Karwin, der uns durch seine Kompetenz und sein Fachwissen ebenso in Erinnerung bleibt wie durch die maßlose Arroganz, mit der er seinen Interviewpartnern im Studio gegenüber saß. Er würdigte Dirigenten, Sänger und Schauspieler, die in seinen Sendungen »Aus Burg und Oper« und »Ihr Auftritt, bitte« zu Gast waren, kaum eines Blickes, wusste aber so viel über sie, dass ihm keiner wirklich böse sein konnte. Otto Schenk fand durchaus Positives aus der Sicht der Künstler: »Heinz Fischer-Karwin versteht es, den Schein der Arroganz auf sich zu ziehen, wodurch sein Gesprächspartner automatisch in ein sympathisches Licht gesetzt wird.«

Hintergrund seines Auftretens, das so anmaßend wirkte, war möglicherweise die Tatsache, dass er als junger Mann selbst zum Theater wollte. Fischer-Karwin hatte sich nach Kriegsende, versehen mit einem Empfehlungsschreiben, beim damaligen Burgtheaterdirektor Raoul Aslan vorgestellt, der ihn jedoch mit den Worten abwies: »Da Sie mir empfohlen wurden, besteht der begründete Verdacht, dass Sie begabt sind. Sollte sich dieser Verdacht durch ein Vorsprechen erhärten, müsste ich Sie engagieren. Leider habe ich dafür kein Geld, und daher möchte ich Sie erst gar nicht kennen lernen. Adieu!«

Heinz Fischer-Karwin entschloss sich daraufhin, Journalist zu werden. Er wäre als Schauspieler vielleicht nie so berühmt geworden wie er es als Interviewer werden sollte.

Übers Theater kam auch Teddy Podgorski zum Rundfunk. Er hatte sich beim amerikanischen Sender »Rot-Weiß-Rot« um den Posten eines Nachrichtensprechers beworben, ohne im Entferntesten über die Tätigkeit eines solchen Bescheid zu wissen. Und so spielte Podgorski – als gelernter Schauspieler, der er nun einmal war – dem Intendanten beim Vorsprechen in einer Art Parodie einen Radioansager vor. Sie sollte sich als so brauchbar erweisen, dass er aufgenommen wurde. Als dann das Fernsehen kam, ließ sich Podgorski bei dem neuen Medium als Redakteur anheuern. Fernsehdirektor Gerhard Freund fragte ihn, ob er eine Idee für den Titel einer Nachrichtensendung hätte. Worauf Teddy nach längerem Nachdenken antwortete: »Es is zwar net b'sonders g'scheit, aber wie wär's mit ›Zeit im Bild‹?«

Das war im Jahre 1955. Der Titel hat sich dann doch recht lang gehalten …

In den frühen Tagen des Fernsehens wurde die »Eurovision« etabliert, deren Aufgabe es war, Europa überspannende Themen zu transportieren. Jedes Land, das sich an dieser völkerverbindenden Idee beteiligte, bekam eine bestimmte Sendezeit zugewiesen, wobei Österreich zwischen 17 und 18 Uhr einsteigen sollte. Und zwar live, wie das damals noch üblich war. Direktor Freund beauftragte Podgorski als Reporter und Erich Neuberg als Regisseur damit, »irgendwas zu produzieren«.

Podgorski entwickelte den Plan, den Wiener Walzer europaweit zu propagieren, was mit Hilfe eines Berichts aus den Räumlichkeiten der traditionsreichen Tanzschule Elmayer im Palais Pallavicini durchgeführt werden sollte. Alle waren hellauf begeistert, worauf sich Reporter und Regisseur zum legendären Rittmeister Willy Elmayer begaben und diesen mit dem Plan ihrer Sendung vertraut machten.

»Ja, bitte meine Herren, nichts dagegen einzuwenden«, sagte der Offizier mit den knappen Worten eines alten Haudegens.

Als kurze Zeit später in dem eleganten Tanzinstitut Kameras, Ton- und sonstige für eine große Liveübertragung benötigte Anlagen positioniert wurden, fielen – wie in solchen Fällen üblich – Teile der Palaiseinrichtung durch umstürzende Scheinwerfer der Verwüstung anheim. Fensterscheiben zerbarsten, der Lack bröckelte von den Türen, und irgendwo krachte sogar ein Kristalluster zu Boden. Just in einem solchen Augenblick der allgemeinen Zerstörung trat Rittmeister Elmayer dem Reporter Podgorski entgegen und hob an: »Also, bitte junger Mann, wir haben alles besprochen – nur eines nicht: das Finanzielle! Sie werden einsehen, dass das geklärt werden muss.«

»Tut mir leid, Herr Rittmeister«, erklärte Podgorski, »ich bin nicht befugt, über Geld zu sprechen, das ist Sache des Fernsehdirektors.«

»Ja, also, dann klären Sie das mit Ihrem Direktor!«, befahl der Rittmeister.

Podgorski rief von einem Nebenraum aus Gerhard Freund an, um diesen vom Wunsch des strengen Tanzschulleiters zu informieren: »Herr Direktor, der Elmayer will über Geld reden!«

»Aber das war ja gar net ausgemacht«, erschrak der stets in Finanznöten befindliche Fernsehchef.

»Naja, es geht wahrscheinlich um die Schäden, die bei den Dreharbeiten entstehen, vielleicht auch um die Störung des Betriebes – der Elmayer jedenfalls besteht darauf.«

»Also gut, wer ma schaun, was sich machen lässt«, rechnete Freund. »Aber mehr als fünftausend Schilling san net drin, mehr hama net für sowas!«

Podgorski kehrte über den eben noch glänzenden, nun aber infolge der bereits installierten Kameraschienen mit Kratzern übersäten Parkettboden zurück zum Rittmeister, der sein Verhör im Kasernenton fortführte: »Also bitte, junger Mann! Was haben Sie erreicht?«

Ehe Podgorski antworten konnte, krachte im Nebenraum eine durch schweres Stativ in Mitleidenschaft gezogene Gardinenstange inklusive Samtvorhang zu Boden.

Der Reporter trachtete, ungeachtet der Geräuschentwicklung, im Gespräch zu bleiben: »Vielleicht könnten Herr Rittmeister eine Summe nennen, die wir …«

Nun war der Zeitpunkt gekommen, da Elmayer der Kragen platzte. »Bereiten wir diesem unwürdigen Spiel ein Ende«, brüllte er, während er aus seinem Fauteuil hochschnellte. »Sind Sie einverstanden, wenn ich jedem der Herren 500 Schilling gebe?«

Eine weitere Geschichte aus dem reichen Fundus Podgorski'schen Reporterlebens verdanken wir seiner Tätigkeit als Co-Moderator von Eduard Zimmermann in der Sendung »Aktenzeichen XY, ungelöst«. In jenen Tagen wurde von den Sicherheitsbehörden nach dem oft als »Unterweltkönig« bezeichneten »Roten Heinzi« gefahndet. Podgorski bekam die Suchmeldung auf seinen Schreibtisch im ORF-Zentrum und verlas sie live auf Sendung.

Als »XY« gelaufen war, fuhr Teddy Podgorski Richtung Innenstadt, in der er zu später Stunde an der in der Weihburggasse gelegenen Loos-Bar vorbei kam. Der Fernsehreporter dachte, seinen Augen nicht zu trauen. Denn an der Bar lehnte – mutterseelenallein – der »Rote Heinzi«.

Podgorski sah ihn mit großen Augen an.

Und da rief ihm der eben noch per Steckbrief international Verfolgte zu: »Servas, Teddy, i hab g'hört, du suchst mi.«

Im Rahmen ihrer Routinepatrouillen trafen bald auch Polizisten ein, die sich nun zu Podgorski und zum »Roten Heinzi« gesellten und mit den beiden das eine oder andere Glas leerten. Festgenommen wurde der Gesuchte bis zum heutigen Tage nicht.

Jahrzehnte später, Podgorski war mittlerweile zum Sportchef des Fernsehens avanciert, verkündete Niki Lauda, dass er nicht mehr »wie ein Trottel im Kreis fahren« wollte. Da vereinbarte Podgorski ein Exklusivinterview, in dem das Idol über die Motive, seine Rennfahrerkarriere zu beenden, sprechen sollte. Da traf es sich gut, dass die ORF-Sportredaktion seit langem schon einen Betriebsausflug nach Venedig geplant hatte. Man einigte sich darauf, dass Lauda die Reporter nach Venedig fliegen würde, um dort – der prachtvollen Kulisse wegen – in einer Gondel das Interview zu geben.

Hoch über den Wolken, auf dem Flug in die Lagunenstadt, blickte Lauda plötzlich Podgorski an und sprach sinnend in den Horizont: »Es is komisch, wie du angerufen hast und zu mir g'sagt hast, du willst das Interview mit mir in einer Gondel machen, hab i mir die ganze Zeit überlegt: Wo gibt's in Venedig a Seilbahn?«

Wie die meisten prominenten Sportler ist Lauda immer wieder für Fernsehanstalten und Zeitungsredaktionen bei Großereignissen als

Kommentator tätig. Einem, dem Derartiges, wenn auch in einer ganz anderen Disziplin, ebenfalls laufend angeboten wurde, ist Hans Krankl – so natürlich während der Fußballweltmeisterschaft 1978, bei der er zum Liebling der Nation wurde. Klar, dass Michael Kuhn, der Sportchef der »Kronen Zeitung«, ihn als Gastkolumnisten anzuheuern versuchte. »Hansi« war von der Idee angetan, musste aber, laut einer damals geltenden Vorschrift, beim Präsidenten des Österreichischen Fußballbundes anfragen, ob ihm die Annahme einer solchen Nebenbeschäftigung gestattet würde.

»Glaubst wird's der Sekanina erlauben?«, fragte Kuhn den Fußballstar.

»I glaub scho«, sagte Krankl. »Und wenn net, macht's a nix. Dann schreib i halt unter an Pseudonym!«

Nicht nur Krankl wurde infolge der für Österreich so erfreulichen Fußball-WM '78 zur Legende, sondern auch der aus dem Stadion in Cordoba live berichtende Radioreporter Edi Finger senior – als er nämlich beim zweiten Krankl-Tor gegen den seit 47 Jahren unbesiegten »Erzrivalen« Deutschland knapp vor dem Schlusspfiff atemlos die Worte »I wer narrisch« in den Äther brüllte. Kaum ein Satz wurde im österreichischen Rundfunk so oft wiederholt wie dieser, obwohl Finger auch in anderen Sportarten Eloquenz bewies. So etwa während eines Formel-I-Rennens, bei dem er seine Hörer informierte: »Niki Lauda hat sich die Rippen gebrochen, es ist aber Gott sei Dank nix passiert!«

Einer der Vorläufer Edi Fingers war Heribert Meisel, der seinen Durchbruch bei einem Ländermatch, das er 1950 für den Sender »Rot-Weiß-Rot« kommentierte, erlebt hatte. Die Übertragung wurde zum Ereignis, da Meisel der erste Sportreporter war, der seine

Berichte mit Herz und Witz versah. Wenn er sein berühmtes »Daneben, daneben, daneben!« ins Mikrofon rief, heulte ganz Österreich mit ihm. Abgesehen von seiner Tätigkeit im Hörfunk – und später dann im Fernsehen – war er auch Sportchef des »Neuen Kurier«, für den er die tägliche Kolumne »Heribert unterwegs« schrieb.

Während Meisel bei den 1964 in Japan ausgetragenen Olympischen Sommerspielen über die Spitzenleistungen der Athleten berichtete, kommentierte Reinald Hübl in seiner »Kurier«-Kolumne »Tokio für Anfänger« die abseits des sportlichen Geschehens stehenden Ereignisse rund um die Olympioniken.

Eines Abends, der Redaktionsschluss war lange vorbei, saßen die beiden Journalisten im Hotel und begannen über ihren Beruf zu philosophieren. »Sag, Heribert«, meinte Hübl, »ist dir das nicht schön langsam schon zu blöd, von jeder Olympiade über die Mädeln und Buben zu berichten, die da mitmachen? Du machst jeden von ihnen zum Star, und was hast du davon? Gar nix!«

Meisel schüttelte den Kopf und fand – im fernen Tokio – eine allzeit gültige Definition für das Metier des Journalisten: »Schau, das siehst du ganz falsch«, sagte er. »Die Mädeln und Buben sind ein, zwei Mal bei den Olympischen Spielen dabei – aber ich mein ganzes Leben.«

Leider sollte dieses Leben äußerst kurz bemessen sein. Heribert Meisel erlag zwei Jahre später im Alter von nur 46 Jahren einem Krebsleiden. Dies sei hier erwähnt, weil die Umstände seines frühen Todes aufzeigen, dass es im harten Zeitungsgeschäft durchaus Beweise menschlicher Größe gibt.

Meisel starb einen langen, tragischen Tod. Aber er wollte bis zuletzt für seine Zeitung schreiben, weshalb in seinem Spitalszimmer ein Fernsehapparat aufgestellt wurde, mit dessen Hilfe er die sportlichen Ereignisse des Tages verfolgen konnte. Neben seinem Bett stand eine Schreibmaschine, in die er täglich seine Kolumne – die jetzt »Heribert vor dem Bildschirm« hieß – hämmerte.

Die Krankheit nahm einen dramatischen Verlauf. Die Metastasen fraßen sich ins Gehirn, und Meisel stand unter dem Einfluss schwerster Morphine, die seine Schmerzen erträglicher machen sollten. Doch er schrieb unbeirrt weiter, auch dann noch, als die Texte immer kryptischer wurden und nicht mehr in Druck gehen konnten. Chefredakteur Hugo Portisch wollte freilich verhindern, dass sein verdienter Mitarbeiter eines Morgens die Zeitung aufschlagen würde, in der seine Kolumne fehlte. Und so ließ Portisch in Meisels letzten Wochen tagtäglich einen »Kurier« drucken, der nur im Kaiser-Franz-Josef-Spital ausgeliefert wurde. Der berühmte Sportreporter konnte auf diese Weise bis zum letzten Tag seines Lebens seine Kommentare lesen.

Reinald Hübl – mittlerweile durch seine tägliche Kolumne »Menschlich betrachtet« in der »Kronen Zeitung« zu einer journalistischen Institution geworden – war auch bei den nächsten Olympischen Sommerspielen, die er unter dem Titel »Mexiko für Anfänger« glossierte, dabei. Dort war Martin Maier sein Visavis von der »Kurier«-Sportredaktion. Martin Maier, dessen Artikel mit den Initialen »M. M.« gezeichnet waren, bleibt als Sir vom Scheitel bis zur Sohle in Erinnerung, der durch elegante Kleidung und perfekte Umgangsformen ebenso auffiel wie durch seriöse Berichterstattung und geschliffenen Stil.

Die Journalisten waren eine Woche vor Beginn der Spiele ins

Olympische Dorf nach Mexiko City gekommen, mussten aber zur Kenntnis nehmen, dass es vorerst keinen Zugang zu den hermetisch abgeriegelten Unterkünften der Sportler gab.

Was aber macht ein Reporter ohne Interviewpartner?

Maier blickte wehmütig durch den dichten Stacheldrahtzaun, der ihn von den Quartieren der Sportler trennte. Es sollte noch Tage dauern, bis ihm Einzelgespräche und Pressekonferenzen die Möglichkeit bieten würden, die ersten Aussagen der Athleten nach Wien zu drahten.

»Schrecklich«, sagte Martin Maier, während er durch die Absperrung hindurch ins Olympische Dorf blickte, »dort drüben sitzt der Raudaschl*, und wir können nicht zu ihm. Dabei wüsste ich ganz genau, was ich ihn alles fragen würde.«

»Was würdest du ihn fragen?«, forschte Hübl.

»Als Erstes würde ich ihn fragen, wie der Flug war. Und er würde sagen: ›Grauenvoll, ich hab mich übergeben müssen.‹ Dann würde ich ihn fragen, wie das Quartier ist, und er würde sagen: ›Wunderbar‹, denn ich kann mir vorstellen, dass er zu Hause in ganz einfachen Verhältnissen lebt. Dann würde ich ihn fragen, ob er Heimweh hat, und er würde ›Ja‹ sagen, denn ich weiß, wie sehr er an seiner Mama hängt. Meine nächste Frage wäre, wie viel er in den letzten Tagen trainiert hat, und er würde sagen ...« – kurz, Maier schilderte seinem Kollegen Hübl das erträumte Frage-Antwort-Spiel in allen Farben und Details.

Die Berichterstatter kehrten zurück in das Pressezentrum, in dem

* Hubert Raudaschl, Segler und österreichischer Teilnehmer der XVI. Olympischen Sommerspiele in Mexiko, 1968

Maier die erstbeste Schreibmaschine erklomm und durch sofortige Aktivität auffiel.

»Martin, was schreibst du?«, fragte Hübl.

Und Maier antwortete:

»No, das Interview, das ich grade gemacht habe.«

»Der zweitlästigste Tapezierer«

Theaterstammtische

Das Kaffeehaus spielt heute bei weitem nicht mehr die Rolle, die ihm einst zukam. Unser Leben verläuft viel zu hektisch, um bei einer Schale Gold stundenlange Gespräche führen zu können. Aus Kaffeehäusern sind – im günstigsten Falle – Espressi geworden, viel häufiger noch Bankfilialen oder Autogeschäfte. Es waren (und sind) daher unter den Enkeln der Tante Jolesch nur ganz wenige anzutreffen, die, frei nach Polgar, ein bestimmtes Lokal »bewohnt« haben.

Wenn einer hier einzureihen ist, dann ist es Ernst Haeusserman, schon deshalb, weil er mit seinen spöttischen Wortspielereien den Kaffeehausliteraten von einst um nichts nachstand. Dass die von ihm frequentierten Stammtische eher in Speiselokalen als in Kaffeehäusern standen, ist dabei weiter nicht von Bedeutung.

Es waren in der Tat mehrere Stammtische, die Haeusserman aufsuchte. Sein Leben lang saß er zweimal täglich, mittags und abends, in einer Runde von Freunden und Kollegen. Die Großen der Wiener Bühnen waren an seiner Seite, aber auch Peter Ustinov oder Friedrich Dürrenmatt schauten vorbei, wenn sie in der Stadt waren. Ich selbst verdanke es meinem Freund Friedrich Hacker, der mich das eine oder andere Mal mitnahm, die einzigartige Atmosphäre der Haeusserman-Treffs kennen gelernt zu haben.

Erster Anziehungspunkt für die illustre Tischgesellschaft war Haeusserman selbst, dessen Pointen, wie aus der Pistole geschossen, immer ins Schwarze trafen. Als etwa das Mysterienspiel »Donnerstag« am Burgtheater Premiere hatte, war dessen Autor Fritz Hochwälder aus der Schweiz in seine Heimatstadt Wien geeilt. Was Haeusserman weniger freute, war die Tatsache, dass der Dramatiker (der – wie auch Hitler – den Beruf eines Tapezierers erlernt hatte) sämtliche Proben seines Stücks besuchte, wo er Regisseur und Schauspieler mit ständig neuen Änderungswünschen zur Weißglut brachte.

Ein Umstand, der Haeusserman Gelegenheit bot, eines seiner typischen Bonmots loszuwerden. Als der ungebetene Probengast wieder einmal allen auf die Nerven ging, wurde er vom Direktor mit den Worten zurechtgewiesen:

»Hochwälder, Sie sind der zweitlästigste Tapezierer, den Österreich je hervorgebracht hat.«

◇

Haeusserman setzte mit dem Künstler-Stammtisch eine Tradition fort, die so alt ist wie das Theater selbst. Die Literaten waren im Café Central oder im Herrenhof anzutreffen, Schauspieler gingen ins Dobner am Naschmarkt, Operette und Revue fühlten sich im Café Payer zu Hause. Verträge und geschäftliche Angelegenheiten wurden im Heinrichshof geregelt. Hans Moser erhielt – wie viele seiner Kollegen – sein erstes Provinzengagement im Gasthaus Zu den drei Vasen in der Dreihufeisengasse, wo Theaterdirektoren und -agenten zur Jahrhundertwende ihren Stammtisch hatten. Haeusserman selbst war im Übrigen erblich belastet: Sein Vater, der

Burgschauspieler Reinhold Häussermann, residierte dreißig Jahre täglich im Schwarzen Kameel in der Bognergasse.

Ernst Haeusserman, berühmt dafür, dass er seinen Freunden mit Rat und Tat zur Seite zu stand, wurde einmal am Stammtisch von einem Schauspieler gefragt, ob er seiner Frau gestehen sollte, dass er eine Geliebte hätte. Haeusserman dachte kurz nach und sagte dann:

»Lieber Freund! Im Leben eines jeden Mannes kommt einmal die Stunde der Wahrheit. Und dann heißt's lügen, lügen, lügen!«

Wo immer er sich aufhielt, dort war sein Stammtisch. Der letzte befand sich im Wiener Restaurant Grünwald, weitere gab es in Salzburg und Los Angeles. Robert Jungbluth erzählte, wie Haeusserman anhand von Flugplänen errechnet hatte, dass es möglich sei, abends den Wiener Stammtisch zu besuchen, von hier über Paris mit der Concorde nach Los Angeles zu fliegen, seine Freunde am dortigen Stammtisch zu treffen und am nächsten Abend schon wieder in Wien zu sitzen, ohne einen einzigen Stammtisch versäumt zu haben.

Zur Erklärung der nun folgenden Haeusserman-Pointe muss vorausgeschickt werden, dass der Industrielle Peter Landesmann und seine Frau Ellen seit Jahrzehnten zu den großzügigsten Gastgebern der Stadt zählen. Bei Landesmanns geladen zu sein, kommt einem Adelsprädikat gleich. Wer in Wien Rang und Namen hat, darf sich der opulenten Buffets und der gediegenen Atmosphäre der Villa Landesmann auf der Hohen Warte erfreuen. Jeder freilich weiß auch, dass er nur so lange zu den Auserwählten gehört, als er ein Amt samt dazugehörigen Würden bekleidet. Hat jemand Rang, Titel und Einfluss verloren, läuft er Gefahr, nicht mehr zur erlesenen Schar der hier Geladenen gezählt zu werden. Keiner brachte dieses unumstößliche Gesetz so treffend auf den Punkt wie Marcel Prawy. Als nämlich Lorin Maazel 1984 die Wiener Staatsoper im Unfrieden verließ, wurde dessen Vorgänger Egon Seefehlner überraschend aus der Pension geholt und neuerlich zum Direktor bestellt. Prawys erste Reaktion, als er von Seefehlners Rückkehr erfuhr:

»Wieder eingeladen bei Landesmanns!«

Klar, dass der mächtige Ernst Haeusserman über viele Jahre zu den hoch willkommenen Gästen in diesem Haus zählte. Eines Abends war er wieder einmal bei Landesmanns geladen, um sich in bester Gesellschaft an dem für seine Reichhaltigkeit berühmten Buffet zu delektieren. Als Haeusserman den Salon betrat und den im Überfluss vorhandenen Champagner und die riesigen, mit Lachs und Hummer gefüllten Schüsseln auf den Tischen wahrnahm, meinte er trocken:

»Der Landesmann nagt am Hummertuch!«

Ausgerechnet seine Ehefrau Susi Nicoletti zählte zu jenen Wiener Schauspielern, die Haeussermans Vorliebe für den Stammtisch nicht teilten. Die absolute Unfähigkeit, allein sein zu können, meint sie, war der Grund dafür, dass er immer und überall mit Menschen zusammentreffen musste. Da diese meist vom Theater waren, kommt ein Großteil der überlieferten Haeusserman-Pointen aus diesem Bereich. So auch jene, die Fred Hennings, ein Urgestein des Burgtheaters, betrifft. Als der alte Herr im Herbst 1960, nach fast vierzigjähriger Zugehörigkeit zu Wiens führender Bühne, bei der öffentlichen Generalprobe von Anouilhs »Becket oder Die Ehre Gottes« zum ersten Mal in seinem Leben einen »Texthänger« hatte, eilte er schnurstracks in die Direktion und suchte bei Ernst

Haeusserman um die sofortige Pensionierung an. Der Direktor schaute ihn verständnislos an und lehnte das Ansinnen mit den Worten ab:

»Mein lieber Hennings, wenn jeder, der einmal hängen bleibt, in Pension gehen würde, müsste ich das Burgtheater zusperren.«

Haeussermans Wortwitz konnte durchaus bösartig und beleidigend sein. Als bei den Wiener Festwochen Calderóns »Das Leben ein Traum« aufgeführt wurde, spielte Josef Meinrad einen Bettler und eine bekannte Wiener Schauspielerin – wir wollen sie Maria Moralt nennen – war in der Rolle der »Welt« zu sehen. Haeusserman, dem ihre Darstellung ganz und gar nicht gefiel, kommentierte ihren Auftritt trocken: »Also, die Welt ist schon schlecht. Aber so schlecht wie die Moralt ist sie auch wieder nicht!«

Wie erwähnt, gab es auch in Los Angeles einen Haeusserman-Stammtisch – der sich ab 1939 im Restaurant Cock and Bull am Sunset Boulevard befand. Der Emigrant aus Wien war in den USA eine Zeit lang als Assistent Max Reinhardts tätig, wobei uns ein ihm durchaus wohl gesinnter Wortjongleur die Information hinterließ, dass »der Haeusserman dort neben den Schuhen vom Reinhardt gegangen« sei.

Nach dem Krieg wieder in Wien, wurde er Leiter einer von den US-Behörden installierten Film- und Kulturabteilung, deren wichtigste Aufgabe die Herstellung der Kinowochenschau »Welt im Film« war. Als die Besatzungsmächte Anfang der fünfziger Jahre den Österreichern immer mehr Freiraum ließen, wurde die Wochenschau von einem Tag zum anderen aufgelöst. Bundespressechef Ernst Marboe erschien in der US-Filmbehörde, um der versammelten

Mannschaft in einer Sitzung mitzuteilen, dass es in Zukunft statt der bisherigen »Welt im Film« eine von österreichischer Seite produzierte »Austria Wochenschau« geben werde. Haeusserman erfasste blitzschnell, dass nun entweder er oder sein neben ihm sitzender Mitarbeiter Marcel Prawy den Posten verlieren würde.

Er stand auf und sagte: »In diesem Moment haben wir die Verpflichtung, Herrn Prawy für seine glänzende Arbeit zu danken. Sein ganzes Interesse galt der Herstellung unserer Wochenschau, mit der er von früh bis spät beschäftigt war. Wenn diese Wochenschau auf so hohem Niveau stand, dann war es die unvergleichliche Leistung von Marcel Prawy. Wir danken ihm.«

Am selben Tag noch wurden Prawys Koffer aus den Redaktionsräumen in der Wiener Neubaugasse abtransportiert. Und Haeussermans Posten war gerettet.

Während der fünfzig Jahre, in denen er seine diversen Stammtische aufsuchte, muss er dort, wie Freunde errechneten, gut 30 000mal Platz genommen haben. Gäbe es eine Weltmeisterschaft in dieser an sich nicht sehr sportlichen Disziplin – Haeusserman hätte sie haushoch gewonnen. Auch sonst alles andere als sportlich, gab er zu, in seinem ganzen Leben nur ein einziges Mal Fußball gespielt zu haben: »Das war beim Match Burgtheater gegen Staatsoper. Wir von der Burg haben bis zur Pause 3:2 geführt. Danach habe ich das Ausgleichstor zum 3:3 geschossen.«

Eine der größten Enttäuschungen seines Lebens war es, als er 1968 im Alter von 52 Jahren die Direktion des Burgtheaters an den 66-jährigen Kammerschauspieler Paul Hoffmann abgeben musste. Haeusserman tat seinen Abgang auf seine Weise kund: »Ich habe mich entschlossen, mein Amt in ältere Hände zu legen!«

Zwei Jahre später war er – im Prawy'schen Sinne – »wieder eingeladen bei Landesmanns«. Denn da übernahm Haeusserman die Direktion des Theaters in der Josefstadt und damit eine Position, die er einmal schon, in den fünfziger Jahren, innegehabt hatte. Selbstverständlich blieb er seinem damaligen Stammtisch im Restaurant Zur Linde auf der Rotenturmstraße treu. Und auch sein spöttischer Witz war ihm in den beiden direktionslosen Jahren nicht abhanden gekommen.

Einer war Marianne Nentwich gewidmet, mit der er damals an der Josefstadt Hermann Bahrs »Konzert« probierte. Alle warteten auf die Schauspielerin, als der Bühnenportier aufgeregt ins Künstlerzimmer stürzte und den versammelten Kollegen berichtete: »Die Frau Nentwich lässt sich entschuldigen, sie kommt ein bisserl später zur Probe, weil sie zu Haus die Stiegen hinuntergeflogen ist.«

»Das versteh' ich nicht«, reagierte Haeusserman, »da müsste sie doch eigentlich ein bisserl früher kommen.«

Mit dem »Konzert« unternahm die Josefstadt 1975 eine Tournee durch die USA, wo Haeusserman, der »frische Luft hasste«, schrecklich unter den Klimaanlagen litt, die dort in allen Theatern installiert sind. Verzweifelt saß er mit Hut und aufgestelltem Mantelkragen im Zuschauerraum und brummte: »Das einzige, was in Amerika nicht zieht – ist unser Stück!«

Obwohl man in der Josefstadt eher auf Populäres vertraute, gab es immer wieder Stücke, die vom Publikum nicht angenommen wurden. In einem dieser Fälle war man in der Direktion schon glücklich, wenn die Schauspieler vor halb vollem Haus spielten. Ein deutscher Gast, der das natürlich nicht wissen konnte, fragte Haeusserman, ob er ihm drei Karten beschaffen würde.

»Ausgeschlossen«, bedauerte der Direktor, »bei diesem Stück gibt's nur ganze Reihen.«

Heinz Marecek erinnert sich einer weiteren Haeusserman-Pointe. Er inszenierte damals für die Josefstadt das Raimund-Stück »Die gefesselte Phantasie« und schlug Michaela Rosen für die weibliche Hauptrolle vor. Da sie in dem Zaubermärchen auch mehrere Couplets vortragen sollte, wurde die Schauspielerin zum Vorsingen gebeten. Von einem Pianisten begleitet, versuchte sie sich gleich mit »Willkommen, bienvenue, welcome« aus dem Liza-Minnelli-Film »Cabaret«. Als Haeusserman die ersten Takte gehört hatte, wandte er sich Marecek zu und flüsterte ihm ins Ohr: »A leise Minnelli!«

Mir sind auch Fälle besonders »schwarzen« Haeusserman-Humors bekannt. Der erste betrifft einen am Stammtisch regelmäßig gesichteten Theaterkritiker, der eines Tages ins Krankenhaus eingeliefert werden musste, wo man dem Bedauernswerten ein Bein amputierte. Wenige Tage später traf die Nachricht seines Todes ein.

Natürlich kam die Freundesschar zum Begräbnis. Just in dem Augenblick, da man den Sarg in den Tiefen des Zentralfriedhofs versenkte, raunte Haeusserman einem neben ihm stehenden Teilnehmer der Beerdigung zu: »Jetzt ist er mit einem Bein im Grab!«

Sein schwarzer Humor trat auch zutage, als der Papst im Mai 1981 bei einem Attentat am Petersplatz in Rom schwer verletzt wurde. Es wurde bekannt, dass Johannes Paul II. vorübergehend ein künstlicher Darmausgang eingesetzt werden musste. Da verkündete Haeusserman:

»Jetzt hat der Papst Probleme mit dem Heiligen Stuhl!«

Anhand zweier Beispiele kann dokumentiert werden, wie sehr Haeussermans Schlagfertigkeit auf seine Umgebung abfärbte. Im erwähnten Restaurant Zur Linde oblag es einem sehr wienerischen Ober namens Lehner, das exaltierte Künstlervölkchen zu bedienen. Eines Abends hatte Haeusserman ein Gulasch bestellt, dieses aber schon nach wenigen Bissen mit der Bemerkung, es sei übelriechend und ungenießbar, zurückgeschickt.

»Herr Hofrat, das ist ausgeschlossen«, erwiderte der Ober, »wir haben heute schon siebzig Portionen verkauft, und es gab keine einzige Beanstandung.«

»Tut mir leid«, erwiderte Haeusserman, »aber das Gulasch stinkt! Bitte, kosten Sie es, Herr Lehner.«

Worauf dieser mit den Achseln zuckte und den schönen Satz sprach: »Jetzt bin ich seit 45 Jahren Kellner. Und immer wenn den Gästen was nicht schmeckt, sagen sie ›Bitte, kosten Sie es, Herr Lehner!‹ Einmal möchte ich erleben, dass einer sagt: ›Hmm, das ist aber gut, Herr Lehner, *das* müssen S' kosten!‹«

Als zweiter dienstbarer Geist, an dem Haeussermans Schule nicht spurlos vorüberging, ist sein Chauffeur Enzinger zu nennen. Dieser erhielt eines Tages das Angebot, künftig für den Besitzer der angesehenen Wiener Hutfabrik P. & C. Habig zu fahren. Der besondere Anreiz für Herrn Enzinger lag darin, dass er als Privatchauffeur des Kommerzialrats Habig wesentlich besser entlohnt werden sollte als dies bei dem oft in Zahlungsschwierigkeiten befindlichen Theaterdirektor der Fall war. Schweren Herzens musste Haeusserman seinen Fahrer ziehen lassen.

Nach dem tränenreichen Abschied von seinem alten Chef begab sich Herr Enzinger zu Kommerzialrat Habig, um den Anstellungsvertrag zu unterzeichnen.

»Ach ja, lieber Herr Enzinger«, bemerkte der präsumtive Arbeitgeber, »eines wollte ich Ihnen noch sagen. Wenn Sie mich irgendwo abholen oder hinbringen, müssen Sie immer mit dunkelblauem Anzug, Krawatte und einer schwarzen Kappe, auf der in goldenen Lettern ›P. & C. Habig‹ steht, erscheinen.«

Von diesem bisher nicht genannten Erfordernis überrascht, erwiderte der bei den Haeusserman-Ausfahrten stets leger gekleidete Herr Enzinger: »Ach ja, lieber Herr Habig, des eine wollt i Ihna auch noch sagen. Bevor i a Kappl mit der Aufschrift ›P. & C. Habig‹ aufsetz, rennen Sie mit an Kappl herum, auf dem ›Enzinger‹ steht.«

Sprach's und kehrte zum viel schlechter bezahlten Posten beim Hofrat Haeusserman zurück.

Den er dann bis zu dessen Tod chauffierte.

Und selbst dieser, sein Tod, bot Ernst Haeusserman, wie nicht anders zu erwarten, Anlass für einen Ausspruch, der humorvoll gemeint war. Er sollte sich dann aber nur allzu bitter bewahrheiten. Als nämlich beim Begräbnis des Salzburger Festspielpräsidenten Josef Kaut der Priester die Trauergemeinde dazu aufrief, »auch für denjenigen zu beten, den Gott als Nächsten zu sich berufen werde«, erzählte dies Haeusserman am selben Abend noch schmunzelnd am Stammtisch. Nicht ohne hinzuzufügen: »Und bei diesen Worten hat mich der Pfarrer so eigenartig angeschaut.«

Es war nur eine seiner vielen Pointen, dachte auch Helmuth Lohner, der neben ihm saß. Doch ein Jahr später, am 11. Juni 1984, war Ernst Haeusserman tot.

Er war tatsächlich »als Nächster abberufen« worden.

Ein anderer großer Künstlerstammtisch war in den Jahren 1945 bis 1970 in Pepi Fröhlichs Restaurant Annaberg hinter dem Wiener Volkstheater etabliert. Bei den abendlichen Zusammenkünften trat ein Phänomen auf, das in der Theatergeschichte einzigartig dastehen dürfte. Denn im Annaberg vereinte sich Wiens Schauspielelite mit einem ihrer schärfsten Kritiker. Und damit kommen wir einmal mehr auf Hans Weigel zu sprechen.

Um die Chronologie der Ereignisse festzuhalten: Weigels Theaterkritiken erschienen in den Morgenausgaben der Wiener Zeitungen, wofür er von den betroffenen Mimen den ganzen Tag über gehasst (und zuweilen sogar geohrfeigt) wurde. Abends aber saßen dieselben Schauspieler mit Weigel bei Speis und Trank im Annaberg.

Sobald die gerade aktuellen Premieren, der nicht minder interessante Theatertratsch und die immer wieder gern diskutierte Frage, wer der jeweils nächste Burgtheaterdirektor sein würde, erörtert waren, huldigte man hier dem einen oder anderen, meist von Weigel entwickelten Spiel, in dessen Mittelpunkt – wie bei ihm nicht anders zu erwarten – die deutsche Sprache stand. In einem der Spiele galt es, österreichische Ortsnamen zur Bildung des kategorischen Imperativs zu missbrauchen. Es entstanden: »Melk an der Donau!«, »Schwaz in Tirol!«, »Gurgl im Ötztal!«, »Reit im Winkel!«.

Die derart umgewidmeten Gemeinden mussten sich auch konjugieren lassen. »Ich reit im Winkel«, »Du reitst im Winkel« ... »Ich zell am See«, »Du zählst am See« ... Des Weiteren wurden diesem Spiel völlig unschuldige Vierbeiner geopfert: »Ich hau's Tier«, »Du haust's Tier« ... Unglaublich, was man Arturo Toscanini antat: »Dos kann i nie«, »Dos kannst du nie« ...

Andere Befehle lauteten: »Geh heim, Polizei!« (Geheimpolizei),

»Lieb reiche Mädchen!« (liebreiche Mädchen) oder »Stiehl volle Brieftaschen!« (stilvolle Brieftaschen). Mit »Habsburgerwarte!« – dem beliebten Aussichtspunkt auf dem Hermannskogel bei Wien – wurde angedeutet, dass der Sohn des letzten Kaisers seine Ansprüche auf den Thron vertagen möge.

Diese und andere Wortkaskaden – zu denen Weigel Theatergrößen wie Oskar Werner, Inge Konradi, Erich Auer, Walter Kohut, Kurt Sowinetz und O. W. Fischer versammelt hatte – konnten sich über Stunden, vom Anfang bis zum Ende eines mehrgängigen Menüs, hinziehen. War man endlich beim Dessert angelangt – wie in jenem Fall bei einer Moccatorte – kam auch dieses nicht ungeschoren davon: »I mag ka Torte«, »Du magst ka Torte« …

Worte oder Wortteile erhielten völlig neue Bedeutungen, wobei sich die Silbe »mal« als besonders geeignet erweisen sollte: »Animal!« galt als Aufforderung an eine Malerin namens Anni, ihrem Beruf nachzukommen. Mit »Malaparte!« wurde ein Maler angewiesen, sein Modell möglichst vorteilhaft – apart also – darzustellen. Als ausbaufähig sollte sich das Spiel auch im Plural erweisen. »Malzkaffee!« etwa hatte gleich dreierlei Bedeutung: das Wort beinhaltete

1.) die Aufforderung an mehrere Maler, ein Genussmittel auf Leinwand zu bannen (»Malt's Kaffee!«),
2.) die Aufforderung an eine Vielzahl von Hausfrauen, Kaffeemühlen zu betätigen (»Mahlt's Kaffee!«) und
3.) die Aufforderung an mehrere Maler, sich der Darstellung eines höheren Wesens zu entziehen (»Malt's ka Fee!«).

Die Zusammenkünfte im Annaberg jedenfalls waren der österreichische Weg, sich Abend für Abend mit dem gegnerischen Lager zu versöhnen. Am nächsten Morgen, nach Erscheinen der neuen Weigel-Kritik, war man wieder bös aufeinander.

Der Vollständigkeit halber sei darauf hingewiesen, dass auch der Haeusserman-Stammtisch eine Zeit lang im Annaberg beheimatet war, dem hin und wieder die für ihren sarkastischen Humor berühmte Schauspielerin Adrienne Gessner angehörte. Von ihr soll hier nicht nur berichtet werden, weil sie (in seiner ersten Ehe) Haeussermans Schwiegermutter war, sondern (und vor allem deshalb), weil sie diesem in brillanter Weise Paroli bieten konnte.

Dass die Gessner einen Hang zur Boshaftigkeit hatte, ließe sich schon anhand ihres hinreichend berühmten Satzes über Josef Meinrad belegen: »Seit der Pepi den Rolls-Royce hat, ist er *noch* bescheidener geworden.« Ihre diesbezügliche Begabung wird aber auch durch einen Ausspruch deutlich, der eine Elevin des Burgtheaters ins Herz treffen sollte. Sagte die alte Dame doch nach einer Premiere über die hoffnungsfrohe Nachwuchsdarstellerin: »Sie ist *noch* schlechter als ich sie find.«

Derartige Gemeinheiten gab die Gessner vor allem beim sonntäglichen Jour fixe in ihrer Wohnung am Kärntner Ring von sich. Hierher kam, wer in Wiens Theaterleben Rang und Namen hatte: die Wessely ebenso wie die Degischer, Hans Jaray, Johanna Matz und Otto Schenk. Und die Pointen der Gessner trafen stets ins Schwarze.

So bot auch die Premiere von Goethes »Urfaust«, 1962 im Theater an der Josefstadt, Adrienne Gessner Gelegenheit zu zitierenswerter Häme. Gottfried Reinhardt, der Sohn Max Reinhardts, führte Regie, über deren Qualität die Gessner sofort nach der Premiere von Ernst Haeusserman telefonisch informiert wurde: »Also, der Presse wird es nicht gefallen«, vermutete er. »Aber trotz allem – es wird ein Riesenerfolg. Die Leute haben irrsinnig applaudiert, und es gab viele Bravos.«

»Das ist ja entsetzlich«, rief die Gessner ins Telefon. »Jetzt wird der Gottfried glauben, er ist der Reinhardt!«

Adrienne Gessner war mit dem Regisseur Ernst Lothar, einem promovierten Juristen, der eigentlich Ernst Lothar Müller hieß, verheiratet. Schon wie dieser zum Theater kam, verdient erwähnt zu werden. Ursprünglich Staatsanwalt am Wiener Landesgericht, später Sektionsrat im Handelsministerium und mit 36 Jahren Österreichs jüngster Hofrat, schrieb Lothar nebenbei Theaterkritiken. Eine, die 1932 über Grillparzers »Bruderzwist« in der »Neuen Freien Presse« erschien, sollte sein Leben verändern. Die Rezension wurde zum Auslöser für eine fulminante Karriere als Regisseur und Theaterdirektor, sagte doch Hugo von Hofmannsthal, als er sie gelesen hatte: »Herr Lothar, Sie müssen dieses Werk einmal selbst inszenieren, und zwar genauso, wie Sie es beschrieben haben.«

Kurz darauf erhielt Lothar – wohl über Empfehlung Hofmannsthals – vom damaligen Burgtheaterdirektor Hermann Röbbeling einen Regieauftrag für den »Bruderzwist«. Die Aufführung gestaltete sich so sensationell, dass man von einer »durch Lothar hervorgerufenen Grillparzer-Renaissance« sprach. Max Reinhardt holte ihn ans Theater in der Josefstadt, dessen Direktor Lothar bis zum »Anschluss« blieb.

1938 flüchtete das Ehepaar nach New York, wo Ernst Lothar die »Österreichische Bühne« gründete und die Gessner am Broadway – besonders mit dem Stück »I remember Mama« – beachtliche Erfolge feierte.

Nach dem Krieg wieder in Wien, begaben sich Ernst Lothar und Adrienne Gessner eines Abends ins geliebte Theater in der Josefstadt. Als er im Programmheft die ihm unbekannten Namen neuer Schauspieler las, sagte Lothar zu seiner Frau: »Nikowitz, Sowinetz, Muliar, Krismanek, Böhm I, Böhm II ... Das ist kein Ensemble, das ist eine Fußballelf.«

Mit der letzten Geschichte aus dem Hause Gessner-Lothar schließt sich der Kreis, denn die Pointe gehört einmal mehr Ernst Haeusserman.

Im Gegensatz zu Ernst Lothar war dessen älterer Bruder seinem Familiennamen treu geblieben: Hans Müller war ein überaus erfolgreicher, vor allem aber sehr wohlhabender Schriftsteller, der sich mit dem Textbuch zum »Weißen Rössl« – dem meist gespielten Singspiel des 20. Jahrhunderts – ein Vermögen erschrieben hatte.

Zwischen ihm und seinem Bruder bzw. dessen Frau Adrienne Gessner gab es jahrzehntelang so gut wie keinen Kontakt. Der Grund dafür lag darin, dass Müller seine Homosexualität offen auslebte, wofür das überaus konservative Ehepaar Lothar keinerlei Verständnis aufbringen konnte.

Nun schien sich in der Nachkriegszeit als Folge eines zufälligen Zusammentreffens das Wunder einer Annäherung abzuzeichnen. Man kam ins Gespräch, und die Brüder ließen sogar gemeinsame Erlebnisse aus Kindheit und Elternhaus wieder aufleben. Der Kontakt ging so weit, dass Adrienne Gessner ihren Schwager eines Sonntags zum legendären Jour fixe lud.

Zweifellos dürfte für die Einladung – neben der Freude, den verlorenen Bruder wieder gefunden zu haben – die Tatsache nicht unerheblich gewesen sein, dass dieser um etliche Jahre älter war als ihr Mann. Weshalb in absehbarer Zeit mit einer Erbschaft in beträchtlichem Ausmaß gerechnet werden konnte.

Doch das Zusammentreffen im Hause Lothar endete mit einem Eklat. Denn Hans Müller kam nicht allein. Sondern – mit seinem Lebensgefährten!

Der Jour fixe verlief in eisiger Atmosphäre, Ernst und Adrienne zeigten dem »schwarzen Schaf« der Familie nur allzu deutlich, wie sehr sie seine Lebensweise verachteten.

Durch den »Affront« wurden alle Brücken niedergerissen, man hat einander nie wieder gesehen.

Es hätte auch kaum noch Gelegenheit gegeben, denn Hans Müller starb wenige Monate später, im März 1950.

Als nun das Ehepaar Lothar zum Notar gerufen wurde, ersuchte es den Freund, Ratgeber und einstigen Schwiegersohn Ernst Haeusserman mitzukommen, wozu dieser bereit war. Bei der nun folgenden Testamentseröffnung erfuhren die Hinterbliebenen, dass der Verblichene sein gewaltiges Vermögen ursprünglich Ernst Lothar und seiner Frau vermacht hatte.

Nach dem Eklat beim Jour fixe freilich änderte er seinen Letzten Willen: Bruder und Schwägerin wurden enterbt und der Lebensgefährte zum Universalerben und alleinigen Nutznießer der Tantiemen aus dem »Weißen Rössl« erklärt.

Tief betroffen vernahm das Ehepaar Lothar die Worte des Notars.

Nach einem Augenblick der Besinnung war es an Ernst Haeusserman, die Stille zu durchbrechen. Und er sprach:

»Ich würd sagen, die Erbschaft ist in' Arsch 'gangen.«

»Was heisst Schlapfen auf englisch?«

Politik am Rande

Eine Episode, die Friedrich Torberg leider nicht mehr erleben durfte, dokumentiert, wie sehr der eine oder andere Ausspruch der Tante Jolesch nicht nur in den Sprachschatz der Österreicher ganz allgemein, sondern in den der Politik im Besonderen Eingang fand. Nachdem Finanzminister Hannes Androsch im Jänner 1981 aufgrund einer Steueraffäre zurückgetreten war, bot Bundeskanzler Kreisky dem Unterrichtsminister Fred Sinowatz dessen Nachfolge als Vizekanzler an. Der rundliche Sinowatz wollte den Aufstieg zunächst nicht für möglich halten und sagte zu seinem Partei- und Regierungschef: »Aber Bruno, wie schau i denn im Fernsehen aus?«

Da entgegnete Kreisky: »Schau Fredl, das hat schon die Tante Jolesch gesagt: ›Was ein Mann schöner is wie ein Aff, is ein Luxus.‹«

Womit Kreisky nicht mehr und nicht weniger als die Weichen für seine Nachfolge gestellt hatte.

Ein Mann vom Format eines Bruno Kreisky hat der Nachwelt natürlich etliche Geschichten hinterlassen, die ihn zur Aufnahme in einen Band über die Enkel der Tante Jolesch legitimieren. Eine der schönsten erzählte mir Bundespräsident Thomas Klestil, der Mitte der achtziger Jahre – damals als österreichischer Botschafter in den USA – selbst Zeuge einer Kreisky-Anekdote geworden war.

Bruno Kreisky kam, als Regierungschef schon in Pension, aber in Sachen Weltpolitik immer noch unterwegs, zu einem Kongress nach Washington. Klestil holte ihn vom Flughafen ab und begleitete den Gast, vom Chauffeur der Botschaft gefahren, in sein im Zentrum der Hauptstadt gelegenes Hotel. Als Kreisky unterwegs eine Filiale der englischen Firma »Burberry« entdeckte, bat er den Fahrer, kurz anzuhalten.

Der bärtige Altkanzler stieg aus dem Wagen, holte einen Plastiksack aus dem Kofferraum und betrat, gemeinsam mit Klestil, das Geschäft. An der Türe fragte Kreisky den Botschafter noch schnell: »Sag, was heißt Schlapfen auf Englisch?«

Dieser flüsterte ihm in korrekter Übersetzung das Wort *Slippers* zu, worauf Kreisky aus dem mitgebrachten Plastiksack ein Paar Hausschuhe hervorholte und zum Verkäufer sagte: »Ich habe vor einiger Zeit in Ihrer Filiale in London diese Schlapfen – *these slippers* – gekauft. Leider sind sie zu groß, könnten Sie sie umtauschen?«

In dem Geschäft, erinnert sich Klestil, herrschte sogleich rege Betriebsamkeit, im Zuge derer man sich redlich bemühte, dem alten Herrn verschiedenste Größen desselben Modells vorzuführen.

Kreisky probierte eine ganze Reihe von Hausschuhen, betrachtete sie vor dem Spiegel, prüfte ihre Passform, ging mit ihnen auf und ab. Und brummte nach einem guten Dutzend derartiger Versuche: »So, die da passen – *these slippers fit!*«

Worauf der Verkäufer entgegnete: »Sir, das sind die Schuhe, die Sie mitgebracht haben!«

Kreisky muss, wie die nun folgende Episode beweisen wird, wohl schon in jungen Jahren von kauzigem Wesen gewesen sein. Er hatte ja nicht nur von sich behauptet, er wäre lieber Chefredakteur der »Arbeiter Zeitung« als Parteichef geworden, sondern war in seiner Studentenzeit tatsächlich nebenberuflich als Journalist tätig.

Eines Tages warf ihm ein Korrektor vor, dass er es mit der Interpunktion nicht allzu genau nehme. Worauf Kreisky, als er wieder einmal ein Manuskript in die Setzerei brachte, eine voll beschriebene Seite beilegte, auf der sich nur Beistriche befanden.

Zum Korrektor sagte er: »Da haben S' einen Haufen Beistriche. Machen S' damit, was Sie wollen!«

Der »bürgerliche Sozialist« verstand es, neue Wählerschichten anzusprechen, die er als Oppositionschef aufgefordert hatte, »ein Stück des Weges« mit ihm zu gehen. So errang der ehemalige Außenminister bei den Nationalratswahlen 1970 die relative Mehrheit und wurde der erste sozialistische Bundeskanzler der Republik. Horst Ehmke, Vorstandsmitglied der SPD, kam nach Wien, um der Schwesterpartei zu gratulieren und wurde von Kreisky zu einem Frühstück ins Hotel Sacher gebeten. Beeindruckt stellte Ehmke fest: »Schöne Sozialisten seid ihr, die im Sacher sitzen!«

Worauf Kreisky replizierte: »Naja, immerhin sitzen wir hier im Roten Salon.«

Die in seiner Villa auf Mallorca alljährlich stattfindenden »Sommergespräche« zählten zu den Höhepunkten der sonst Saure-Gurken-Zeit genannten Parlamentsferien. Der »Journalistenkanzler« blühte förmlich auf, sobald man ihn zu allen möglichen innen- und außenpolitischen Themen befragte. Mit Freuden bot ihm der als »Aufdecker der Nation« berühmt gewordene damalige »Profil«-Chefredakteur Alfred Worm diese Gelegenheit, zumal er wusste, dass ein ausführliches Kreisky-Interview das Land für Wochen mit Gesprächsstoff versorgen würde.

Das Ritual der »Sommergespräche« setzte sich fort, als der Kanzler in Pension war, wobei seine nach links und rechts gerichteten Attacken nun noch schärfer ausfielen. So auch an jenem fast unerträglich heißen Wochenende im Juli 1986, als Worm – begleitet von seinem Redaktionskollegen Franz Ferdinand Wolf – wieder einmal zum großen »Sommergespräch« nach Mallorca reiste. Nach der Ankunft in Kreiskys Haus (das dieser als »eine Art Schrebergartenhütte, wie sie viele Wiener haben«, zu beschreiben pflegte) setzte sich »der Alte« mit seinen Gästen an den Swimmingpool, wobei Ehefrau Vera und Marietta Torberg, die Freundin der Familie, zeitweise Gesellschaft leisteten.

Kaum war das Tonbandgerät eingeschaltet, legte der in einen Bademantel gehüllte und durch einen Sonnenhut geschützte Altkanzler auch schon los, wobei man sich wie immer darauf verlassen konnte, dass er keines seiner Lieblingsthemen – sei es von aktuellem oder historischem Belang – auslassen würde. Also räsonierte Kreisky über Androsch, Nahost, Golda Meir, seine Nierenerkrankung, Arafat, das Auseinanderbrechen des bürgerlichen Lagers, Sinowatz »und die Fehler in der Koalition« …

Glücklich, Kreisky wieder in seinem Element angetroffen zu haben, packten Worm und Wolf ihre Siebensachen zusammen und traten an jenem schwülen Sonntag die Heimreise an.

Umso schlimmer das Erwachen, als sie im Flugzeug feststellen mussten, dass der Alptraum jedes Journalisten wahr geworden war: Die sengende Hitze über Mallorca hatte das Tonband außer Gefecht gesetzt. Von dem insgesamt zehnstündigen Interview wurde nicht ein einziges Wort aufgezeichnet.

Worm und Wolf blieb, nachdem sie sich vom ersten Schock erholt hatten, nichts anderes übrig, als die vage in Erinnerung behaltenen Reste der Kreisky'schen Aussagen mit eigenen Worten zu rekonstruieren.

Wie in solchen Fällen üblich, wurde das niedergeschriebene Interview einige Tage später nach Mallorca gefaxt, um vom früheren Kanzler zur Veröffentlichung freigegeben zu werden. Nun geschah, was wohl nur der eigenwilligen Persönlichkeit des alten Politfuchses zugeschrieben werden kann: Während er in all den Jahren davor und danach an fast jedem Satz – auch wenn er wortwörtlich zitiert war – etwas auszusetzen hatte, rief Kreisky diesmal in der »Profil«-Redaktion an und brummte anerkennend: »Sehen S', meine Herren, endlich einmal schreiben Sie das, was ich wirklich gesagt habe!«

In der nun folgenden Geschichte kommt dem einstigen »Sonnenkönig« eine zwar wichtige, aber doch nur passive Rolle zu. Als die Schauspielerin Brigitte Neumeister 1998 – acht Jahre nach Kreiskys Tod – ihre Memoiren auf den Markt brachte, wollte sie sich als wahres PR-Genie in eigener Sache versuchen.

Wie sollte das Buch beworben werden? Mit einer Auflistung von Frau Neumeisters Premieren am Wiener Volkstheater? Mit Kritiken aus der Josefstadt? Oder gar mit saftigen Skandalgeschichten aus der Zeit ihrer Mitwirkung im »Kaisermühlenblues«?

Frau Neumeister suchte und fand einen nicht ganz so dezenten Weg. »War sie Kreiskys Geliebte?«, konnte man der laut hinaus posaunten Vorpropaganda entnehmen, noch ehe Brigittes literarischer Erstling das Licht der Welt erblickte. Wochenlang fieberte die Nation dem Erscheinungstermin entgegen, um Antwort auf diese brisante Frage zu erhalten. Und auch ich schlug, als es dann endlich vorlag, in dem noch druckfeuchten Exemplar sofort das Kapitel mit der Überschrift »Die Geliebte des Sonnenkönigs« auf.

Und entnahm diesem, dass sie es *nicht* war: Frau Neumeister hatte niemals die Bettstatt des Kanzlers geteilt.

Es hätte in den siebziger Jahren – wie bös manche Menschen doch sind – nur derartige Gerüchte gegeben.

Während ich das »Outing« der beliebten Künstlerin ein bisserl frech glossierte und eine breite Öffentlichkeit wissen ließ, wer noch aller *kein* Verhältnis mit jemand anderem hatte (»z. B. Liz Taylor mit Dr. Josef Klaus, Brigitte Bardot mit Ingenieur Julius Raab und Annie Rosar mit John F. Kennedy«), wählte Robert Löffler, der Poet unter den Wiener Journalisten, einen eleganteren Weg, Frau Neumeisters Meldung, die keine war, zu kommentieren: »Das hätte ich auch ohne Geständnis gewusst«, erklärte Löffler in seiner Kolumne »Telemax«, um sich dann eines Abends zu erinnern, den er vor vielen Jahren bei Kreisky in der Armbrustergasse verbracht hatte: »Wir tauschten vielleicht die eine oder andere außenpolitische Intimität aus, aber sicher keine private. Dennoch hätte ich, als ich nach dem Gespräch in die kalte Nacht hinaustrat, einige Dutzend Wiener Schauspielerinnen nennen können, mit denen Herr Kreisky ganz sicher nie ein Verhältnis haben wird ...«

Das war's auch schon, was zu dem Thema angemerkt werden musste.

Einer der Vorgänger Kreiskys als Bundeskanzler war der in seinem volkstümlichen Auftreten nicht minder in Erinnerung gebliebene Leopold Figl. »Schwarz« und »Rot« hatten einander in der Ersten Republik bekämpft, um dann als Gegner des Naziregimes – und nur allzu oft hinter den Mauern der Konzentrationslager – wieder zusammenzufinden. Viele, die Derartiges erlebt und überlebt hatten, sollten das Lachen wie durch ein Wunder nicht verlernt haben. Manch Anekdotisches von ihnen ist überliefert.

Im Mittelpunkt der vielleicht kuriosesten Figl-Geschichte steht – wie schon vorhin bei Kreisky – ein Tonband. Und doch ist sie ganz anders geartet, entnehmen wir ihr doch die Information, dass die unter dem Stichwort »Figl« in Hörfunkarchiven lagernden Reden nicht von diesem selbst, sondern von Schauspielern, die man eigens für diesen Zweck engagiert hatte, gehalten wurden. Wie es dazu kam, hinterließ uns der nach dem Krieg als Programmdirektor des amerikanischen Senders »Rot-Weiß-Rot« tätige Heinz von Foerster. Der heute als Physiker in den USA lebende Wiener verriet*, dass mehrere der großen politischen Reden und auch so manches Interview des damaligen Bundeskanzlers und späteren Außenministers gar nicht von diesem gesprochen wurden, da dieser zeitweise unter extremer Heiserkeit litt und daher innerhalb weniger Minuten die Stimme verlor.

»Wenn der Figl einmal zu reden angefangen hat, dann hat er nicht mehr aufgehört«, erinnerte sich Foerster. »Und du hast natürlich im Radio nur fünf Minuten für den Figl, aber der hat eine Stunde geredet. Also nimmt ma den auf, eine Stunde, und muss ihn dann zusammenschneiden. Naja, Sie können sich vorstellen, wie das ist, wenn der am Anfang was sagt, Österreich steht da, ganz großartig, und zum Schluss war der Figl immer schon ganz heiser, und jetzt kann man das Ende, naja, mit dem Anfang nicht zusammen schneiden, weil wenn er schon so heiser ist, das ergibt ja einen Sprung. Da weiß ja

* in der ORF-Hörfunkreihe »Menschenbilder« am 1. November 1987

kein Mensch, ob das der Figl ist. Gott sei Dank haben wir Leute gehabt, die konnten genauso sprechen wie der Figl, die konnten ihn nachmachen, ohne heiser zu werden, denn die brauchten ja nur fünf Minuten reden. Es war sehr wichtig, Figl-Redner zu haben.«

Während eines Figl-Interviews, berichtete Heinz von Foerster weiter, gab es ein technisches Gebrechen. Dennoch forderte man den ahnungslosen Kanzler auf: »Bitte sprechen Sie jetzt!« Und ließ ihn lange, lange reden. Es spielte keine Rolle, dass das Aufnahmegerät nicht funktionierte – die Techniker wussten ohnehin, dass im Studio ein »Reserve-Figl« wartete. Ein Mitarbeiter des Senders notierte die wichtigsten Aussagen des Kanzlers, »und dann haben wir am Abend von unserem Kunstsprecher diese Sendung übertragen. Das Interessante war, dass kein Mensch draufgekommen ist, es hat ja tadellos funktioniert.«

Als Figl in den fünfziger Jahren nach einem fulminanten Abendessen das renommierte Wiener Restaurant Zu den drei Husaren verließ, schrieb er, bereits als Außenminister, ins Gästebuch: »Wie immer gut, Figl.«

»Aber Herr Minister«, wunderte sich der Restaurantchef Egon Fodermayer, »Sie sind doch das erste Mal bei uns, wie können Sie wissen, dass es immer gut ist?«

»Sie werden doch nicht behaupten«, erwiderte Figl, »dass es manchmal schlecht ist.«

Figl führt uns noch einmal zurück zu Helmut Qualtinger, der mit seinen legendären Streichen durchaus auch höchste politische Kreise zu irritieren wusste. Als »Quasi« eines Tages mit in Wodka getränkter Stimme und unverkennbar russischem Akzent den

Außenminister anrief, um ihn zu einer »wijchtigen Besprejchung« in den Wiener Stadtpark zu bitten, kam dieser der Aufforderung des falschen Besatzungsoffiziers prompt nach. Um dann vor dem Johann-Strauß-Denkmal den Qualtinger zu treffen.

Noch schlimmer erging es dem Vizekanzler Bruno Pittermann, als dieser zur »Dernièr«, der letzten Vorstellung des Kabarettprogramms »Hackl vorm Kreuz«, im Theater am Kärntnertor erschienen war.

Qualtinger führte ständig irgendwelche Originale unbekannter Herkunft im Schlepptau, die ihm in durchzechten Nächten zugelaufen waren. Die meist völlig heruntergekommenen Menschen faszinierten den Komödianten, der permanent auf der Suche nach Typen war, die es auf der Bühne darzustellen galt.

An diesem Abend im Kärntnertortheater hatte er einen pensionierten Friseur namens Jerzabek mitgebracht, der – laut Gerhard Bronner – »einen unnachahmlichen Sprachfehler hatte: Er konnte gleichzeitig stottern, lispeln und hölzeln. Und als ob das nicht genügt hätte, war er so kurzsichtig, dass er nur in den seltensten Fällen wusste, wo er war – und warum.«

Mit dem Dichter Fritz Hochwälder hatte der frühere Coiffeur allerdings nichts gemein, mit Ausnahme der Tatsache, dass er wie dieser von äußerst geringem Körperwuchs war. Dieser Umstand genügte Qualtinger, um Jerzabek in der Pause des Programms dem Vizekanzler Pittermann mit den Worten »Das ist der berühmte Dichter Hochwälder« vorzustellen.

Pittermann war sich der Bedeutung des Augenblicks bewusst, ergriff Jerzabeks Hand und setzte zu staatsmännischem Smalltalk an: »Mein lieber, verehrter Freund Hochwälder, ich freue mich ganz besonders, Sie einmal persönlich kennen lernen zu dürfen. Ich darf Sie doch Freund nennen? Wissen Sie, ich bin seit vielen Jahren einer Ihrer größten Verehrer, habe keines Ihrer Stücke am Burgtheater ausgelassen. Ich glaube, dass wir einander viel zu erzählen hätten, aber leider … die Zeit drängt, der zweite Teil des Programms beginnt gleich, und den möchte ich nicht versäumen. Wissen Sie was? Rufen S' mich doch irgendwann in den nächsten Tagen im Bundeskanzleramt an, und wir setzen uns auf einen Kaffee zusammen, gut? Also dann, auf Wiedersehen, ich kann Ihnen gar nicht sagen, wie ich mich über diese Begegnung freue!«

Weit weniger konnte sich Herr Jerzabek über diese Begegnung freuen – er wusste weder wer Hochwälder noch wer Pittermann gewesen sind.

Dem »schwarzen« Kanzler Figl war 1945 von der Alliierten der »rote« Karl Renner als Bundespräsident gegenüber gestellt worden. Das erste Staatsoberhaupt der Zweiten Republik residierte einige Zeit in der »Bleimscheinvilla« in Hietzing, in deren unmittelbarer Nachbarschaft der »Wien-Film«-Chef Karl Hartl wohnte. Hartl fürchtete – wie damals durchaus üblich – die Einquartierung eines russischen Besatzungsoffiziers in seinem Haus in der Wenzgasse, in dem zahlreiche Drehbücher, Exposés und Filmkopien lagerten. Sollte er seine Villa mit einer anderen Person teilen müssen, sah er sein wertvolles Archiv in Gefahr. Er ließ sich deshalb bei seinem Nachbarn, dem Bundespräsidenten, einen Termin geben.

Als der Regisseur die Präsidentenvilla betrat, traf er auf einen russischen Oberst, der vor dem Zimmer, in dem Renner sich aufhielt, Wache stand. Der Offizier sah Hartl, riss die Hacken zusammen und salutierte, dass ihm beinahe der Helm vom Kopf fiel. Zackiger und strammer hätte er nicht einmal General Blagodatow, den sowjetischen Stadtkommandanten von Wien, begrüßt.

Später erfuhr der »Wien-Film«-Direktor den Grund für das devote Verhalten des Offiziers: Hartl hatte für den Termin beim Bundespräsidenten seinen Steireranzug mit grünen Lampassen an der Hose und Spangen auf der Schulter angelegt. Dies aber war ein Kleidungsstück, wie es der sowjetische Oberst nie zuvor gesehen hatte. Also dachte er, einen General vor sich zu haben – den er natürlich mit dementsprechenden Ehrenbezeugungen empfing.

Renner konnte übrigens die Einquartierung in Hartls Villa nicht verhindern – was sich für diesen als Glücksfall erweisen sollte. Denn der Mann, der beim »Wien-Film«-Direktor einzog, war ein ranghoher russischer Offizier, der perfekt Deutsch konnte und in schlaflosen Nächten die Drehbücher las, die in Hartls Haus lagerten. Er erkannte auf diese Weise, dass der Regisseur alles andere als ein Nazi gewesen war, worauf dieser von den Alliierten für vertrauenswürdig angesehen und mit der Leitung der neuen »Wien-Film« betraut wurde. Unter Hartls Oberhoheit entstanden dann die ersten österreichischen Nachkriegsfilme.

Zu den großen Originalen der Nachkriegszeit zählte auch Julius Raab. Dies konnte er – schon bald nachdem er seinen Freund Figl als Regierungschef abgelöst hatte – unter Beweis stellen, als er nämlich den damaligen Staatssekretär Fritz Bock zum neuen Handelsminister ernannte. Dr. Bock, der von seiner Bestellung aus dem Radio erfahren hatte, rief Raab an und wollte wissen, warum er nicht vorher gefragt wurde, ob er das Amt überhaupt antreten wollte.

Raab sagte nur: »Hätt'st na g'sagt, wenn i di g'fragt hätt'?«

»Nein, das hätte ich natürlich nicht gesagt.«

»Na also«, sagte Raab, »warum hätt' i di dann fragen sollen?«

Auch sonst sprach der Baumeister aus St. Pölten nur das Allernotwendigste, er hörte viel lieber zu, weshalb Raab von Freunden »der große Schweiger« genannt wurde.

Eines Tages fuhr der Bundeskanzler mit dem Auto von Wien nach Vorarlberg. Im niederösterreichischen Tullnerfeld sagte sein Sekretär mit einem Blick auf die umliegenden Felder: »Das Getreide steht heuer schon ganz schön hoch.« Bis knapp vor Feldkirch wurde kein Wort mehr gewechselt, dann endlich meinte Raab: »Do aa!«

Das war die gesamte Konversation während einer Fahrt von 600 Kilometern.

Der »Staatsvertragskanzler« war berühmt für seine einsamen Entscheidungen. Selbst engste Mitarbeiter erfuhren erst aus der Zeitung von politischen Weichenstellungen, die Raab im Alleingang durchboxte. Als er seine Regierungsmitglieder in einer Sitzung wieder einmal vor vollendete Tatsachen stellte, erkannte er in den Gesichtern der Minister deren leisen Unmut. Da ergriff Raab das Wort und gab – kurz und bündig wie immer – kund: »Wer noch etwas zu sagen hat, der stehe auf und schweige.«

Die Ära Raab brachte die wirtschaftliche Konsolidierung des Landes, die mit der Sozialpartnerschaft abgesichert wurde. Als Bundespräsident Theodor Körner 1957 starb und Raab einen Schlaganfall erlitt, war die Staatsführung monatelang gelähmt. Der Kanzler erholte sich zwar, konnte aber nicht mehr zu seiner alten Form zurückfinden.

Dennoch hielt er, auch nach seiner Ablöse durch Alfons Gorbach, seine alten politischen Kontakte aufrecht. Und so sprach der Bundeskanzler i. R. beim saudi-arabischen König Ibn Saud vor, der gerade als Patient in der Klinik des bekannten Wiener Internisten Karl Fellinger weilte. Julius Raab, der nie ein Hehl daraus machte, keine besondere Beziehung zur Musik zu haben, besuchte den Monarchen im Allgemeinen Krankenhaus, wo er, als er sich mit ihm unterhielt, die Dienste eines Dolmetschers in Anspruch nahm.

Nachdem man die brisanten Themen der Weltpolitik erörtert hatte, kam der König auf Österreichs große Musiktradition zu sprechen und fragte den Altkanzler nach seinem Lieblingskomponisten. Raab sah den Dolmetscher hilflos an und flüsterte ihm zu: »Sagen S' ihm halt irgendeinen!«

Verweilen wir noch kurz bei den medizinisch bedingten Aufenthalten Ibn Sauds in Österreich. Der herzkranke König kam immer wieder nach Wien, weil er keinem anderen Internisten so sehr vertraute wie Professor Fellinger. Der »Arzt der Könige«, wie er oft genannt wurde, hatte dem prominenten Patienten eine strenge, aus salzloser und fettarmer Kost bestehende Diät verordnet und in der Klinik auf deren strikte Einhaltung geachtet.

Eines Abends jedoch lud der Professor den Monarchen samt dem aus Gattinnen, Töchtern und Söhnen sonder Zahl bestehenden Gefolge in seine Privatvilla in Döbling ein, wo dem hohen Gast Unmengen arabischer Köstlichkeiten aufgetischt wurden, deren Zubereitung Fellingers Oberarzt Dr. Hamid oblag.

Erstaunt sagte der König angesichts der allen bisher gültigen Diätvorschriften widersprechenden Mahlzeit zu Fellinger: »Aber Herr Professor, das darf ich doch alles nicht essen.«

Worauf dieser erwiderte: »Majestät! Im Hause eines Arztes dürfen Sie alles essen!«

Auch sonst wusste Fellinger mit ebenso effizienten wie eigenwilligen Ratschlägen aufzuwarten. Auf die ihm oft gestellte Frage, wie man leben müsse, um alt zu werden und dabei gesund zu bleiben, erwiderte der Professor: »Kirchen von innen, Gasthäuser von außen, Berge von unten.«

Er selbst richtete sich danach, und das mit offensichtlichem Erfolg. Denn Fellinger empfing seine Patienten bis in sein neunzigstes Lebensjahr in dem von ihm lange geführten Wiener Rudolfinerhaus. Dort ist er dann im November 2000, fast 97 Jahre alt, gestorben.

Zur Spezies der Nachkriegsoriginale in der Politik zählte auch der »rote« Innenminister Josef Afritsch, den eine sonderbare Ähnlichkeit mit Nikita Chruschtschow verband. Beide waren gedrungen, korpulent und glatzköpfig. Diese Gemeinsamkeiten traten besonders zutage, als der Kremlchef Österreich 1960 einen offiziellen Besuch abstattete. Er wurde von der Bevölkerung freundlich aufgenommen, da er kurz zuvor eine Reduzierung der nach dem Krieg festgesetzten Erdöllieferungen von Österreich an die UdSSR genehmigt hatte. Als Innenminister Afritsch nun im offenen Wagen durch die Stadt fuhr, jubelten ihm die Wiener zu, da sie ihn für Chruschtschow hielten.

Der aber schlief tief und fest auf dem Rücksitz, um sich von den Strapazen des Staatsbesuchs zu erholen.

Den Hinweis auf die Afritsch-Verwechslung verdanke ich dem langjährigen Wiener Polizeipräsidenten Josef Holaubek, der in jenen

Tagen für die Sicherheit ausländischer Staatsgäste verantwortlich war. »Joschi«, wie er allgemein genannt wurde, hätte im Kapitel »Käuze und Originale« ebenso Eingang finden können wie in diesem – seine Karriere veranlasste mich jedoch, ihn und seine mannigfach heiteren Erinnerungen im Abschnitt »Politik« einzureihen. Der gelernte Tischler und Berufsfeuerwehrmann war nicht nur ein allseits geschätzter und anerkannter Polizeipräsident, er zählte auch zu den unverwechselbaren Typen dieser Stadt.

Als der große Schauspieler Werner Krauß in den ersten Nachkriegsjahren darüber Klage führte, sich am frühen Morgen in seiner Wohnung vom aufkommenden Automobilverkehr belästigt zu fühlen, postierte »Joschi« zwei Polizeiorgane, die zwischen sieben und neun den Verkehr vom Haus des Mimen in der Porzellangasse in andere Straßenzüge umleiteten. Damit der Herr Kammerschauspieler ruhig schlafen konnte und die abendliche Vorstellung des Burgtheaters nicht gefährdet war!

Eine andere Geschichte der »Marke Holaubek« führt uns zum Gipfeltreffen John F. Kennedys mit Nikita Chruschtschow, das 1961 zum ersten internationalen Großereignis Österreichs im Allgemeinen und des österreichischen Fernsehens im Besonderen werden sollte. Ohne »Joschis« Hilfe freilich wäre jedenfalls die Mediensensation geplatzt. Fand doch das offizielle Shakehands der beiden Staatschefs in den Räumlichkeiten der sowjetischen Botschaft statt, aus denen das Fernsehteam aber aus Sicherheitsgründen kurzfristig ausgesperrt wurde.

Fernsehdirektor Freund flehte den Polizeipräsidenten an, das Aufstellen der Kameras doch noch möglich zu machen, worauf Holaubek den russischen Sicherheitschef General Sacharow bei der Hand nahm und ihm erklärte: »Das is Direktor Freund, charascho,

Fernsehen, gucki, gucki …« Was immer das bedeuten mochte – der General verstand und geleitete das Kamerateam in die Prunkräume der Botschaft. Von denen aus die historischen Bilder um die Welt gingen.

Endgültig zur Legende wurde »Joschi«, als er 1971 einem bewaffneten Ausbrecher aus der Strafanstalt Stein, der sich in einem privaten Wohnhaus verbarrikadiert hatte, zurief: »Kumm auße, i bin's, dei Präsident.« Und ihn festnahm.

Kurz danach ging Holaubek in Pension, und dies war für Hans Weigel »der Abschied von einem Wahrzeichen«.

Doch »Joschi« sollte noch lange nicht in Vergessenheit geraten, wie eine weitere Episode beweist. Denn sein »I bin's, dei Präsident« wurde bald zum geflügelten Wort, das den Burgschauspieler Richard Eybner – in seiner Freizeit Präsident der »Katzenfreunde« – zu einer eigenen Interpretation veranlasste. Bei einer Prämiierung wurde Eybner ein schwarzes Kätzchen gereicht, das ihn sofort wie wild geworden kratzte und biss. Eine Zeit lang versuchte der Schauspieler das Tier zu beruhigen, dann aber gab er ihm einen Klaps und warnte in strengem Tonfall: »Jetzt hörst auf! I bin's, dei Präsident!«

Ich darf hier verraten, dass Holaubek nach seiner Pensionierung an die Veröffentlichung seiner Memoiren dachte – die sicher ein interessantes Stück österreichischer Zeitgeschichte dargestellt hätten. Es war Ende der siebziger Jahre, als er mich fragte, ob ich diese Erinnerungen für ihn schreiben wollte. Ich musste leider absagen, da ich gerade an den Lebenserinnerungen von Paul Hörbiger arbeitete. Holaubek nahm mir daraufhin das Versprechen ab, ihm nach deren Fertigstellung ein Hörbiger-Buch zu schenken.

Und so brachte ich dem Polizeipräsidenten i. R., als die Schauspieler-Memoiren erschienen waren, ein Exemplar ins Café Imperial, in dem er jeden Samstag sein Frühstück einzunehmen pflegte. »Joschi« blätterte in dem Buch, blieb kurz an einer wahllos aufgeschlagenen Seite hängen, las fünf oder sechs Zeilen und sagte dann – immer noch an seine eigenen Erinnerungen denkend: »Genauso mach ma's!«

Memoiren waren für ihn Memoiren – egal, ob sie von einem Filmstar oder einem Polizeipräsidenten handelten.

Einer, der die Physiognomien der österreichischen Politiker wie kein anderer kennt, ist der als Architekt wie als Karikaturist »Ironimus« gleichermaßen berühmt gewordene Gustav Peichl. Auch wenn Raab und Kreisky die liebsten Opfer seiner Feder waren, sollte ihm das Gesicht eines weiteren Regierenden vertrauter sein als das aller anderen. Kam es doch ab der Mitte der siebziger Jahre immer wieder vor, dass man »Ironimus« mit Fred Sinowatz verwechselte.

Waren es Augen, Nase, Mund oder Kinnpartie – die Figur würde ich definitiv ausschließen –, Peichl wurde oft und oft, sei es auf der Straße, im Kaffeehaus oder im Theater, als »Herr Minister« und später als »Herr Bundeskanzler« angesprochen.

Als Sinowatz dann zur Eröffnung des von Peichl errichteten ORF-Studios Salzburg erwartet wurde, geschah das Unvermeidliche: Minister und Architekt sollten aufeinander treffen.

Kaum hatte Peichl in jener feierlichen Stunde sein funkelnagelneues Gebäude betreten, raunten die ersten Zaungäste einander zu: »Schau, der Sinowatz!«

Von Autogrammjägern bestürmt, unterschrieb Peichl – ein schon von Berufs wegen dem Übermut zugeneigter Mann – mit den Worten: »Herzlichst Sinowatz«.

Minuten später langte der Minister ein. Er erfasste die Situation und unterzeichnete die von den Fans mitgebrachten Autogrammkarten als »Ironimus«.

Danach setzte man sich zu einem Glas Wein und belächelte den Schelmenstreich.

Wie sehr in unserer von Film und Fernsehen geprägten Zeit das Sein vom Schein verdrängt wird, zeigt eine Geschichte, die mir der schon in einem früheren Kapitel hervorgetretene Frederic Morton erzählte. Hannes Androsch hielt sich als österreichischer Vizekanzler in New York auf, wo er mit Freunden eine Broadwayshow besuchte. Da er am selben Abend seinen Geburtstag feierte, hatte man nach der Vorstellung einen Tisch bei Sardi's, dem mondänen Theaterrestaurant in der 44. Straße, reserviert. Zufällig fand in demselben Lokal eine Premierenfeier statt, weshalb es dazu kam, dass sich Schauspieler aus Amerika mit Politikern und Diplomaten aus Österreich auf engstem Raum vermischten.

Zum Dessert hatte der damalige UNO-Botschafter Peter Jankowitsch für Androsch eine Torte mit der Aufschrift »Happy birthday« organisiert. Fünf singende Kellner servierten die Süßspeise, während sie »Happy birthday, Mister vice-chancellor!« intonierten. Danach erging sich alles in herzlichen Gratulationen.

Als der feierliche Teil abgeschlossen war, trat eine Amerikanerin, die die kleine Gesangsdarbietung beobachtet hatte, an den Tisch des Geburtstagskindes heran und sagte zu Androsch: »Entschuldigen Sie Sir, ich sah Sie neulich in dem wunderbaren Stück, in dem Sie diesen vice-chancellor spielten, es war ein Erlebnis. Darf ich Sie um ein Autogramm bitten?«

Frederic Morton, der neben dem Politiker saß und die kleine Szene beobachtet hatte, klärte die Dame auf: »Es handelt sich um einen Irrtum. Dieser Herr hat den Vizekanzler nicht gespielt – er *ist* Vizekanzler!«

»Oh, I'm sorry«, sagte die Dame, drehte sich um und ging. Sie hatte jegliches Interesse an dem gut aussehenden Herrn verloren.

An den Glanz einer Broadwayproduktion reicht eben die schönste Wirklichkeit nicht heran.

◇

Mit der Wirklichkeit hatten auch jene gegen den früheren Wiener Bürgermeister Helmut Zilk aufgetauchten Anschuldigungen nichts zu tun, denen zufolge er in den sechziger Jahren ein »Spion des tschechoslowakischen Geheimdienstes« gewesen sei und den Kommunisten mehrere Dissidenten ans Messer geliefert hätte. Es stellte sich bald heraus, dass die gegen ihn vorgelegten Dokumente – wie bei den Geheimdiensten der seinerzeitigen Ostblockländer durchaus üblich – allesamt gefälscht waren.

Dies wiederum bot mir einen willkommenen Anlass, in der Sonntagsausgabe der »Kronen Zeitung« einen Bericht über die Methoden des KGB zu schreiben, wobei ich mich in erster Linie auf Informationen des österreichischen Historikers und Universitätsprofessors K., einem absoluten Fachmann auf diesem Gebiet, stützen konnte.

Dr. K. erzählte mir ausführlich, wie die Spitzeldienste des KGB aufgebaut waren, wie selbst jeder Spitzel bespitzelt und jeder vierte

Sowjetbürger irgendwann einmal für eine Agententätigkeit herangezogen wurde.

Als Gipfel der Unverfrorenheit bezeichnete der Professor dann die Art und Weise, wie die Fälscher des KGB Fotografien zu manipulieren pflegten. Wenn etwa ein in Ungnade gefallener Genosse einmal neben Stalin gestanden war, wurde er später durch Retuschen aus dem Bild eliminiert. Andere Personen wiederum wurden, wenn erwünscht, problemlos in ein Foto hineinkopiert – kurz: Die Fälscher schreckten vor nichts zurück und konnten jedes Bild so darstellen, wie es die jeweilige politische Situation erforderte.

So viel also zu den Methoden des KGB.

Ich hatte nach dem Interview Professor K. um ein Porträtfoto seiner Person gebeten, das ich im Rahmen des Artikels veröffentlichen wollte. Er sandte mir eines, mit dem er, wie er mich gleich wissen ließ, nicht ganz glücklich war, zumal sein ohnehin schon recht spärlich sprießendes Haupthaar dem Betrachter infolge eines bedauerlichen Lichteinfalls noch schütterer erschien, als es tatsächlich war. Also meinte der Professor: »Ich habe eine Bitte, könnte man mir in Ihrer Redaktion am Computer ein paar Haare dazu malen?«

Der Mann hatte also die Arbeitsweise des KGB nicht nur gründlich studiert, sondern auch seine Lehren daraus gezogen. Er hatte die Verhaltensmuster jener Leute, deren Methoden er aufdeckte, angenommen.

Am Sonntag war Professor K., seinem Wunsch entsprechend, »mit Haaren« in der Zeitung abgebildet.

Verlängern wir, einer Episode zuliebe, unseren Aufenthalt im einstigen Ostblock unseligen Angedenkens. Sie betrifft einen rumänischen Geschichtsprofessor, dem noch in den Schreckenszeiten des

Diktators Nicolae Ceausescu die seltene Erlaubnis erteilt wurde, einige westeuropäische Hochschulen zu besuchen. Von seinen Gastvorlesungen an der Pariser Sorbonne, in Oxford und an der Universität Wien nach Bukarest heimgekehrt, beklagte er: »Das kapitalistische System des Westens ist unerbittlich zum Tode verurteilt.«

Um dann im kleinen Kreis hinzuzufügen: »Und genauso möchte man sterben!«

Ja, wie möchte man sterben? Oder noch besser: Wie möchte man leben? Eine treffliche Antwort darauf fand der berühmte, aus Ungarn stammende Weltbürger und Börsenguru André Kostolany, als er von einem ORF-Reporter gefragt wurde, wo er denn – politisch – zu Hause sei.

Seine Antwort lautete: »Mit dem Kopf rechts, mit dem Herzen links und mit der Brieftasche in Amerika.«

◇

Im Mai 1992 wurde der am Beginn dieses Kapitels als österreichischer Botschafter in den Vereinigten Staaten von Amerika erwähnte Thomas Klestil zum österreichischen Bundespräsidenten gewählt. Sein langjähriger Pressesprecher Heinz Nußbaumer ging wenige Monate nach dessen Amtsantritt, für eine Nacht jedenfalls, durch die Hölle auf Erden. Die Erinnerung daran lässt ihn immer noch erschauern.

Man schrieb den 26. November 1992. Der in Österreich eben erst akkreditierte Geschäftsträger der Republik Kuba hatte sich zu einem Besuch bei Nußbaumer in der Hofburg angesagt. Da er von seinem Vorgänger erfahren hatte, dass der Sprecher des Bundespräsidenten leidenschaftlicher Zigarrenraucher ist, brachte Marcellino Medina zwei riesige Havannas der Marke »Monte Christo« mit, die man bei einem guten Gespräch gemeinsam zu genießen gedachte. Die für 15 Uhr angesetzte Visite war mit einer halben Stunde bemessen, da Nußbaumer danach mit dem Bundespräsidenten zum Flughafen fahren sollte – Klestil wurde am selben Abend zu einem Arbeitsbesuch in den Niederlanden erwartet.

Nußbaumer und der Gesandte nahmen im Büro des Pressechefs Platz. Man trank Kaffee und jeder zündete sich seine Zigarre an. Leider wurde das eben begonnene Gespräch nach wenigen Minuten durch einen Anruf unterbrochen. Am Apparat war Bundespräsident Klestil, dem gerade mitgeteilt worden war, dass die Maschine nach Den Haag infolge heftigen Gegenwinds über Norddeutschland um eine Stunde früher als vorgesehen starten müsste. Die pünktliche Ankunft war aus protokollarischen Gründen vonnöten, da die in solchen Fällen üblichen militärischen Ehren nur bei Tageslicht entgegengenommen werden können.

Nußbaumer blieb nichts anderes übrig, als die Unterredung mit dem kubanischen Diplomaten abrupt zu beenden.

Während der Pressechef nun hastig seine Reisetasche zusammenpackte, überlegte er, was mit der kurz angerauchten »Monte Christo No. 1« zu geschehen hätte. Nußbaumer brachte es nicht übers Herz, die wertvolle Zigarre einfach wegzuwerfen. Er dämpfte sie daher vorsichtig ab und verstaute das erlesene Stück – um zu vermeiden, dass es von der Bedienerin weggeworfen würde – in einer Schublade seines Schreibtischs. Nach der Rückkehr nach Wien, so dachte er, würde er sich die Zigarre in einem ruhigen Moment zu Gemüte führen.

Dann lief Nußbaumer zu seinem Auto, und schon ging's im Eiltempo und mit Polizeieskorte ab nach Schwechat. Während der

Fahrt über die Flughafenautobahn überkam den Sprecher des Präsidenten ein ungutes Gefühl, und er fragte sich, ob er seine Havanna auch wirklich abgedämpft hätte.

Schon war er daran, seine Sekretärin anzurufen, sie möge doch nachsehen, ob die Zigarre im Schreibtisch tatsächlich … aber nein, der Gedanke allein war ihm peinlich, und so unterblieb das Telefonat.

Zwei Stunden später, Ankunft in Den Haag. Der Bundespräsident wurde mit allen militärischen Ehren empfangen, und danach fuhr man in die königliche Residenz, in der Klestil und seine Begleiter untergebracht waren. Königin Beatrix geleitete die Mitglieder der österreichischen Delegation, als das Abendessen im kleinen Kreis beendet war, persönlich in ihre Zimmer. So auch Nußbaumer, der sich gegen Mitternacht dieses langen Tages endlich zur Ruhe begeben konnte.

Kaum lag er in seinem Bett, kehrte die schreckliche Ahnung zurück. Die Zigarre … hoffentlich ist nichts passiert!

Und wieder war er nahe dran, in der Hofburg anzurufen, diesmal den Nachtportier … der Wachdienst sollte beim nächsten Rundgang in seinem Zimmer nachsehen, ob alles in Ordnung wäre … aber nein, die Befürchtung wurde einmal mehr als absurd verworfen, und überhaupt, jetzt wäre es ohnehin schon zu spät …

Nußbaumer drehte das Licht ab und schlief ein.

Und wurde gegen fünf Uhr früh durch das schrille Läuten des Telefons jäh geweckt. Er nahm den Hörer ab und vernahm das sonore Organ des Wiener Bürgermeisters.

»Du musst den Bundespräsidenten wecken«, sagte Helmut Zilk. Und fügte in eindringlichem Tonfall an: »Die Hofburg brennt!«

In diesem Augenblick war dem Pressechef des Bundespräsidenten klar, dass eines der wesentlichen Kulturdenkmäler Europas vor der Vernichtung stand. Und zwar durch seine, Heinz Nußbaumers, alleinige Schuld!

Er saß auf seinem Bett im Gästezimmer der königlich-niederländischen Residenz in Den Haag und überlegte, was zu tun sei. Wenn die Wiener Hofburg schon durch eine entsetzliche Feuersbrunst vernichtet würde, dann wenigstens dermaßen, dass auch sein Zimmer mitsamt den verräterischen Spuren beseitigt würde.

Das Zimmer mit der »Monte Christo«-Zigarre!

Oder sollte er doch lieber ein Geständnis darüber ablegen, welchen Verbrechens er sich schuldig gemacht hätte?

Das waren die düsteren Gedanken, die Heinz Nußbaumer quälten, als gegen sechs Uhr ein neuerlicher Anruf aus Wien erfolgte. Der Adjutant des Bundespräsidenten teilte ihm mit, dass die Bilder und Möbel aus den Amtsräumen des Staatsoberhauptes in Sicherheit gebracht worden seien.

Für Nußbaumer ein neuerliches Indiz dafür, dass der Brand in seinem Büro ausgebrochen war, da man andernfalls den Leopoldinischen Trakt nicht evakuiert hätte.

Der völlig gebrochene Pressechef wankte zum nächsten Fernsehapparat, um sich auf CNN die Morgennachrichten anzusehen. Spitzenmeldung des Tages: Die Flammenhölle über der Wiener Hofburg, das Inferno in der österreichischen Metropole!

Nußbaumer hatte sich dazu entschlossen, den Bundespräsidenten nicht zu wecken. Thomas Klestil sollte, wie vorgesehen, um sieben Uhr aufstehen.

Noch blieben einige Minuten Zeit. Der Pressesprecher nützte sie, um die Austria Presse Agentur in Wien anzurufen und auf diese Weise Näheres über die Katastrophe in Erfahrung zu bringen.

»Weiß man schon, wo der Brandherd ist?«, fragte er den diensthabenden Redakteur.

»Man vermutet, dass das Feuer auf einem Dachboden über dem Redoutensaal ausgebrochen ist«, lautete die Auskunft.

»Nicht in der Präsidentschaftskanzlei?«

»Nein, die Präsidentschaftskanzlei ist von dem Feuer verschont geblieben!«

Acht Jahre waren seit der Schreckensnacht vergangen, als Heinz Nußbaumer mir bei einer Schale Kaffee – und einer Zigarre! – die wohl aufregendste Geschichte seines Lebens erzählte. »In diesem Moment«, sagte er, »am Morgen des 27. November 1992, zehn Minuten vor sieben Uhr, war mir klar geworden: Ich war's nicht!«

Kriminaltechnische Untersuchungen haben mittlerweile ergeben, dass die größte Feuerkatastrophe der österreichischen Nachkriegsgeschichte tatsächlich als Folge eines Kabelbrandes über den Redoutensälen ausgebrochen war.

Und doch: »Ein solches Erlebnis wird man nie wieder los«, sagte Heinz Nußbaumer und atmete erleichtert auf. Ja, er hatte noch Glück gehabt.

Die Tante Jolesch aber hinterließ uns – wie für so viele Fälle – auch für diesen Fall das richtige Zitat.

»Gott soll einem hüten vor allem«, meinte sie, »was noch ein Glück ist.«

»Das Stück hat ka Garderober g'schrieben«

Schauspieler und ihre Marotten

Das Problem des Schauspielers sei es, so sagt man in eingeweihten Kreisen, dass er zu Hause weiterspielt. Uns soll diese spezifische Angewohnheit der Theaterleute insofern recht sein, als sie uns eine Vielzahl von Anekdoten beschert. Von Helmut Qualtingers Manie zu Hause und anderswo »weiterspielen« zu müssen, war schon die Rede, hier soll noch ein mit seinem Freund Kurt Sowinetz ausgehecktes Beispiel dafür aufgezeigt werden.

Ich hatte einmal das Vergnügen, die beiden Urkomödianten bei einer ihrer gemeinsamen Aktionen zu erleben. Und zwar Schlittschuh laufend.

Das Außergewöhnliche an der Vorführung im Freundeskreis war, dass die beiden a) keine Schlittschuhe trugen, und dass ihnen b) weit und breit keine Eisfläche zur Verfügung stand – das Ganze ereignete sich vielmehr bei hochsommerlichen Temperaturen im Haus von Heinz Marecek in der Nähe von Hollabrunn.

»Quasi« und »Sowerl« spielten uns einen Eislaufplatz vor – sie drehten ein paar Runden um den Esstisch, liefen Schlingen und Pirouetten und tanzten sogar den Herzerlwalzer. Es war ein Kabinettstück auf staubtrockenem Boden, so hinreißend choreografiert, dass man fürchten musste, die zwei Komödianten könnten jeden Moment ins Schlittern geraten.

Sowinetz fand in seiner Freizeit auch handfestere Betätigungsfelder. Der begeisterte Bastler siedelte sich in der Nachbarschaft seines Freundes Fritz Muliar am Donauoderkanal an, wobei jede der beiden einander benachbarten Parzellen über einen eigenen Badesteg verfügte. Angeregt durch die Nähe des Wassers, begann sich Kurt mit dem Bau eines Modellbootes zu beschäftigen. Und so opferte er ein halbes Jahr lang jede Minute seiner freien Zeit, um ein kleines Schiff zu konstruieren, das mittels Fernsteuerung nicht nur vor, zurück, links und rechts fahren konnte – es war vielmehr auch in der Lage, durch einen elektronischen Impuls ein an Bord befindliches Tonband in Gang zu setzen.

Eines Sonntags, an dem der Nachbar Fritz Muliar friedlich vor seinem Häuschen in der Sonne lag, unternahm das Boot vom Sowinetz-Ufer aus seine Jungfernfahrt. Exakt vor dem Muliar-Steg schaltete sich das Magnetophon ein, aus dessen Lautsprecherbox nun die Worte tönten: »Achtung, Achtung, hier spricht der Kapitän! Fritz Muliar ist ein Arschloch, Ende!«

Danach drehte das Schiffchen um und kehrte zum Sowinetz'schen Ausgangshafen zurück. Kurt hatte ein halbes Jahr Arbeit daran gesetzt, um diesen Satz loszuwerden.

Die Karrieren von Sowinetz und Muliar verliefen in der traditionellen Weise Wienerischen Komödiantentums. Auf diverse Kellerbühnen und Kabaretts folgten Volkstheater, Josefstadt und »Burg«. Muliar definierte die beiden letzten Stationen des sehr österreichischen Schauspielerlebens so: »Die Josefstadt ist für einen Kasperl der Himmel auf Erden. Und das Burgtheater ist für einen Kasperl der pragmatisierte Himmel auf Erden.«

Wer heute die Garderoben des »pragmatisierten Himmels« durchstreift, wird vergeblich nach Anekdoten und witzigen Aussprüchen Ausschau halten, wie man ihnen bis vor nicht allzu langer Zeit auf Schritt und Tritt begegnete. Das liegt wohl daran, dass sich das moderne Regietheater so furchtbar ernst nimmt und die Originale dieser Bühne (wie so vieler anderer auch) beinahe schon ausgestorben sind. Karl Farkas würde heute kaum noch sagen: »Die Anekdote ist ein Witz, der im Burgtheater aufgetreten ist« – denn im Burgtheater treten keine Anekdoten mehr auf.

Halten wir uns also an die Zeiten, da dies der Fall war. Zeiten, die eine Type wie Hugo Gottschlich hervor brachten. Dieser spielte Anfang der sechziger Jahre (neben Heinz Rühmann) im Akademietheater in der Komödie »Mein Freund Harvey« eine kleinere Rolle. Eines Tages passierte ihm, was Schauspieler noch mehr fürchten als eine vernichtende Kritik: Er vergaß, dass er am Abend Vorstellung hatte! Und er war aus irgendeinem, nicht mehr zu eruierenden Grund auch telefonisch nicht erreichbar.

Da kein Ersatzschauspieler aufzutreiben war, wurde die Vorstellung abgesagt und das Publikum nach Hause geschickt. Den durch Rückerstattung der Eintrittspreise entstandenen Schaden in Höhe von mehreren hunderttausend Schilling musste Gottschlich aus seiner Privatschatulle begleichen.

Als nun der völlig niedergeschlagene Schauspieler am nächsten Tag das Büro des Burgtheaterdirektors Haeusserman betrat, wurde er von diesem freundschaftlich ermahnt: »Mein lieber Gottschlich, wenn Sie das nächste Mal im Zweifel sind, ob Sie spielen sollen oder nicht, dann rufen Sie uns doch bitte an!«

»Das ist es ja, Herr Direktor«, erwiderte Gottschlich, »ich bin nie im Zweifel. Ich weiß es ganz genau!«

Etwas glimpflicher kam der als Sparmeister verschriene Hans Moser in einer ähnlichen Situation davon. Auch ihm war eines Abends entfallen, dass er als Flickschuster Pfrim in Nestroys »Höllenangst« auftreten sollte. Als er gegen halb acht Uhr noch immer nicht im Theater in der Josefstadt eingetroffen war, begann man sich ernste Sorgen zu machen, was mit dem über achtzigjährigen Volksschauspieler geschehen war. Also rief der Abendregisseur in Mosers Villa in Hietzing an. Dieser nuschelte ins Telefon: »Jössas, i hab's vergessen, i kumm sofort«, warf den Hörer in die Gabel und machte sich auf den Weg.

Ein paar hundert Menschen warteten nun eine volle Stunde, ehe der Komödiant endlich, verschwitzt und abgehetzt, im Theater eintraf. »Herr Moser, wo waren Sie denn so lang?«, überfiel ihn der verzweifelte Regisseur.

Worauf Moser antwortete: »I kann nix dafür, dass es so lang dauert hat, aber die Straßenbahn is nicht und nicht daherkommen.«

Auf die Idee, wenigstens in dieser prekären Situation ein Taxi zu nehmen, wäre er nie gekommen.

Es gibt zahllose Anekdoten über Mosers Sparsamkeit, doch ich scheue mich, sie wiederzugeben, da sein möglicherweise wirklich krankhafter Geiz einen allzu ernsten Hintergrund hatte. Der geniale Menschendarsteller blieb lange unentdeckt und war in der ersten Hälfte seines Lebens zum Auftreten auf billigen Schmierenbühnen verdammt. Moser lebte damals in so ärmlichen Verhältnissen, dass er förmlich hungern musste, woraus seine spätere Existenzangst resultierte, die es im Alter nicht zuließ, das viele Geld, das er verdiente, genießen zu können.

An einer Episode aber, die mir Franz Antel erzählte, will ich doch nicht vorbei gehen, weist sie doch mehr auf Mosers Schlagfertigkeit als auf seine Sparsamkeit hin. Man hatte während der Premierenfeier eines Moser-Films beobachtet, wie der Hauptdarsteller schon zum dritten Mal das gratis zur Verfügung stehende Buffet stürmte. Seine Kollegin Marte Harell sprach ihn offen darauf an: »Sag, Hans, ist es dir nicht peinlich, dreimal Essen zu holen?«

Darauf Moser: »Überhaupt nicht! Ich sag den Leuten jedes Mal, ich hol's für die Frau Harell!«

Helmut Qualtinger berichtete mir von einem Erlebnis, das ein wenig von der Einzigartigkeit des großen Hans Moser verrät. Die beiden waren 1962 in Erich Neubergs Fernsehverfilmung der »Geschichten aus dem Wienerwald« gemeinsam vor der Kamera gestanden, Moser in der Rolle des Zauberkönigs, Qualtinger als Fleischhauer, der dessen Tochter – dargestellt von Johanna Matz – heiraten soll.

Fünfzehn Jahre später, Moser war bereits tot, wurde der Klassiker Ödön von Horváths neu verfilmt. Diesmal mit Qualtinger als Zauberkönig, der nun aufpassen musste, nicht zu sehr in Mosers Sprachmelodie zu verfallen, so sehr hatte er jedes Wort, jede Silbe von ihm im Ohr. Und wenn er hin und wieder doch zu sehr an Moser erinnerte, forderte ihn der Regisseur Maximilian Schell auf: »Ich bitt dich, moser nicht so!«

Hans Moser hatte, wenn auch erst sehr spät, so gut wie alles erreicht, was ein Schauspieler erreichen kann. Er war durch das Theater bekannt und durch den Film populär geworden. Im Alter aber träumte er davon, die allerhöchsten Weihen seines Berufes zu empfangen. Er träumte davon, auf den Brettern des Burgtheaters zu stehen. Einmal sollte sein Publikum nicht über ihn lachen – sondern über ihn weinen. Der Traum ging in Erfüllung, als Ernst Lothar den Volksschauspieler für die Darstellung des alten Violinspielers Weiring in Schnitzlers »Liebelei« an die »Burg« holte.

Im Rahmen einer Burgtheatertournee reiste Moser in dieser Rolle auch durch Holland. Gleichzeitig war Raoul Aslan, ebenfalls mit dem Burgtheater, als »Nathan der Weise« durch die Niederlande unterwegs. Bei dieser Gelegenheit musste Aslan, der als einer der bedeutendsten Schauspieler seiner Zeit galt und der »Burg« seit Jahrzehnten schon angehörte, vom gewaltigen Unterschied zwischen Film- und Theaterpopularität erfahren. Als Aslan bei der Ankunft am Bahnhof in Amsterdam von keinem einzigen Menschen erkannt oder gar angesprochen wurde, Moser jedoch sofort von einer großen Menschenmenge umringt war, da stieß der Mime verzweifelt aus:

»Iiiich bin das Burgtheater, niiicht der Herr Moser!«

Auch die Welttournee des Burgtheaters im Jahre 1967 gilt es zu erwähnen. Sie führte das Ensemble u. a. in die USA, nach Deutschland, Frankreich, Belgien und zu guter Letzt in das Großherzogtum Luxemburg. Fred Liewehr, der in Nestroys »Einen Jux will er sich machen« den Gemischtwarenhändler Zangler spielte, kam beim Premierenempfang mit Luxemburgs damaligem Ministerpräsidenten Grégoire ins Gespräch. Und da stellte der Schauspieler – der auch als Operettensänger große Erfolge feierte – die naheliegende Frage, ob denn in Luxemburg nicht hin und wieder Lehárs »Graf von Luxemburg« aufgeführt würde.

»Wissen Sie«, erwiderte der Regierungschef, »das ist so eine Sache. Wir lieben unsere Dynastie. Und da dieser ›Graf von Luxemburg‹ ein rechter Filou ist, läuft die Operette bei uns unter dem Titel ›Der Graf von *Laxen*burg‹.«

Derselbe Fred Liewehr erzählte mir einmal von einer skurrilen Situation, die ihn in jungen Jahren mit Englands nachmaligem König Edward VIII. zusammengeführt hatte. Der Monarch war Anfang der dreißiger Jahre – noch als britischer Thronfolger – samt seiner späteren Frau Wallis Simpson mehrmals in Wien zu Gast. Wien freilich stellte sich damals als triste Metropole dar, es gab fast keinen Fremdenverkehr, Abend- und Nachtlokale standen meist leer. Weil man dem hohen Paar aber »etwas bieten« wollte, engagierte ein rühriger Tourismusobmann mehrere junge Studenten des Reinhardtseminars, die dem Prinzen von Wales Wiener Nachtleben »vorspielen« sollten. Einer der Schüler war Fred Liewehr.

Man setzte die angehenden Schauspieler in das noble Restaurant Zu den drei Husaren, wo das Paar sein Abendessen einnahm. Jeder Student bekam ein Glas Wein, und sie »spielten Gäste«.

Soweit wäre auch alles gutgegangen – hätte nicht vor dem Lokal ein Autobus gewartet, der Liewehr & Co nach dem Diner zur nächsten Station des königlichen Gastes, einem Heurigenlokal in Grinzing, verfrachtete. Nachdem Wiens Künstlernachwuchs auch da in »Gastrollen« brillieren durfte, ging's weiter in eine Nachtbar. Die jungen Leute spielten abermals Gäste, doch diesmal war's des Guten zu viel: Der Prinz betrat die Bar, sah zum drittenmal dieselben Gesichter, schmunzelte, drehte sich um – und ging.

Die Künstler hatten ihre Rollen gut gespielt. Nur an der Inszenierung hat's gehapert.

Als Edward dann König von England und bald darauf infolge seiner Heirat mit eben jener Wallis Simpson nur noch Herzog von Windsor war, gehörte Liewehr bereits dem Ensemble des Burgtheaters an. Sein Repertoire reichte von den großen klassischen Rollen bis zum Petruchio im Musical »Kiss me Kate« an der Volksoper. Für

Ernst Haeusserman war er »unter den vielen Sternen des Burgtheaters die Sonne«.

Liewehr war, wie viele Große am Burgtheater, kein Wiener (er kam im mährischen Städtchen Neutitschein zur Welt). Die meisten »Nichtwiener« stammten aus Deutschland, unter ihnen so bedeutende Schauspieler wie Werner Krauß, Ewald Balser, Paul Hoffmann und Michael Heltau. Aber auch deutsche Regisseure und Direktoren trugen viel zum Ruhm des Hauses bei. Einer war Albert Heine, der sich einmal mit der Probe eines Schiller-Stücks so unzufrieden zeigte, dass er plötzlich ausrief: »Diese Deutschen soll alle der Teufel holen!« Noch ehe er den Satz beendet hatte, bemerkte er, dass der aus Sachsen stammende, überaus populäre Hofrat und Hofschauspieler Hugo Thimig neben ihm saß. Also fügte er schnell hinzu: »Sie, Herr Hofrat, sind natürlich längst schon ein Wiener!«

Die Pointe am Rande: Albert Heine stammte aus Braunschweig.

Heinz Moog – ein weiterer Deutscher, der zu den Säulen des Burgtheaters zählte – kam aus Frankfurt und blieb mehrere Jahrzehnte an der »Burg«. Er war gerade erst drei Monate am Haus, als dort die fünfzigjährige Zugehörigkeit der legendären Hedwig Bleibtreu gefeiert wurde. Tief gerührt von den Ovationen, die man der Bleibtreu entgegen brachte, meinte Moog: »Was ist hier in Wien ein Schauspieler! Wie wird er von seinem Publikum geliebt!«

Worauf ein Kollege zu ihm sagte:

»Nur noch 49 Jahre und neun Monate, und dann bist auch du soweit!«

Heinz Moog hat es – fast – geschafft.

Ab dem Ende der sechziger Jahre war es an Heinz Reincke, die Tradition der Deutschen am Burgtheater fortzusetzen. In einer Art

Werbeslogan für sich selbst stellte der als trinkfest bekannte Reincke einen Zusammenhang zwischen sich und dem großen Stahlkonzern in der heimlichen Hauptstadt des Ruhrgebiets her, als er meinte: »Was Krupp in Essen, ist Reincke in Trinken!«

In reiferen Jahren zum Wiener »Hauspreußen« avanciert, wurde bekannt, dass er in Grillparzers »Weh dem, der lügt« den Küchenjungen Leon mimen sollte. Reincke wurde nun gefragt, ob er für die Rolle nicht schon etwas zu alt sei.

Und er antwortete: »Ich spiele ihn mehr auf Küchenchef!«

Komplizierter als mit deutschen Schauspielern und Regisseuren sollte sich meist die Zusammenarbeit mit fremdsprachigen Künstlern erweisen, wusste Burgtheaterdirektor Gerhard Klingenberg zu berichten. Er hatte Starregisseure wie Jean Louis Barrault und Giorgio Strehler nach Wien geholt, wo man bald feststellen musste, dass diese sich mit ihren Schauspielern kaum verständigen konnten. Als man auch Peter Ustinov für eine Inszenierung gewinnen wollte, sah der sich zu der Aussage veranlasst: »Ich komme nicht in Frage. Ich bin zwar Ausländer, aber ich kann ja Deutsch!«

Die aus Wien nach Salzburg gereisten Theaterenthusiasten fühlten sich in der Festspielstadt oft wie zu Hause, zumal da wie dort oft dieselben Schauspieler zu bewundern waren. Zu ihnen zählte Attila Hörbiger, der Anfang der sechziger Jahre im Großen Festspielhaus als Goethes »Faust« auftrat. Als er erfuhr, dass »Faust II« als eine der nächsten Produktionen auf den Spielplan kommen, die Titelrolle aber nicht ihm, sondern Thomas Holtzmann übertragen werden sollte, war er außer sich vor Zorn. Hörbiger stürmte ins Büro von

Ernst Haeusserman, der grauen Eminenz auch in Salzburg, und machte seinem Ärger Luft: »Also, das ist der Gipfel«, brüllte er. »Da hab ich euch zwei Jahre den Faust g'spielt, und jetzt, für den Faust II, bin ich euch nicht gut genug! Da nehmt ihr einen anderen, ohne mich zu fragen! Bitte schön, macht's, was ihr wollt's, aber vergessen werd ich euch das nicht. Und du, Ernstl, nimm bitte zur Kenntnis, dass ich dich in Zukunft nicht mehr grüßen werde – und auch keinen Wert drauf lege, je wieder von dir gegrüßt zu werden.«

Ein letztes Mal noch sagte Hörbiger »Adieu!«, dann ließ er die Türe ins Schloss fallen und verließ wutschnaubend das Direktionszimmer.

Wochen vergingen, ehe Haeusserman und Hörbiger einander zufällig wieder über den Weg liefen. Schon wollte der Direktor die Straßenseite wechseln, um der Peinlichkeit des gegenseitigen Nichtgrüßens zu entgehen. Doch da trat Hörbiger auf ihn zu, nahm ihn unterm Arm und sagte: »Servus Ernstl, alter Freund, wie geht's dir, wie geht's der Susi ...?«

Haeusserman war sprachlos. »Was ist los? Du wolltest doch, dass wir uns nie wieder grüßen!«

»Aber Ernstl«, erwiderte der große Schauspieler mit einer wegwerfenden Handbewegung. »Das ist doch längst erledigt, vergiss das mit dem Faust II.«

»Ja, aber wieso denn?«

»Weil i des Stückl inzwischen g'lesen hab.«

Noch vor dem Krieg war Attila Hörbiger Salzburgs »Jedermann« und viele Zeitgenossen meinten, er sei *der* »Jedermann« gewesen. An ein Ende vom »Sterben des reichen Mannes« ist in der Festspielstadt auch heute nicht zu denken, und obwohl sich in der

Zweiten Republik ein halbes Dutzend Regisseure an dem Publikumsrenner versucht haben, ist man dem Konzept Max Reinhardts bislang im Wesentlichen treu geblieben. Einmal nur sollte die aus den frühen zwanziger Jahren stammende Ur-Inszenierung radikal aufgefrischt werden.

Und zwar ausgerechnet von Reinhardts Sohn Gottfried, der 1961 die Spielleitung innehatte. Der ein Leben lang im Schatten des Vaters stehende Regisseur war von den Festspielen für eine Neufassung des Hofmannsthal-Klassikers an den Domplatz geholt worden. Die neuen Gewänder des Titelhelden Walther Reyer und der »Buhlschaft« Ellen Schwiers sowie ein paar technische Tricks erregten zwar Aufsehen, hätten aber nach Meinung aller Mitwirkenden und vieler im Publikum eher unter eine Zirkuskuppel als ins Theaterrund gepasst. Auch Heinrich Schweiger als Teufel zählte zu den Leidtragenden der Inszenierung, wurde er doch mittels eines Trampolins auf die Bühne katapultiert und daselbst von einer riesigen Stichflamme empfangen, die seinen zum Kostüm gehörenden langen Schwanz zu versengen drohte.

Es ist gottlob nichts passiert. Schweiger aber fragte nach der Generalprobe einen Platzanweiser, der noch aus Max Reinhardts Zeiten übrig geblieben war, und alle »Jedermänner« seit damals gesehen hatte, was dieser von der Neuinszenierung hielt.

»Sehr interessant«, meinte der alte Billeteur, »sehr interessant.« Dann machte er eine kleine Pause und fügte hinzu:

»Nur der Dom stört!«

Die Aussage wurde Hans Weigel zugetragen, dem sie so gut gefiel, dass er die Worte als Titel über seine nächste »Jedermann«-Rezension setzte. »Etwas Besseres«, erklärte der Kritikerpapst, »wär mir auch nicht eingefallen.«

Es fiel ihm dann doch noch etwas Besseres ein, denn seine Kritik begann – eingedenk des von Bronner und Qualtinger im Kärntnertortheater interpretierten »Jedermann-Calypso« – mit den Worten: »Der ›Jedermann‹ ist bereits im Begriff, den Kabarettisten fad zu werden. Er wird bald auch den Kritikern fad werden.«

Damit sind wir an einem Punkt angelangt, bei dem wir uns eingestehen müssen, dass die österreichischen und hier im Besonderen die Wiener Bühnen vielen anderen im deutschen Sprachraum in ihrer Entwicklung nachhinken, was – je nach Sichtweise – nicht unbedingt als Nachteil empfunden wird. Niemand freilich hat dies so pointiert ausgedrückt wie der große Regisseur Oscar Fritz Schuh, und zwar in einem Gespräch, das er mit Friedrich Torberg führte.

Als der aus München stammende, oft in Wien und Salzburg inszenierende Schuh Ende der sechziger Jahre – als Nachfolger von Gustaf Gründgens übrigens – Intendant des Hamburger Schauspielhauses war, telefonierte er regelmäßig mit Torberg, um von diesem über die aktuellen Wiener Theaterproduktionen auf dem Laufenden gehalten zu werden. »Und«, setzte er bei einem solchen Ferngespräch zu der Frage an, »was gibt's Neues an den Wiener Bühnen?«

Worauf Torberg antwortete: »Sie beginnen jetzt progressiv zu werden.«

»Na, Gott sei Dank«, erwiderte Schuh, »dann hören s' bei uns in Deutschland wieder auf damit.«

◇

Zur Familie Reinhardt – um zu dieser zurückzukehren – gehörte im weiteren Sinne auch der Schauspieler Anton Edthofer, zumal er nach 1945 Max Reinhardts Witwe Helene Thimig geheiratet hatte.

Der gebürtige Wiener war viele Jahre der Grandseigneur des Theaters in der Josefstadt, wobei Hofmannsthals »Schwieriger« zu seinen Glanzrollen zählte. Privat galt Edthofer allerdings als das Gegenteil des eleganten Typs, den er so unnachahmlich zu verkörpern wusste, denn sein Wortwitz war von derber Ausdrucksweise geprägt.

Seine letzten Lebensjahre wollte Edthofer, der mehrere Filme gedreht hatte, fern vom Trubel eines arbeitsreichen Lebens verbringen und gemeinsam mit seiner Frau das schöne Haus mit Garten in Salmannsdorf genießen. Eines Tages jedoch kam just in dieses Refugium ein in seinem Auftreten sehr preußischer Produzent, der trotz akuter Filmkrise noch einmal ein Lustspiel mit allen großen Wiener Theaterstars drehen wollte. Die Anfrage bei Edthofer soll sich wie folgt abgespielt haben:

»Mensch, Edthofer, stell'n sich vor, wir plan' 'ne Riesenkiste aus dem ollen Wien und woll'n damit groß rauskomm'. Und Sie, Edthofer, sind natürlich mit dabei!«

»Na, Herr Produzent, i will nimmer mehr.«

»Edthofer, Sie *müssen!* Wissen Sie, wer mit von der Partie ist? Hans Jaray, Vilma Degischer, Hilde Krahl, Hans Holt … und wie sie alle heißen, da darf Edthofer nich' fehlen.«

»Gehen S', hören S' ma auf.«

»Es ist 'n wirklich toller Stoff. Edthofer, fast wie Schnitzler, 'ne Superstory und 'ne herrliche Rolle für Sie!«

»Des is ma wurscht, lassen S' mi in Ruah.«

»Edthofer, wir zahlen in D-Mark!«

»Danke, i brauch's net. I hab genug zum Leben.«

»Verstehe, Sie wollen 'ne konkrete Summe hören. Gut, ich sag sie Ihn': Edthofer, wir zahlen 20 000 Piepen.«

Anton Edthofer, der den Produzenten bisher keines Blickes gewürdigt und während des Gesprächs nur die Wipfel der Obstbäume seines Gartens betrachtet hatte, wandte sich jetzt seinem Gast zu und sagte lakonisch:

»Wissen S' was, mach ma an Kompromiss. Lecken S' mich in Arsch!«

Edthofer war berühmt dafür, mit den einfachsten Mitteln die stärkste Wirkung zu erzielen. Und wie so viele Schauspieler schreckte er auch davor nicht zurück, selbst dann »Kasperl« zu sein, wenn das Thema einer Blödelei kaum würdig schien. Als Helene Thimig eines Tages nach Hause kam, lag ihr Mann reglos und mit verzerrtem Gesicht auf dem Boden des gemeinsamen Hauses. Die Thimig brach schreiend über ihm zusammen: »Toni, um Gottes Willen, Toni, was ist los?«

Da richtete sich der »Tote« auf und sprach: »Generalprobe!«

Von der »Generalprobe« bis zur »Aufführung« dieses »Stücks« vergingen dann gottlob noch einige glückliche Jahre: Edthofer starb im Februar 1971, Helene Thimig dreieinhalb Jahre nach ihm.

Abgesehen von Anton Edthofer, der im Alter zurückgezogen leben wollte, gab es sonst kaum einen Schauspieler, der nicht bis zum sprichwörtlichen Umfallen aufgetreten wäre. Auch jener berühmte Bühnenkünstler, dessen Geschichte ich hier (ohne Nennung seines Namens) erzähle, blieb bis knapp vor seinem Tod überaus aktiv. Nicht nur auf der Bühne übrigens, hatte er doch mit achtzig Jahren noch eine ebenso junge wie hübsche Freundin, mit der er regelmäßig zusammentraf.

Eines Morgens verließ der trotz seines hohen Alters stattliche Mime die eheliche Wohnung, stoppte mit dem Auto vor der nächsten Telefonzelle und rief die Geliebte an: »Servus Liebling, ich hab meiner Alten g'sagt, dass ich Probe hab. Ich fahr jetzt los und komm zu dir.«

Leider hatte der alte Herr irrtümlich seine eigene Telefonnummer gewählt und die obigen Worte an seine Frau gerichtet.

So manche Anekdote aus dem Schauspielbereich verdanke ich meiner Freundschaft mit Paul Hörbiger, der mich Ende der siebziger Jahre – wie erwähnt – einlud, als »Ghostwriter« seiner Memoiren zu fungieren (und mir damit die Chance zu meinem ersten Buch gab). Er war ein begnadeter Erzähler von Theatergeschichten, deren Handlung bis weit in die Tage zurückreichte, als seine große Karriere in der böhmischen Provinz begann.

In Reichenberg etwa, seiner ersten Station nach dem Zusammenbruch der österreichisch-ungarischen Monarchie, gab es einen alten Garderobier namens Novak, der zu den unverwechselbaren Käuzen des kleinen Provinztheaters zählte. Da in Reichenberg jede Woche eine Premiere angesetzt war, musste das Ensemble von »Rigoletto« über die »Czárdásfürstin« bis zu »Wilhelm Tell« alles im Repertoire haben. Trotz des Improvisationstalents aller Beteiligten, herrschte vor jeder Vorstellung große Aufregung. So auch, als zum ersten Mal »Die Jungfrau von Orleans« aufgeführt wurde und alle Schauspieler in letzter Minute zum Garderobier Novak eilten: »Novak, ich brauche Ritterstiefel!«, brüllte der erste Held.

»Novak, ich brauche ein Schwert!«, der zweite.

»Novak, ich brauche einen Panzer!«

So ging's dahin, und der alte Novak rannte jedesmal in den Fundus, um sich nach der vielleicht dreißigsten Erledigung erschöpft in einen Sessel fallen zu lassen und die in Reichenberg bald klassisch gewordenen Worte zu sprechen:

»Also, des Stück hat ka Garderober g'schrieben!«

Es war in jenen Tagen üblich, dass jeder Hauptdarsteller seine eigene Claque hatte. Wann immer ein prominenter Schauspieler auftrat oder abging, ließ er sich von bezahlten, im Zuschauerraum platzierten »Mitarbeitern« heftig umjubeln. Der Schauspieler Alfred Huttig, den Paul in Prag, seiner zweiten Theaterstation, kennen gelernt hatte, zählte freilich nicht zu den Stars, die sich einen oder gar mehrere Claqueure leisten konnten. Deshalb fasste er den Entschluss, sein eigener Claqueur zu werden. Huttig rannte, während sich die Hauptdarsteller am Ende der Vorstellung eitel im Applaus sonnten, in eine Parterreloge und rief laut in Richtung Bühne: »Hoch Huttig, hoch Huttig!«

Dann kehrte er auf diese zurück, um sich huldvollst und mit tiefen Verbeugungen für die Zurufe zu bedanken.

Ende der zwanziger Jahre gelangte Hörbiger von Prag nach Berlin, wo gerade der Stumm- vom Tonfilm abgelöst wurde. Die Produzenten waren von dieser Entwicklung wenig begeistert, denn während man einen in Österreich oder Deutschland gedrehten Stummfilm problemlos auch nach Amerika, Frankreich oder Holland verkaufen konnte, war dies beim Tonfilm – Synchronisation gab's noch keine – nicht möglich.

Besonders tragisch traf die neue Erfindung jene Schauspieler, die für den Tonfilm aus sprechtechnischen Gründen ungeeignet waren. Etliche von ihnen wurden über Nacht arbeitslos, mancher endete durch Selbstmord.

Einer der Stars aus der Stummfilmzeit, die sich im Tonfilm unendlich schwer taten, hieß Anton Pointner. Paul Hörbiger erzählte mir, dass dieser Probleme mit der Aussprache bestimmter Vokale hatte. Pointner spielte in einem Napoleon-Film einen Feldherrn, der dem Korsen die Meldung erstatten sollte:

»Majestät, ganz Europa liegt zu Ihren Füßen!«

Die Kamera lief, Anton Pointner betrat die Szene, schwang seinen Säbel großmächtig durch die Luft, salutierte und schrie: »Majestät, ganz *Ei*ropa liegt ...«

Der Regisseur unterbrach ihn. »Herr Pointner, nicht *Ei*ropa – *Eu*ropa müssen Sie sagen. Noch einmal, bitte!«

»Majestät, ganz *Ei*ropa ...«

»Nicht aufregen, Kollege Pointner, ruhig bleiben, lassen Sie sich Zeit. Sie brauchen keine Angst zu haben. Sagen Sie nur *Eu*ropa, *Eu*ropa...«

Und so versuchte es der einstige Stummfilmstar noch einmal: »Majestät, ganz *Ei*-...«, um dann den rettenden Anker zu finden:

»Herr Regisseur, kann i net Asien sagen?«

Am Burgtheater, wohin Hörbiger während des Zweiten Weltkriegs – bereits als Filmstar – engagiert wurde, lernte er einen alten Schauspieler kennen, den man vor langer Zeit aus der böhmischen Provinz nach Wien geholt hatte. Als dieser für eine Gastrolle an seine einstige Wirkungsstätte in Teplitz-Schönau zurückkehrte, wurde er von seinen dortigen Kollegen gefragt, was er in Wien dazugelernt hätte. Die Antwortet des Mimen lautete:

»G'lernt hab i nix. – Arrogant bin i worden!«

Ein Großteil der Schauspieler wurde jetzt in die Geiselhaft des Dritten Reichs genommen. Und Paul Hörbiger spielte lange mit.

Sobald er jedoch das wahre Ausmaß der Schreckensherrschaft zu erkennen glaubte, zog er die Konsequenzen. Und schloss sich einer Widerstandsbewegung an, der übrigens auch Theo Lingen und der erwähnte Anton Edthofer angehörten.

Eine Zeit lang versuchten die Freunde Hans Moser anzuwerben, der jedoch – in ständiger Angst um seine jüdische Frau – nicht den Mut aufbrachte, sich der Gruppe anzuschließen. Einmal, so erzählte Hörbiger, kam Moser jedoch zu einem Antinazi-Treffen in die gegenüber der Wiener Staatsoper gelegene Wohnung des Kaffeehausbesitzers Richard Patsch. Es war ein besonderer Tag, zumal der Cafétier »im Schleich« Lebensmittel in einer für das Kriegsjahr 1943 unvorstellbaren Qualität und Menge besorgt hatte. Die Tische bogen sich förmlich, als die Regimegegner zum Abendessen schritten. Die Flügeltüren zum Speisezimmer wurden geöffnet, Moser trat ein, blieb einen Augenblick stehen, schaute sich die Leckerbissen an und sagte dann zu den Komplizen:

»Und so wollt's ihr den Krieg verlieren?«

Nachdem die Gestapo bei der Widerstandsbewegung einen von Paul Hörbiger unterschriebenen Scheck über 3000 Reichsmark gefunden hatte, wurde der Volksschauspieler ins Wiener Landesgericht eingeliefert und zum Tod verurteilt. Er überlebte nur dank der Befreiung Österreichs knapp vor dem Hinrichtungstermin.

Es waren nicht allzu viele, aber doch eine Reihe von Schauspielern, die den Mut hatten, dem Terrorregime entgegenzutreten. Zu ihnen zählte Hugo Thimig, der trotz seines hohen Alters – als Hitlers Truppen Österreich überfielen, war er bereits 84 Jahre alt – immer noch fast täglich mit der Straßenbahn ins Burgtheater fuhr.

In den ersten Tagen nach der Machtübernahme erhob sich in der Tramway ein junger Mann, um einem älteren Fahrgast seinen Platz anzubieten. Doch dieser lehnte schroff ab: »Wo ein Jude gesessen ist, setze ich mich nicht hin!«

Darauf stand der greise Hugo Thimig auf, berührte den Sitzplatz kurz mit seinem Gesäß und sagte:

»Mein Herr, Sie können jetzt ruhig Platz nehmen, der Sitz ist arisiert!«

Es gab in der großen Zeit des Wiener Films mehrere, die dazu berufen schienen, den Titel Volksschauspieler zu tragen. Zu ihnen zählten Fritz Imhoff, Richard Romanowsky und Oskar Sima – doch letztlich standen sie im Schatten der singulären Erscheinung Hans Mosers, der alle großen Komikerrollen auf sich zog. Von Sima hieß es, dass er den großen Nuschler nur in einem Punkt übertreffen würde, galt er doch als noch sparsamer als dieser. Jedenfalls schaffte er es auf diese Weise, mit den Einnahmen aus rund zweihundert Filmrollen einen Großteil der Ländereien in der niederösterreichischen Gemeinde Hohenau zurückzukaufen, die sein Vater im Ersten Weltkrieg durch den Erwerb von Kriegsanleihen verloren hatte. Eines Tages lud Sima seine Freunde Willi Forst und Hans Holt auf das wieder erworbene Gut ein und bewirtete sie, entgegen allen Erwartungen, überaus großzügig. Während die Kollegen es sich munden ließen, sagte der Gastgeber: »Euch mag i, ihr esst's meine eigenen Hendln, die Schnitzeln aus mein' Schweinestall und mein' selbst angebauten Wein. Bravo! Aber stellt's euch vor, neulich war der Pepi Meinrad bei mir – der hat a Mineralwasser verlangt. Das muss i kaufen!«

Bei Dreharbeiten am Semmering weigerte sich Sima, seine Rolle zu Ende zu spielen, sollte ihm nicht augenblicklich die noch offene Gage in Höhe von vierzigtausend Schilling ausbezahlt werden. Es war Samstag, und der Aufnahmeleiter musste nach Wien fahren, um die für damalige Verhältnisse hohe Summe aufzutreiben. Als er Sima das Geld auf den Tisch blätterte, entschuldigte er sich: »Leider habe ich's nur in 100-Schilling-Scheinen bekommen.«

»Das macht nichts«, erwiderte Sima. »Beim Geldzählen hab' i Finger wie der Yehudi Menuhin!«

Viele der Nachkriegsfilme, in denen Sima mitwirkte, entstanden unter der Regie Géza von Cziffras, dessen eigenwillige Verwendung der Artikel »der, die, das« schon an anderer Stelle dieses Buches gewürdigt wurde. Cziffra war bekannt dafür, jede Szene – um Zeit und damit Kosten zu sparen – nur ein- oder zweimal drehen zu wollen, danach sollte alles »im Kasten« sein.

»Oskar«, rief er einmal Sima in seinem österreichisch-ungarischen Sprachenkonglomerat zu, »für dän nächsten Szäne wir drähen vier, fünf Seiten in einen durch, damit schnällär geht, du bist ja sicher studiert.«

»Naja, also, eigentlich ...«, stotterte Sima, der am selben Morgen erst von den Dreharbeiten eines anderen Films angereist war, »eigentlich kann ich den Text noch nicht wirklich. Aber in einer halben Stunde klappt alles. Bitte mach ma a Pause, ich muss mich a bissl einüben.«

Sima unternahm einen Spaziergang und büffelte den Text. Zurück im Studio, teilte er dem ungeduldig wartenden Cziffra mit: »Géza, wir können drehen!«

Die Kamera lief, aber die Szene wollte nicht und nicht gelingen.

Sima blieb immer wieder »hängen« und brachte Cziffra zur Weißglut.

Beim zwölften Mal klappte es, die Szene war endlich fertig. Géza und Oskar fielen einander in die Arme und ergötzten sich an der gelungenen Aufnahme.

Die Freude freilich währte nur so lange, bis die Stimme des Toningenieurs durch den Lautsprecher ins Studio drang: »Entschuldigen Sie, meine Herren, dass ich die allgemeine Euphorie störe, aber der Schluss der Szene ist technisch unbrauchbar. Bei den letzten Worten von Herrn Sima ist ein Tiefflieger so nahe an uns vorbei geflogen, dass wir leider die Geräusche des Flugzeugs drauf haben.«

Sima war wütend und fluchte so laut ins Mikrophon, dass es auch der Toningenieur im Übertragungswagen hören konnte: »Der Tiefflieger kann mich kreuzweise am Arsch lecken.«

Da kam wieder die unaufgeregte Stimme des Toningenieurs: »Entschuldigen, Herr Sima, aber *so tief* ist er wieder nicht geflogen.«

Als Meister des Nachkriegs-Revuefilms – der wie kein anderer das Alltägliche zum Alltagsmärchen verwandelte – war es Géza von Cziffra auch, der die Zugkraft Peter Alexanders früh erkannt hatte. Freilich gerieten der Perfektionist Alexander und der Ruckzuck-Regisseur Cziffra schon in ihrem ersten gemeinsamen Film »Musikparade« einander in die Haare. Als Alexander von der Qualität einer dreimal gedrehten Szene noch immer nicht überzeugt war, wandte er sich an den Regisseur: »Herr von Cziffra, ich hätte einen Wunsch, wenn ich den äußern dürfte!«

»Bittä was, Härr Aläxandär?«, fragte Cziffra mit einem Blick in Richtung Studiouhr.

»Herr von Cziffra, könnt ma die Szene net noch amal drehen?«

»Wozu? Kännän Sie äs bessär?«

»Ich will's probieren, einmal noch, wenn's möglich ist.«

»Bittä schän, also auf Wunsch von Härr Aläxandär alles noch einmal. Licht ab, spielän Sie!«

Und ehe die Kamera lief, sagte er noch:

»Abär bittä, Härr Aläxandär, machen Sie äs nicht zu gut, sonst passt's nicht zu dem andärän, was Sie bis jetzt gedräht haben.«

Peter Alexanders Managergattin Hilde war von Anfang an – und mit großem Erfolg – darauf bedacht, den Marktwert ihres immer populärer werdenden Mannes auszubauen. Besonders wichtig war ihr, in seinen Filmen möglichst keine zweitklassigen Schauspieler mitspielen zu lassen, weshalb in den Verträgen stand: »Herr Alexander muss mit der Besetzung des Films einverstanden sein.«

Als »Peter der Große« dann tatsächlich bei einem Film von der Auswahl seiner Kollegen ganz und gar nicht angetan war, wandte er sich – auf den diesbezüglichen Vertragspunkt pochend – an Cziffra. Der aber zuckte nur die Achseln und meinte:

»Sie läsän das falsch. Hier steht: Härr Aläxandär *muss* mit Bäsätzung einvärstanden sein!«

Ich lernte Cziffra bei einer von unserem gemeinsamen Verleger Herbert Fleissner in Wien veranstalteten Präsentation zweier Bücher kennen: Der Altmeister des deutschen Films las aus seinen Berlin-Erinnerungen »Tango«, während ich eine von mir verfasste Hans-Moser-Biografie vorstellte. »Typisch Värlegär«, ätzte Cziffra, »mit einem Buffet zwei Autoren abzuspeisen.«

Dass er als großer Zyniker in Erinnerung bleibt, belegt schließlich eine weitere von Peter Alexander erzählte Geschichte: Cziffras Produktionsleiter war ein einarmiger Mann namens Mohr, mit dem er ständig im Streit, meist um finanzielle Angelegenheiten, lag. Schon am dritten Drehtag eines Films kam es zum Riesenkrach, in dessen Verlauf Cziffra den Produktionschef des Studios verwies: »Raus Mohr, ich will Sie bis Endä von Dräharbeitän nicht mähr sehän!«

Herr Mohr kam dieser Empfehlung nach und ließ sich lange Zeit nicht blicken. Erst als der Film fertig war, wagte sich der unsanft Hinauskomplimentierte wieder in die Nähe des Meisters.

»Herr von Cziffra«, sagte Mohr, »ich wollte mich von Ihnen verabschieden.«

»Also, Wiedersähn, Härr Mohr!«

»Herr von Cziffra, ich weiß nicht, wie ich's Ihnen sagen soll, aber es ist ein kleines Wunder passiert. Ich schleppe seit Jahren ein Magenleiden mit mir herum.«

»Na, und Härr Mohr?«

»Ich war diese Woche bei meinem Arzt und hab mich durchuntersuchen lassen, und stellen Sie sich vor: Ich bin vollkommen gesund! Der Magen ist in Ordnung, meine Schmerzen sind wie weggeblasen! Und das nach diesem Film, Herr von Cziffra, bei dem es so viel Streit gab!«

»Also, mein liebär Mohr, hören Sie zu«, erwiderte Cziffra. »Ich glaube, wenn Sie noch ein, zwei Filme mit mir drehän, wächst Ihnen där Arm auch noch nach!«

◇

Fritz Kortner könnte man als exaktes Gegenteil Géza von Cziffras bezeichnen, war er doch der Inbegriff des Perfektionisten. Nur in seinem Hang zum Zynismus ähnelte er dem gebürtigen Ungarn.

»Überall in der Welt wird schlecht Theater gespielt«, sagte Kortner in einer Runde von Burgschauspielern, »nur am Burgtheater ist man auch noch stolz darauf.«

Suspekt erschien ihm auch die allgemeine Verbrüderung an der »Burg«, zumal er bald erkannt hatte, wie verlogen der betont freundschaftliche Umgang innerhalb des Ensembles sein konnte: »Ich höre immer nur du, du, du. Das sind wohl alles Duzfeinde hier, was?«

Und selbst davor schreckte Kortner nicht zurück: »Das deutsche Theater ist total verjudet«, meinte (der Jude) Kortner einmal zur Verwunderung aller Umsitzenden.

»Wie bitte, Herr Kortner?«, fragte einer, der sich verhört zu haben glaubte.

»Ja, das deutsche Theater ist total verjudet«, wiederholte Kortner, um dann die Erklärung nachzuliefern: »Schon das Budget ist beschnitten.«

Im Umgang mit Bühnenarbeitern sowie Küchen- und Servierpersonal verhielt er sich nicht minder unfreundlich als bei seinen Schauspielerkollegen. Dies jedenfalls wird durch seinen Auftritt in einem Restaurant bestätigt, in dem er geordert haben soll: »Herr Ober, bringen Sie mir bitte als Vorspeise einen Teller orthografischer Fehler!«

»Haben wir nicht«, bedauerte der Kellner.

Worauf Kortner, laut mit den Fingern auf den Menüplan klopfend, feststellte:

»Die Karte ist doch voll davon!«

In Wien geboren und aufgewachsen, wurde Kortners große Ausdruckskraft als Charakterschauspieler von Reinhardt in Berlin entdeckt, wo er bis 1933 blieb. Danach kurze Zeit in Wien, ging er, da er hier keine Beschäftigung fand, nach New York und Hollywood.

Am Broadway wurde ein Stück von ihm aufgeführt, und MGM verfilmte mehrere seiner Drehbücher. Dennoch kehrte er nach dem Krieg zurück nach Europa, wo sich der einst gefeierte Bühnenheld ganz seiner Regietätigkeit hingab. Schauspieler und Bühnenpersonal litten unter seinem unnachgiebigen Drängen nach Perfektion.

So beschuldigte er, als einmal bei einer Theaterprobe ein Scheinwerfer falsch eingestellt war, pauschal sämtliche Mitarbeiter des technischen Stabs: »Sie benehmen sich wie die Hottentotten!«

Am nächsten Tag wurde Kortner vom Betriebsrat aufgefordert, sich bei den Bühnenarbeitern zu entschuldigen. Der Regisseur sammelte die Bühnentechniker um sich und sprach: »Ich habe gestern gesagt, Sie benehmen sich wie die Hottentotten. Ich möchte mich hiermit entschuldigen. – Und zwar bei den Hottentotten!«

Kortner selbst hat indirekt bestätigt, dass seine Probenarbeit mitunter allzu intensiv war. Als er in München Shakespeares »König Lear« inszenieren sollte, schlug ihm Hans Schweikart, der Intendant der Kammerspiele, vor, neben der Regie auch die Titelrolle zu übernehmen.

»Nein«, entgegnete Kortner, »für den Lear brauchen wir einen jüngeren Schauspieler.«

»Einen jüngeren?«, wunderte sich der Intendant. »Der Darsteller des Lear muss doch ein gewisses Alter haben.«

»Das schon«, gab ihm Kortner Recht. »Aber seien Sie unbesorgt, bis ich mit den Proben fertig bin, *wird* er das erforderliche Alter haben.«

Am Burgtheater feierte er Mitte der sechziger Jahre mit seiner »John Gabriel Borkman«-Inszenierung einen großen Erfolg, an dem Alma Seidler wesentlich beteiligt war. Im Mittelpunkt der nun folgenden

Geschichte steht jedoch nicht die Seidler, sondern ihr Mann, der am Burgtheater sein Leben lang als Kleindarsteller agierende Karl Eidlitz. Laut Heinrich Schweiger ist Eidlitz »nicht so sehr wegen seiner Rollen in die Geschichte des Burgtheaters eingegangen als wegen seiner Perücken! Er hatte drei davon, alle rötlich-blond. Eine mit längerem, eine mit kürzerem Haar und eine mit Schuppen, um nur ja echt zu wirken«.

Als Eidlitz nun während der Proben bei Fritz Kortner intervenierte, weil seine berühmte Gemahlin mit einem Detail der Inszenierung nicht einverstanden war, sah ihn der Regisseur vom (falschen) Scheitel bis zur Sohle an und rief verärgert aus:

»Eidlitz, nehmen Sie die Perücke herunter, wenn Sie mit mir sprechen!«

Trotz der vielen Probleme, die in der Zusammenarbeit mit Kortner auftraten, erinnerte sich Paula Wessely stets gerne an den großen Regisseur, der es wie kein anderer verstand, die Eigenheiten der Schauspieler in den Mittelpunkt seiner Inszenierungen zu stellen.

Beim Stichwort Wessely angelangt, lässt sich die Frage trefflich erörtern, ob Wien wirklich, wie oft behauptet, sowohl eine Theater- als auch eine Schauspielerstadt sei. Ich will versuchen, dies anhand einer kleinen Geschichte zu beantworten.

Sie bringt uns zunächst mit der in Salzburg lebenden Frau des Schauspielers Hugo Lindinger zusammen, die eines Tages am Wiener Westbahnhof ankam und hier die Straßenbahn bestieg, um mit dieser in die Innenstadt zu gelangen. Kaum hatte sich die Tramway in Bewegung gesetzt, fragte Frau Lindinger die Schaffnerin, bei welcher Station sie aussteigen müsse, um ins Akademietheater zu gelangen.

»Ins Akademietheater wollen Sie?«, erkundigte sich der weibliche Kondukteur.

»Ja«, antwortete der Fahrgast.

»Da wern S' ka Freud haben«, erklärte die Schaffnerin.

»Warum?«

»Weil die Wessely heut abg'sagt hat.«

Ja, Wien ist nicht nur eine Theater-, sondern auch eine Schauspielerstadt. Denn die Schaffnerin weiß schon am Nachmittag, wer abends spielen wird.

Viele Schauspieler des Theaters in der Josefstadt standen ihren Kollegen von Burg- und Akademietheater an Qualifikation wie an Originalität um nichts nach. Einer, der diese beiden Attribute kongenial in sich vereinte, war der 1978 verstorbene Leopold Rudolf, der in seiner Gestaltung vor allem der großen Schnitzler-Rollen und als hervorstechender Interpret des legendären »Josefstädter Stils« unvergessen bleibt.

Die enorme Anspannung, unter der ein Schauspieler während der Vorstellung leidet, kann ein Außenstehender kaum nachvollziehen. Es gibt nur ein Mittel, einen Theatermann wieder ins »normale Leben« zurückzuholen: Man muss alle heiligen Eide schwören, dass er der Beste sei, der je eine Bühne betreten hätte. Dann erst schwinden allmählich die Unsicherheiten, ob der soeben zu Ende gegangene Auftritt wirklich gelungen war.

Das wusste natürlich Leopold »Poldo« Rudolf aus eigener, jahrzehntelanger Erfahrung sehr genau.

Man probierte in der Josefstadt eine Komödie, in der er selbst nicht mitspielte. Also verbrachte Leopold Rudolf den Vormittag, an dem die Hauptprobe des Lustspiels stattfand, im Kaffeehaus Maria

Treu neben dem Theater. Nach der Probe kamen die Kollegen ins Lokal und setzten sich zu »Poldo«.

»Kinder«, begrüßte er seine Freunde, »Kinder, ihr wart heute wieder großartig, ganz einmalig, jeder Einzelne von euch ein Erlebnis!«

Er umarmte die Darsteller euphorisch, prostete ihnen zu und küsste sie. Bis schließlich einer der Mimen verwundert fragte: »Sag, Poldo, woher weißt du eigentlich, wie wir gespielt haben, du warst doch heut gar nicht im Theater?«

»Aber Kinder«, entgegnete Leopold Rudolf, »ich kenn euch doch alle!«

Sein halbes Berufsleben verbrachte Hans Holt in der Josefstadt, an die er – wie fast alle Schauspieler seiner Generation – aus der böhmischen Provinz engagiert worden war. Dort spielte er in jenen Tagen nach dem Untergang der österreichisch-ungarischen Monarchie, in denen die Menschen noch lange nicht fassen konnten, dass das jahrhundertealte Habsburgerreich wirklich und wahrhaftig nicht mehr existieren sollte. Die Theaterbesucher hatten, wie ihre Eltern, Groß- und Urgroßeltern schon, nichts anderes gekannt als den alten Kaiser, dem viele von ihnen immer noch nachtrauerten.

Nun ergab es sich, dass der junge Hans Holt 1932 im Stadttheater von Reichenberg in Fritz Kreislers Operette »Sissy« als Kaiser Franz Joseph auftrat. Kaum hatte er die Bühne betreten, wurde der Schauspieler mit stürmischen Ovationen begrüßt, womit er, wie er mir viel später einmal erzählte, den ersten Auftrittsapplaus seines Lebens erhielt. Mit stolz geschwellter Brust spielte und sang er nun seinen Part und ging danach hoch erhobenen Hauptes von der Bühne in Richtung Garderobe ab.

Wo ihn seine Kollegen gleich wieder auf den harten Boden der Realität brachten: »Glaub nur ja nicht«, warnten die alten Theaterhasen, »dass der Applaus dir gegolten hat. Der war für'n Kaiser!«

Als ein Fossil der Josefstadt galt auch Franz Stoß, der 44 Jahre lang Theaterdirektor und noch wesentlich länger Schauspieler war. Aus seinen Anfängen erzählte er mir einmal die Geschichte eines Herrn, der jahrzehntelang ein Leben als Statist fristete, ehe ihm eine bedeutsamere Aufgabe zugewiesen wurde: Endlich durfte er auf der Bühne ein paar Worte sprechen, genau genommen drei Worte, mit denen er als Kammerdiener die Ankunft eines adligen Gastes ankündigen sollte.

»Herr Marquis Dobinier!« lautete sein Text.

Doch die Aufregung war zu groß, der alte Mann verhedderte sich ständig, brachte vor allem das schwierigste der drei Wörter nicht über die Lippen. Der Regisseur versuchte während einer Probe zu helfen: »Sie sind doch Wiener? Merken Sie sich einfach: Do bin i eh.«

Der zum Schauspieler avancierte Statist nahm sich den Ratschlag zu Herzen. Sagte aber am Abend auf der Bühne: »Herr Marquis, i bin eh do!«

Ganz im Gegensatz zu dem textunsicheren Kammerdiener war Franz Stoß berühmt dafür, seine Rollen fast nicht lernen zu müssen – er las sich den Text ein paar Mal durch und konnte ihn, selbst im hohen Alter noch. Nur so war es möglich, dass er nach dem plötzlichen Tod Maxi Böhms innerhalb von drei Tagen in der Josefstadt die Monsterrolle des Striese im »Raub der Sabinerinnen« übernehmen konnte, obwohl er sie nie zuvor gespielt hatte.

»Wenn's einmal so weit kommt, dass i meine Rollen lernen muss«, sagte Stoß, »dann hör i auf.«

Es kam nie so weit.

Stoß schaffte den Drahtseilakt, die Josefstadt nach den wirtschaftlichen Erfordernissen eines Geschäftshauses zu führen – und dabei doch beachtenswerte künstlerische Erfolge zustande zu bringen. Als am Beginn der siebziger Jahre der damals noch ganz junge Schauspieler Heinz Marecek mit dem Wunsch, ein Stück zu inszenieren, zu ihm kam, fragte ihn der Direktor skeptisch: »Haben Sie überhaupt einen Stoff, den sie aufführen wollen?«

Marecek hatte keinen, begab sich aber sogleich auf die Suche – und legte nach einigen Wochen die Komödie »Boys in the Band« des amerikanischen Autors Mart Crowly vor, in der die Beziehungsprobleme mehrerer homosexueller Paare, die auf einer Geburtstagsparty zusammentreffen, geschildert werden.

Stoß – in seiner Lebensweise ähnlich konservativ wie die Hofräte, die er als Schauspieler so oft darstellte – las das Stück und war empört. »Eine solche Schweinerei kann man dem Publikum nicht zumuten«, sagte er. »Sowas wird auf einer Bühne, so lange ich deren Direktor bin, nicht aufgeführt.«

Womit Heinz Mareceks Traum, ein Stück zu inszenieren, ausgeträumt schien.

Ein halbes Jahr später jedoch bat Stoß den jungen Schauspieler zu sich und eröffnete ihm, dass er das Beziehungsdrama nun doch herausbringen wollte, und zwar im Theater im Konzerthaus, der hundert Zuschauer fassenden Dependancebühne der Josefstadt.

Verwundert fragte Marecek, wie der plötzliche Sinneswandel des Direktors zustande gekommen sei.

»Sie wissen doch«, antwortete Stoß, »dass ich in erster Linie

Kaufmann bin, und so hab ich mir das ausgerechnet. Schauen Sie, Wien hat 1,6 Millionen Einwohner, davon sind 800 000 Männer. Und von diesen wiederum sind – vorsichtig geschätzt – sieben Prozent schwul. Macht 56 000 Leute. Ja, Herr Marecek, wenn jetzt nur jeder Zehnte von denen hineingeht, sind wir 56-mal ausverkauft.«

Nachzutragen wäre noch, dass die Rechnung aufging. »Boys in the Band« lief – unter dem Titel »Die Gratulanten« – in Mareceks Inszenierung und Übersetzung monatelang vor ausverkauftem Haus.

◇

Skurrile Figuren wie den erwähnten Emanuel Striese – Theaterdirektoren also, die sich um alles, vom Bühnenbild über die Kostüme bis zur Verpflegung des Personals, persönlich kümmerten –, solche Figuren hat es bis in die fünfziger, sechziger Jahre hinein an vielen kleineren Bühnen wirklich gegeben. Deren profiliertester Vertreter hieß Hans Knappl, seines Zeichens Direktor des Stadttheaters St. Pölten.

Am ehesten ist Hans Knappl mit einem von ihm selbst stammenden Zitat zu charakterisieren:

»Kinder«, sagte er einmal zu seiner versammelten Bühnenmannschaft, »im Herbst müss ma wieder irgend an Klassiker spielen!«

»Wie wär's mit ›Romeo und Julia‹?«, schlug der Inspizient vor.

»Leider«, bedauerte Knappl, »für zwa Leut hab ich ka Geld!«

In der Tat bestand die wahre Kunst dieses und anderer in der Provinz tätiger Theaterleiter weniger darin, dem jeweiligen Stück zu genialer Inszenierung und Interpretation zu verhelfen, als darin, es überhaupt zur Aufführung zu bringen. Die Budgets der Stadt- und Landesbühnen waren so knapp bemessen, dass es einem Wunder gleich kam, geeignete Schauspieler, Sänger und Musiker verpflichten zu können. Also musste Knappl zu manch trickreicher List greifen.

Einmal, erinnert sich der Schauspieler Rudolf Pfister, lud der Prinzipal einen Eleven zum Vorsprechen ein. Da der junge Mann gut aussah, sich einigermaßen bewegen konnte und über ein im ganzen Theater vernehmbares Organ verfügte, konnte sich der erfahrene Direktor ausrechnen, dass er ihn mit den zur Verfügung stehenden finanziellen Mitteln nicht an sein Haus werde binden können.

»Junger Freund«, sagte er zu dem Eleven und blickte ihm tief in die Augen, »viel zahlen kann i net! Aber das Leben in St. Pölten kost nicht viel. Geh hinüber ins Gasthaus Zum Stern und bestell dir a Schnitzel, da wirst sehen, wie gut und vor allem wie billig ma hier leben kann.«

Der Schauspieler tat wie geheißen, ließ es sich munden und bezahlte für sein Schnitzel nur 15 Schilling.

»Na, was sagst?«, fragte der Direktor nach der Rückkehr des Mimen. »A Schnitzel um 15 Schilling! Sicher, in Linz kriegst mehr Gage, aber dort kost a Schnitzel 30 Schilling! So billig, junger Freund, lebst nur in St. Pölten! Wenn ich auch nicht viel zahlen kann: Hier bleibt dir mehr als anderswo!«

Der junge Mann ließ sich von dieser durchaus schlüssigen Berechnung überzeugen und unterschrieb den von Knappl unterbreiteten Jahresvertrag.

Mit dem ersten Vorschuss, den er dann an der Theaterkasse erhielt, kehrte der Schauspieler gleich wieder im Gasthaus Zum Stern ein. Bezahlte aber für sein Schnitzel plötzlich doppelt so viel, nämlich 30 Schilling.

Knappl hatte mit dem Wirten ein Abkommen getroffen, demzufolge er bei künftigen Mitgliedern seines Theaters die Hälfte der Erstkonsumation übernahm.

Wie sagt der alte Striese im »Raub der Sabinerinnen« so schön? »Meine Frau kocht für das ganze Ensemble! Und die Magenbeschwerden kuriert unser Beleuchter, der früher Apotheker war!«

Auch in anderen Fragen war Knappl dem Original-Striese durchaus ebenbürtig. So bemühte sich der St. Pöltner Theaterdirektor persönlich um die Akquisition neuer Abonnenten und schwang sich zu diesem Behufe auf sein Motorrad, um in der näheren und weiteren Umgebung der Stadt neue Kundschaft ausfindig zu machen. Wobei im Beiwagen der Maschine immer seine ihm in jeder Beziehung nahestehende Sekretärin Elfi saß, die ihm die jeweilige Verkehrssituation erläuterte, da er dermaßen kurzsichtig war, dass er sich allein kaum hätte zurechtfinden können.

Wir wissen nicht, mit welchen Worten er angehenden Abonnenten gegenüber die Vorteile regelmäßigen Theaterbesuchs anzupreisen pflegte, wir wissen nur, was er den weiblichen Chor- und Ballettmitgliedern eintrichterte:

»Oiso! I schick euch ja net direkt auf'n Strich, aber nett sein müaßt's schon zu die Abonnenten!«

Knappl war auch, wie sich's für ein Theatervollblut gehört, abergläubisch. Da ein Streit bei der Generalprobe, einem ungeschriebenen Bühnengesetz zufolge, unweigerlich eine erfolgreiche Premiere nach sich zieht, konnte man sicher sein, dass er, selbst wenn die bisherige Probenarbeit in großer Harmonie verlaufen war – im letzten Moment noch aus heiterem Himmel einen Riesenkrach vom Zaun brach.

Natürlich spuckte Knappl sämtlichen Kollegen, ehe sie die Bühne betraten, mit einem herzhaften »Toi, toi, toi!« dreimal über die

Schulter. Vor einer »Hamlet«-Premiere rief er den Darstellern des Hofstaates darüber hinaus noch zu:

»So Kinder, und jetzt seid dänisch, dänisch, dänisch!«

Einen wie Knappl – darin sind sich alle einig, die ihn gekannt haben – wird es am Theater nie wieder geben. Wobei ihn die alten Theaterleute in ihrer Erinnerung nicht nur belächeln, sondern mit Hochachtung daran denken, wie er Unmögliches möglich machte. Die »Strieses« waren es schließlich, die viele Schauspieler in der Provinz schulten und formten, ehe diese in Wien, Berlin und anderswo groß wurden.

Mit seiner wichtigsten Entdeckung hat Knappl immerhin Theatergeschichte geschrieben. War er es doch, der dem jungen Peter Minich zu seinem ersten Engagement verhalf. Knappl hatte ihn 1950 als Darsteller klassischer Rollen an sein Theater geholt – nicht etwa, weil er das überragende Talent des späteren Operettentenors und Publikumslieblings erkannt hätte, sondern, weil er messerscharf kombiniert hatte, dass die Zahl der Abonnenten sprunghaft steigen würde, wenn er den Sohn eines örtlichen Gasthausbesitzers für das St. Pöltner Theater verpflichtete.

Eine ganz andere Schulung hatte der später als Serienstar des Fernsehens populär gewordene Fritz Eckhardt durchgemacht. Er war just in jenen Tagen für eine kleine Rolle ans Wiener Volkstheater geholt worden, als alle Welt wie gebannt auf die Leistungen der deutschen Luftpioniere Hermann Köhl und Ehrenfreund Günther Freiherr von Hünefeld blickte. Versuchten sie doch ein Jahr nach Charles Lindbergh den Atlantischen Ozean auf der noch schwierigeren Ost-West-Route zu überfliegen.

Als das Stück mit Eckhardt in einer Nebenrolle am Abend des

11. April 1928 in die Pause ging, eilte der aufgeregte Volkstheaterdirektor Rudolf Beer in die Künstlergarderoben und schrie: »Meine Herrschaften, die Sensation ist eingetreten, Köhl und Hünefeld sind in Amerika gelandet! Das muss man dem Publikum mitteilen!«

Und er erwählte den jungen, völlig unerfahrenen Schauspieler Fritz Eckhardt, diesen Auftrag auszuführen: »Du trittst vor Beginn des zweiten Akts vor den Vorhang und teilst dem Publikum mit, dass Köhl und Hünefeld in Amerika gelandet sind.«

»Aber Herr Direktor, das kann ich nicht, ich bin Schauspieler und brauche einen Text«, protestierte Eckhardt.

»Was heißt, das kannst du nicht. Also gut, da hast du deinen Text. Du gehst einfach vor den Vorhang und sagst: Im Auftrag der Direktion des Deutschen Volkstheaters teile ich Ihnen mit, dass Köhl und Hünefeld in Amerika gelandet sind.«

Eckhardt trat vor den Vorhang, holte tief Luft und sagte: »Meine Damen und Herren, ich teile Ihnen mit, dass Köhl und Hünefeld im Auftrag der Direktion des Deutschen Volkstheaters in Amerika gelandet sind.«

◇

Der Hörfunk spielte einst eine zentrale Rolle im Leben der Menschen. Sowohl im Leben des Publikums, das in den Pioniertagen des Rundfunks zu Hunderttausenden am meist selbst gebastelten Detektorgerät und später dann am Radioapparat »hing«, als auch im Leben vieler Sänger und Schauspieler, denen die zahlreich produzierten Hörspiele und Radiokonzerte in schweren Zeiten ein willkommenes Zubrot boten. Dennoch wurde das »Mikrofonsprechen« von den Stars der Zwischenkriegszeit – ähnlich wie in den

Kindertagen des Films – anfangs als eher peinlich empfunden. Der Durchbruch kam, als die Künstler die Reklamewirkung des Radios erkannten: Während die ersten 24 Vorstellungen der Operette »Der gütige Antonius« in der fast leeren Wiener Volksoper liefen, war das Haus nach der 25. Aufführung – die von der RAVAG (der Radio-Verkehrs AG) übertragen wurde – ausverkauft.

Leo Slezak, der sich früh mit dem vorerst »Telefoniehören« und »Drahtrundspruch« genannten Medium anfreundete, kommentierte seinen ersten Radioauftritt so:

»Der Gedanke, dass man mich in Scheibbs und Palermo zu gleicher Zeit hört, macht mich erbeben. Mein Trost ist, dass, falls es schiefgehen sollte, mir niemand etwas an den Kopf werfen kann.«

Die große Zeit des Hörfunks währte bis in die fünfziger und frühen sechziger Jahre, wobei die Rundfunkteilnehmer das Dargebotene mit wesentlich größerer Naivität zu verfolgen schienen als dies später dann bei den Fernsehkonsumenten der Fall war. So wurde die Handlung der wöchentlich ausgestrahlten »Radiofamilie« – in deren Mittelpunkt ein Oberlandesgerichtsrat namens Floriani stand – dermaßen ernst genommen, dass sogar Richter anriefen, um sich von diesem im Urlaub vertreten zu lassen. Während der Schauspieler Hans Thimig, der die Rolle des Dr. Floriani vom Blatt las, diesen Wunsch verständlicherweise nicht erfüllen konnte, nahm die Redaktion der »Radiofamilie« eine andere, nicht minder absurd erscheinende Anregung auf: Ein Ehepaar hatte geschrieben, dass es nicht den Mut fände, an seinem Sohn die längst fällige Sexualaufklärung vorzunehmen. »Er ist genauso alt wie der Sohn der Florianis«, stand in dem Brief, »könnten Sie nicht Ihren Wolferl in der nächsten Sendung aufklären, davon würde dann auch unser Bub profitieren.«

Tatsächlich hat's der junge Mann dann auf diese Weise erfahren.

Einer, der die Ära der dramatisierten Funkerzählung hautnah miterlebte, ist Otto Schenk, der – noch als Schauspielschüler am Reinhardtseminar – in einem Hörspiel neben den Bühnengiganten Alma Seidler, Werner Krauß, Raoul Aslan und Ewald Balser spielen durfte. Viel mehr als die paar Worte seines Textes aufzusagen, war Schenk daran interessiert, die Heroen bei der Interpretation ihrer Rollen zu beobachten. Als es sich ergab, dass Ewald Balser bei der zweiten Aufnahme ein Satz nicht ganz so gelang wie bei der ersten, rutschte dem blutjungen Schenk ein etwas zu lautes »Nein!« heraus.

Im Studio herrschte Grabesstille. All die Verehrten drehten sich nach dem kecken Schauspielschüler um, der jetzt in der Erde zu versinken drohte. Und Regisseur Heinz Schulbaur fragte süffisant:

»Wie meinen Sie das, Herr Schenk?«

Der Schauspielschüler stand auf und stotterte: »Gestern war Herr Balser äh … anders.«

»Wie?«, fragte der Regisseur.

»Hm, … anders.«

Balser sprach den Satz noch einmal, etwas gereizt zwar – aber so wie beim ersten Mal.

»Ja«, hauchte Schenk verlegen. »Genau so!«

Das Schlimmste kam in den nun folgenden Aufnahmetagen auf den Eleven zu, denn nach jedem Vorschlag, den Schulbaur den großen Schauspielern machte, fügte er an:

»Wenn der Herr Schenk es gestattet!«

Die kleine Geschichte sollte insofern weitreichende Folgen haben, als Schenk – wie er heute noch erklärt –, »als dreinredender Schauspieler zum Regieführen« gekommen sei.

Viele Jahre später wurde Schenk von einem Produzenten, der mit ihm einen Film drehen wollte, zu einem Mittagessen eingeladen. Im Zuge einer Meinungsverschiedenheit ließ der Produzent die Worte »Schauen Sie, Herr Schenk, wir von der österreichischen Filmindustrie ...« fallen.

Dies wiederholte sich im Laufe des Gesprächs mehrfach. Bei der geringsten Differenz berief sich der Produzent auf sein »Wir von der österreichischen Filmindustrie ...«. Schenk überhörte den Satz einige Male geflissentlich, bis ihm endlich der Kragen platzte: »Hören Sie doch endlich auf mit Ihrem blöden ›Wir von der österreichischen Filmindustrie!‹ Haben Sie schon einmal gehört, dass einer sagt: Wir von der ›Titanic‹?«

Wie kein anderer beherrscht Otto Schenk die Meisterschaft, sich selbst zu widersprechen. Philosophiert er etwa über suchtartige Verhaltensweisen des Schauspielers, dann formuliert er dies so: »Wie der Raucher eine nach der anderen raucht, so theatere ich ketten«, obwohl er – wie er im selben Atemzug behauptet – nie gerne beim Theater gewesen sei: »Ich mag nicht einmal besonders den Geruch des Theaters.«

Viel lieber wäre er Schriftsteller geworden: »Ich bin eigentlich ein Schriftsteller, der nie geschrieben hat.«

Als Höhepunkt seiner inneren Gegensätzlichkeit seien hier zwei Antworten zitiert, die er im Rahmen der Prominentenumfrage einer Zeitung gab:

»Ihre größte Schwäche?«
»Das Gedächtnis.«
»Ihre größte Stärke?«
»Das Gedächtnis.«

Nicht ganz so gerne hat er es, wenn ihm ein anderer widerspricht. Das bekam Tobias Moretti zu spüren, als sich die beiden eines gemeinsam gedrehten Films erinnerten.

Schenk: »Du bist damals mit einem Hund zu den Dreharbeiten gekommen.«

Moretti: »Nein, das war kein Hund.«

Schenk: »Aber natürlich, ich weiß es noch genau, ein Hund.«

Moretti: »Nein, das war eine Katze.«

Schenk: »Entschuldige, bin ich der Grzimek*, dass ich an Hund von einer Katze unterscheiden können muss?«

Die letzte Geschichte dieses Kapitels führt uns in die internationale Welt des Schauspiels – wenn auch mit sehr österreichischer Prägung. Die Karriere der Elisabeth Bergner hatte in ihrer Heimatstadt Wien begonnen und fand dann in Zürich, Berlin, London und Hollywood eine fulminante Fortsetzung. Die Bergner erlangte durch ihre Filmerfolge und durch die Darstellung großer Shakespeare-Rollen Weltruhm. Einer der Gründe ihrer magischen Anziehungskraft war ihre verblüffende Sprechweise, mit der sie das

* Professor Bernhard Grzimek, deutscher Zoologe, 1909–1987

Betonen und Weglassen bestimmter Selbst- und Mitlaute zur Kunstform erhob.

So sagte sie »wrum« statt »warum« – und tat dabei so, als wüsste sie es gar nicht. Ihre Kollegen lachten Tränen, wenn Elisabeth Bergner unschuldig fragte: »Wrum sagen alle immer, dass ich wrum sage statt wrum?«

Der Ursprung ihrer eigenwilligen Diktion, die so viele Menschen faszinierte, galt jahrzehntelang als großes Geheimnis. Es war »das Geheimnis der Akademie«.

Das ich hiermit lüften möchte.

Dies ist nur möglich, weil Louise Martini in den siebziger Jahren in München die Rolle der Frau Muskat in Molnárs »Liliom« spielte und sich am dortigen Residenztheater die Garderobe mit Adrienne Gessner teilte. Der Umkleideraum wurde eines Abends von dem damals achtzigjährigen Schauspieler Erwin Faber betreten. Er unterhielt sich mit der gleichaltrigen Gessner und sagte dann:

»Adrienne, wir sind jetzt die beiden Letzten, die das Geheimnis der Akademie noch kennen.«

Die Worte ließen Louise Martini aufhorchen. »Was, bitte sehr«, fragte sie die Gessner, als Faber gegangen war, »was ist das Geheimnis der Akademie?«

Die alte Schauspielerin lächelte und vertraute ihrer Kollegin die folgende Geschichte an: Sie und Erwin Faber hatten in den letzten Jahren der Monarchie die Schauspielklasse der Akademie für Musik und darstellende Kunst in Wien besucht. Es war ein guter Jahrgang, zählten doch Maria Eis, Fritz Kortner und Alma Seidler zu den Absolventen dieser Klasse.

Und Elisabeth Bergner eben.

Letzterer sollte die größte Karriere unter den weiblichen Studenten der Akademie gelingen – obwohl dort eine ganz andere als hoffnungsvollstes Talent galt. Ihr Name war Grete Jacobsen.

Eines Tages wurde Fräulein Jacobsen krank. Elisabeth Bergner besuchte sie regelmäßig im Spital und fragte immer wieder, wie sie diese und jene Rolle anlegen würde. Grete zeigte es ihr und spielte der Freundin am Krankenbett jede einzelne Szene detailliert vor.

Grete Jacobsen erholte sich von ihrer Krankheit und ging nach einiger Zeit in eine Vorstellung der Neuen Wiener Bühne in der Wasagasse, wohin die junge Bergner mittlerweile engagiert worden war. Und Grete Jacobsen glaubte ihren Augen und Ohren nicht zu trauen.

Denn Elisabeth Bergner spielte die Rolle nicht, wie Elisabeth Bergner sie gespielt hätte – sondern wie Grete Jacobsen der Bergner vorgespielt hatte, dass sie sie spielen würde.

Und dies änderte sich, so Adrienne Gessner, nie mehr. Die Bergner blieb ihr Leben lang immer die Jacobsen – und wurde weltberühmt.

Von einem Fräulein Jacobsen hingegen hat man nie wieder gehört.

Das also war »das Geheimnis der Akademie« – das hiermit keines mehr ist. Diese Zeilen sollen den Ruhm der großen Elisabeth Bergner in keiner Weise schmälern. Sie sollen aber den Anteil, den Grete Jacobsen daran hatte, festhalten.

Mein in einem früheren Kapitel erwähnter Onkel Francis Lederer – der mit der Bergner in der Regie Max Reinhardts »Romeo und Julia« spielte – erzählte mir, dass er damals bemerkt hatte, wie ehrgeizig seine Bühnenpartnerin gewesen sei. Evident ist auch der gnadenlose Umgang mit ihren verstoßenen Liebhabern. Elisabeth

Bergner tanzte auf den Herzen der Männer herum, ließ keinen Flirt aus, schien selbst aber gegen jede Form von Liebeskummer immun zu sein. »Der einzige Mann, der mir je Schmerzen zugefügt hat«, sagte sie, »war mein Zahnarzt.«

Schließlich heiratete sie den Regisseur Paul Czinner, dessen Filme »Fräulein Else« und »Ariane« ihr den internationalen Durchbruch brachten. Als Czinner von der europaweiten Verehrung seiner Frau in der Zeitung las, seufzte er: »Kunststück! Europa lebt ja auch nicht mit ihr zusammen.«

»Wenn ich die Einzi zur Witwe hätt«

Musikalische Zwischentöne

Dass Wien eine Theater- *und* eine Schauspielerstadt ist, konnte anhand einer Schaffnerin belegt werden, die schon am Nachmittag wusste, dass die Wessely am Abend nicht auftreten wird. Aber auch die Musik spielt an der so oft besungenen blauen Donau eine ganz andere Rolle als anderswo. Dem Grund dafür kam Gerhard Bronner – vor Jahrzehnten schon – ein wenig näher, als ihm ein Schweizer die Frage stellte: »Warum soll gerade Wien eine musische Stadt sein – Zürich hingegen nicht?«

Bronner wollte das anhand eines Beispiels erklären: »Schaun Sie, vor einiger Zeit musste in Wien ein Konzert abgesagt werden, weil Furtwängler einen Schwächeanfall erlitten hatte, worüber natürlich alle Zeitungen berichteten. Als ich am nächsten Tag einen Freund besuchte, öffnete mir die Hausmeisterin die Lifttüre und fragte mich: ›Na, Herr Bronner, was sagen S' zum Furtwängler?‹«

»Sehen Sie«, fuhr Bronner fort, »da hatte ich das Gefühl, so etwas nur in Wien erleben zu können. Und deshalb denke ich, dass Wien eine musische Stadt ist. In Zürich könnte mir das vermutlich nicht passieren. Verstehen Sie?«

»Ja, ich verstehe«, meinte der Eidgenosse. »Aber bitte sehr, wer ist Furtwängler?«

Womit der Mann die Frage selbst beantwortet hatte.

Als hätte es weiterer Beweise bedurft, hinterließ uns Fritz Eckhardt die Geschichte eines preußischen Theaterleiters namens Falkhausen, bei dem er in jungen Jahren zwecks Aufführung des »Walzertraums« von Oscar Straus engagiert war. Wie sich bei den ersten Proben erweisen sollte, litt die Inszenierung unter schwersten Defiziten Wienerischen Charmes, dessen die Operette so dringend benötigt, und man war auch musikalisch weit davon entfernt, die Leichtigkeit des Dreivierteltakts wiederzugeben. Als dies sogar vom regieführenden Direktor Falkhausen erkannt wurde, stellte der sich während einer Probe an die Bühnenrampe, um seinen Sängern und Orchestermusikern zuzurufen: »Herrschaften! Det is Käse! Det soll'n Wiener Walzer sein? Wo bleibt der Scharm. Wo bleibt der Schwung, Mensch? Wiener Walzer! Also bitte noch mal: Eins zwei, eins zwei, eins zwei!«

Fest steht, dass die Wiener Atmosphäre mehr Musikgenies als irgendeine andere Stadt hervorbrachte. Dass die unsterblichen Komponisten uns eine Reihe von Geschichten im Sinne der Tante Jolesch hinterließen, mag kulturhistorisch von geringer Bedeutung sein, soll uns aber nicht daran hindern, sie hier wiederzugeben.

Ich hatte das Glück, einen der letzten Giganten der Wiener Musik kennen gelernt zu haben. Robert Stolz war damals, am Beginn der siebziger Jahre, trotz seines hohen Alters, überaus aktiv und kam, von seiner Frau Einzi stets auf Trab gehalten, immer noch seinen zahlreichen Verpflichtungen als Komponist und Dirigent nach. »Als ich nach dem letzten Krieg zum fünften Mal geheiratet habe«, erzählte er mir einmal, »war ich 66 Jahre alt und meine Freunde haben sich an den Kopf gegriffen, weil ich doch nur noch ein paar Jahre zu leben hätte.«

Die Freunde hatten sich gründlich getäuscht. Als Stolz mir diese Episode berichtete, war er 94 Jahre alt. »Tja«, setzte er mit einem listigen Lächeln nach, »die Bekannten, die sich damals solche Sorgen um mich gemacht haben, die leben alle schon lang nicht mehr.«

Einmal fuhr ich mit einem Journalistentross nach Berlin, wohin der RIAS-Sender aus Anlass einer großen Stolz-Gala geladen hatte. Es war bewegend zu sehen, wie der alte Mann, von zwei jungen Damen gestützt, zum Podium geleitet wurde. Doch kaum hatte er dort seinen Platz eingenommen, blühte er auf, schien sein Alter vergessen zu haben und ließ den Dirigentenstab voll Kraft und Energie durch die Luft wirbeln.

Das war die Zeit, da einander – nicht übermäßig vornehme – Wiener zuraunten: »Der Stolz is g'storben, aber die Einzi hat's ihm noch nicht gesagt.«

Als seine Zeit dann wirklich gekommen war und Robert Stolz auf dem Wiener Zentralfriedhof seinen letzten Weg antrat, erschienen neben Anhängern seiner Musik auch Künstler und Politiker sonder Zahl. Eine Woche nach dem Begräbnis empfing mich Witwe Einzi in ihrem Haus in der Grinzinger Himmelstraße zum ersten Interview nach dem Hingang des Meisters. Sie berichtete von tausenden Kondolenzschreiben, angefangen vom damals amtierenden US-Präsidenten Gerald Ford über den österreichischen Bundespräsidenten Kirchschläger bis zu ihrer Nachbarin Paula Wessely, die – wie Frau Stolz betonte – einen besonders herzlichen Brief geschrieben hätte. Georg Günsberg, der mich als Fotograf begleitete und die Wessely verehrte, fragte Frau Stolz, ob sie ihm den Brief zeigen würde. Einzi rief ihren Sekretär zu sich und bat ihn, das Beileidsschreiben der Wessely zu bringen.

Von dem Ansinnen ein wenig überfordert, fragte der Mitarbeiter, wo er denn unter den Bergen der eingegangenen Post den Brief der Schauspielerin finden sollte. Einzi dachte kurz nach und sagte: »Schauen Sie im Archiv nach, dort finden Sie ihn unter T wie Trauer!«

Ich war fassungslos ob solchen Organisationstalents. Robert Stolz lag seit ein paar Tagen unter der Erde – und da gab es schon einen Ordner mit der Aufschrift »T wie Trauer«.

Die sprichwörtlichen Managementqualitäten der Einzi Stolz wusste auch Ernst Haeusserman zu würdigen, der aus Anlass von Robert Stolz' Ableben erklärte: »Wenn ich die Einzi zur Witwe hätt, könnte ich auch beruhigt sterben.«

Dank des unermüdlichen Einsatzes um den Fortbestand des Lebenswerks ihres Mannes brachte es Frau Stolz zu fast eben solcher Berühmtheit wie ihr Robert. Wie sehr dies zutrifft, beweist ein geradezu klassisches Beispiel Freud'schen Fehlverhaltens. Harald Serafin, der Einzi mit seinem Talent für Public Relations um nichts nachsteht, lud am Beginn seiner Intendantenschaft in Mörbisch Freunde und Gönner der dort angesiedelten Seefestspiele ein. Er hielt eine Ansprache, die in dem flammenden Appell an die anwesenden Kulturpolitiker gipfelte, sie mögen die Operette – eingedenk ihrer genialen Schöpfer – generöser subventionieren als bisher. »Erinnern wir uns der großen Wiener Musiktradition«, rief er den Anwesenden in eindringlichen Worten zu, »erinnern wir uns der Operettenkönige, erinnern wir uns an Johann Strauß, Franz Lehár, Emmerich Kálmán und *Einzi* Stolz!«

Treffender hätte die so erfolgreiche »Firma« Robert & Einzi nicht gewürdigt werden können.

Seine Musik hatte Robert Stolz natürlich allein komponiert, für deren Vermarktung war jedoch Einzi ab dem Zeitpunkt ihrer Heirat im Jahre 1946 zuständig. Und das war gut so, mangelte es dem Komponisten doch an jeglicher Begabung für administrative und andere Fragen des täglichen Lebens. Dies hatte in den zwanziger Jahren zur Pleite seiner »Robert-Stolz-Bühne« geführt, die von ihm als Auftrittsmöglichkeit für seine zweite Frau, die Chansonette Franzi Ressel, gegründet worden war.

Das Einzige, was Robert Stolz nach dem Konkurs des Operettentheaters noch besaß, war eine goldene Taschenuhr. Um wenigstens diese zu retten, wandte er den folgenden Trick an: Wann immer der Gerichtsvollzieher Navratil zu Stolz kam, und das war in diesen Tagen oft der Fall, wanderte die goldene Uhr vom Nachtkästchen des Komponisten auf das seines besten Freundes Otto Hein, mit dem er ein schäbiges Untermietzimmer teilte.

Das Ritual wiederhole sich jedesmal aufs Neue: Navratil läutete an der Wohnungstüre, Stolz wusste, dass der »Kuckuck« drohte, und die Uhr wurde auf Ottos Nachttisch platziert. Der Gerichtsvollzieher betrat das Zimmer, lächelte wohlwollend und sagte: »Ich seh schon, Herr Stolz, Ihr Nachtkastl is leer, bei Ihnen is nix zu pfänden.« Und ging wieder.

Eines Tages war es wieder so weit, Navratil läutete, die Uhr wanderte. Doch der Gerichtsvollzieher steuerte diesmal schnurstracks auf Otto Heins Nachtkästchen zu. Und nahm die Uhr an sich. »Was ist los, um Gottes Willen?«, protestierte der fassungslose Robert Stolz.

»Regen S' Ihna net auf«, sagte Navratil, »heut pfänd ich den Hein!«

Sprach's, steckte die Uhr ein und ging. Stolz war um seinen letzten Wertgegenstand gekommen.

Bald übrigens nicht nur um diesen. Freund Hein nahm ihm noch etwas ab: Roberts Ehefrau Franzi Ressel brannte mit dem Zimmergenossen des Komponisten durch.

So manche Geschichte aus der Zeit der »Silbernen Operette« erfuhr ich durch Henry A. Grunwald, dem Sohn des Stolz-, Kálmán- und Lehár-Librettisten Alfred Grünwald. Henry war sechzehn, als er mit seinen Eltern die Flucht von Wien nach New York antrat, wo er den oft zitierten »amerikanischen Traum« wahr machte. Er begann als Laufbursche im »Time«-Verlag, in dem er dann Chefredakteur und Herausgeber wurde. Als er 1987 in Pension ging, schickte ihn Präsident Reagan in den heiklen »Waldheim-Jahren« als amerikanischen Botschafter nach Österreich.

Eine der köstlichen Begebenheiten, die ich Henry Grunwald verdanke, betrifft den durch seinen Schlager »Warum spielt bei den Schinkenfleckerl allerweil das Fleisch Versteckerl?« populär gewordenen Wiener Komponisten Fritz Spielmann, der später dann in den USA Songs für Frank Sinatra, Bing Crosby und Dean Martin schrieb.

Vor dem Krieg, als Spielmann in Wien lebte, hatte es sich ein reicher Mann namens Maurice Lindemann in den Kopf gesetzt, Komponist zu werden. Da er weder Noten lesen konnte, noch über sonstige musikalische Talente verfügte, engagierte er Spielmann als »künstlerischen Berater«.

Das Problem dabei war laut Spielmann, »dass alles, was Herr Lindemann komponierte, vor ihm schon Lehár geschrieben hatte«. Dennoch erklärte sich der mittellose Musikstudent bereit, für Lindemann tätig zu werden, zumal dieser seine Dienste äußerst großzügig honorieren wollte.

Spielmann nahm ein Lindemann-Werk mit nach Hause und

bearbeitete es dermaßen, »dass er am nächsten Tag glaubte, es wäre seines«.

»Jetzt«, befand Lindemann, »brauche ich einen Textdichter.«

Spielmann fuhr mit ihm zu den prominenten Librettisten Alfred Grünwald und Julius Brammer, denen der Hobbykomponist ein verlockendes Angebot unterbreitete: Er würde ihnen, sollten sie einen zu seiner Melodie passenden Text schreiben, aus seiner Kunstsammlung einen echten Tizian überlassen: ein Original des Meisters aus dem 16. Jahrhundert!

Brammer und Grünwald konnten nicht widerstehen. Sie akzeptierten und schufen den etwas holprigen Refrain: »In Paris, bei der Uhr der Madeleine.«

Und dann geschah das Unglaubliche: Das Lied wurde ein Schlager, alles pfiff, sang, spielte und kaufte »In Paris, bei der Uhr der Madeleine«.

Kurze Zeit später traf Spielmann die beiden Textdichter im Café Sacher, wo er von Alfred Grünwald einem Bekannten als »der Komponist vom Herrn Lindemann« vorgestellt wurde. Fragte Brammer seinen Co-Autor Grünwald: »Was machen wir zu zweit mit *einem* Tizian?«

Antwortete Grünwald: »Auseinander schneiden!«

Ob das wahrhaft fürstliche Honorar jemals ausbezahlt, geschweige denn auf obige Weise »geteilt« wurde, konnte trotz intensivster Recherchen nicht herausgefunden werden.

◇

Die Wege, wie ich zu den Geschichten dieses Buches gelangte, sind mannigfach. Viele erfuhr ich durch eigene Beobachtung, in anderen

Fällen erhielt ich Hinweise durch Freunde und Kollegen. Am familiärsten ging's bei einer Episode zu, die mir Felix Dvorak anvertraute – ist er doch mein Schwiegervater.

Die von ihm überlieferte Feststellung eines Impresarios weist darauf hin, dass die Textbücher vieler Operetten – und das wohl nicht ganz zu Unrecht – im Schatten der unsterblichen Melodien stehen. Felix also tingelte in Jugendtagen mit Lehárs »Land des Lächelns« quer durch Österreich, wobei er sich als Dragonerleutnant Gustl in die Chinesin Mi – die Schwester des Prinzen Sou-Chong – zu verlieben hatte.

Unglücklicherweise war dem damals noch schlanken Felix eine Partnerin von 1,85 Meter Größe zur Seite gestellt worden. Nicht genug damit, wog die im Libretto als »zierliche Chinesin« beschriebene Sängerin mehr als hundert Kilogramm. Sie stammte – und das deutlich vernehmbar – aus Ottakring und hätte dem Alter nach die Mutter ihres Verehrers sein können. Verzweifelt wandte sich Felix in dieser Situation an den Tourneemanager: »Kein Mensch wird mir glauben, dass ich mich in diese Frau verliebe!«

»Junger Mann«, erwiderte der erfahrene Theatermann, »Leute, die sich Operetten anschauen, glauben alles!«

Die Spielstätte der leichten Muse ist die 1898 als »Kaiserjubiläumstheater« gegründete Wiener Volksoper, an der einst Richard Tauber und Leo Slezak auftraten und von der aus Maria Jeritza ihre Weltkarriere startete. In den fünfziger Jahren war der Komponist und Dirigent Franz Salmhofer Direktor des Operettentheaters, zu dessen aufstrebenden Talenten Oskar Czerwenka zählte. Leider stand die geradezu lächerlich geringe Gage des jungen Bassisten in krassem Gegensatz zu den großen Rollen, die man ihm dort anvertraute.

Salmhofer, als Original ebenso bekannt wie als Sparmeister, hatte Czerwenka seit langem schon eine Gehaltserhöhung versprochen, die Entscheidung darüber aber immer wieder vertagt. Als er sich gegen das heftiger werdende Drängen des Sängers nicht mehr zu wehren wusste, kam es zur längst fälligen Aussprache in der Direktionskanzlei.

»Ich werde das sofort erledigen«, erklärte Salmhofer, an dessen Schreibtisch just in diesem Moment das Telefon läutete.

»Servus Ernstl«, eröffnete der Direktor das Gespräch und informierte Czerwenka leise, dass Ministerialrat Marboe, der für finanzielle Fragen zuständige Chef der Bundestheaterverwaltung, am anderen Ende der Leitung sei. »Jetzt wirst du sehen, Oskar, wie ich mich für dich einsetze«, flüsterte Salmhofer seinem Ensemblemitglied jovial zu, ehe er sich wieder dem Anrufer zuwandte.

»Also, pass auf Ernstl«, schnaubte der Direktor, »auch wenn du mich aus Paris anrufst und das Gespräch schrecklich teuer wird: Ich habe eine wichtige Sache mit dir zu besprechen. Neben mir sitzt der Oskar Czerwenka, eine der Säulen unseres Hauses, vielleicht die wichtigste überhaupt. Ohne ihn könnten wir den Betrieb gar nicht aufrecht erhalten, bei ihm ist eine Gagenerhöhung längst fällig, und zwar eine saftige. Ich verlange von dir, sagen wir ...«

Offensichtlich wurde Salmhofer bei diesen alles entscheidenden Worten von seinem Gesprächspartner unterbrochen.

»Was heißt denn das, den Gürtel enger schnallen?«, nahm der Direktor das Gespräch wieder auf. »Der Staat soll gefälligst woanders sparen und nicht bei seinen bedeutendsten Künstlern ... Absoluter Gehaltstopp, kommt von ganz oben? ... Der Minister? ... Skandal!«

Salmhofer legte auf und gab Czerwenka bekannt: »Tut mir leid,

Oskar, du hast ja selbst gesehen, ich hab gekämpft für dich wie ein Löwe, sogar nach Paris hab ich's dem Marboe durchgegeben. Aber ich werde mich weiter für dich einsetzen.«

Ausgerechnet in diesem Moment ging die Tür auf, der Direktionsdiener Schwinghammer trat ein und meldete Salmhofer: »Entschuldigen, Herr Direktor, der Ministerialrat Marboe ist draußen und möchte mit Ihnen sprechen!«

Es stellte sich heraus, dass der Direktor unterm Schreibtisch einen Knopf installiert hatte, mit dessen Hilfe er in Notfällen – meist pekuniärer Art – fingierte Telefongespräche einzuläuten pflegte.

Czerwenka zählte selbst zu den großen Originalen des Wiener Musikbetriebs. Als ihm einige Jahre später, schon an der Staatsoper, der Dirigent bei einer Probe zum »Rosenkavalier« – dessen unerreichter Ochs von Lerchenau er war – zurief: »Herr Kammersänger, Sie haben das Fis nicht genau getroffen und das Hohe E vorhin war auch nicht ganz einwandfrei«, da erwiderte Czerwenka mit seinem beeindruckenden Organ: »Aber was, die Noten san eh nur Vorschläge vom Komponisten – die kann ma befolgen oder a net!«

Nur hinter den Kulissen tritt Czerwenka in der folgenden Geschichte in Erscheinung, in deren Mittelpunkt einmal mehr Fritz Eckhardt steht. Als dieser 1957 für eine Fernsehproduktion der »Verkauften Braut« den Heiratsvermittler Kezal spielte, musste die Partie in Wahrheit von einem unsichtbar bleibenden Bass übernommen werden. Und der war Oskar Czerwenka. Eckhardt bewegte seine Lippen im Takt der fertig aufgezeichneten Czerwenka-Bänder, blieb selbst aber stumm. Als die komische Oper im Fernsehen gelaufen war, meldete sich eine Bekannte: »Herr Eckhardt, ich wusste gar nicht, was Sie für eine wunderbare Stimme haben. Dagegen kann sich sogar dieser Czerwenka verstecken!«

Bei der nach dem Zweiten Weltkrieg schrittweise erfolgten Annäherung Österreichs an das jüdische Volk spielten die Wiener Operettengastspiele eine nicht unbedeutende Rolle, zumal die Sänger während ihrer Tourneen durch Israel auf große Begeisterung stießen. Als Peter Minich und Ildiko Raimondi in Jerusalem mit Melodien von Strauß und Kálmán auftraten, gab ihnen Marcel Prawy – der die Vorstellungen moderierte – den Rat, den Abend unbedingt mit dem Israel-Marsch »Follow the Sun to the Promised Land« von Robert Stolz ausklingen zu lassen. »Diese Draufgabe werden die Besucher als besondere Verbeugung vor dem Staat Israel verstehen«, prophezeite der Experte, »das wird der krönende Abschluss, ihr werdet Triumph und Ovationen erleben. Aber nur, wenn ihr das Lied auf Hebräisch singt.«

Die Sänger büffelten mithilfe eines Dolmetsch wochenlang den in der fremden Sprache so schwer zu erlernenden Text: *»Mit'chelet rom welivnat hagal …«*

Das Konzert in Jerusalem wurde dann tatsächlich mit überschwänglicher Zustimmung aufgenommen. Als Peter Minich die schönsten Melodien aus der »Fledermaus«, der »Csárdásfürstin« und der »Gräfin Mariza« schmetterte, standen den zahlreich erschienenen Wiener Emigranten die Tränen in den Augen.

Doch ausgerechnet nach dem so mühsam auf Hebräisch einstudierten Israel-Marsch, der doch eine Verbeugung vor dem jüdischen Volk darstellen sollte, tröpfelte der Applaus zaghaft.

Die Enttäuschung war den Sängern nach all der Plage ins Gesicht geschrieben. Da kam ein Musiker des sie begleitenden Jerusalem

Symphonieorchesters in die Künstlergarderobe und sagte zu den Wienern: »Es war wunderbar! Nur die Draufgabe war keine gute Idee. Nach so einem Abend spielt ma den Radetzkymarsch!«

Der Chor ist ein wichtiger Bestandteil des Musiktheaters, stellt aber in den meisten Opernhäusern ein gewaltiges administratives Problem dar. Denn fast alle Choristen verfügen über einen Zweitberuf als Friedhofssänger, der in Summe weit einträglicher ist als der erste. Bei Beerdigungen werden Chorsänger zu Stars, gibt man ihnen doch beim »Ave Maria« die Möglichkeit, als Solisten zu bestehen.

Einer, der infolge dessen seine leidvollen Erfahrungen machen musste, ist Heinz Marecek, der 1979 an der Volksoper eine umjubelte »My Fair Lady« inszenierte. Eine effiziente Probenarbeit war nicht möglich, standen die Mitglieder des Chors doch fast täglich in einer anderen Besetzung zur Verfügung. Jene Sänger, mit denen er bestimmte Passagen des Musicals einstudiert hatte, sangen am nächsten Tag auf irgendeinem Friedhof statt in der Volksoper, so dass jedes einzelne Musikstück immer wieder von Neuem erarbeitet werden musste. Marecek jedenfalls schwor, nie wieder eine Oper, eine Operette oder ein Musical zu inszenieren.

Als er jedoch ein paar Monate später von Hans Gabor, dem Direktor der Wiener Kammeroper, eingeladen wurde, die Regie in Wenzel Müllers Singspiel »Die Schwestern von Prag« zu übernehmen, hatte Marecek seine heiligen Eide wieder vergessen. Er wollte aber dennoch gleich wissen: »Sagen Sie, Herr Professor Gabor, wie ist das bei Ihnen, treten auch Ihre Leute vom Chor auf Begräbnissen auf, statt zur Probe zu kommen?«

»Ja«, antwortete der Direktor, »aber, dass sie auf Begräbnissen singen, ist nicht das Hauptproblem.«

»Was denn sonst?«

»Das Malheur ist, dass sie wieder zurückkommen!«

Zu noch größeren Turbulenzen gelangen oft Bühnenorchester, wobei es in dem vorliegenden Fall kein geringeres als die Wiener Philharmoniker trifft. Auch deren Mitgliedern wird nachgesagt, hin und wieder zugunsten eines lukrativen »Nebenjobs« die Vorstellung an der Staatsoper sein zu lassen. Durchaus legal übrigens, da es dem ausschließlich aus Philharmonikern bestehenden Staatsopernorchester vertraglich erlaubt ist, zur Vorstellung einen würdigen Vertreter zu entsenden, einen sogenannten Substituten. Ein Vorgang, der sich unter den Musikern des gefeierten Orchesters großer Beliebtheit erfreut.

Mein in dieser Institution tätiger Informant behauptet, dass sich die nun folgende Szene – zumindest theoretisch – durchaus so ereignen hätte können: Ein philharmonischer Geiger, der abends als Gast an einem Hauskonzert in zahlungskräftiger Gesellschaft teilnehmen sollte, klopfte an der Tür seines Hausmeisters: »Herr Novak, da haben Sie dreihundert Schilling, dafür spielen Sie heute für mich in der Oper!«

Der Hauswart, ein redlicher Mann, entgegnete entsetzt: »Aber Herr Professor, ich kann doch net Geige spielen!«

Darauf der Philharmoniker: »Das macht nichts, Sie brauchen ja nur zu schauen, was die anderen machen – und dann tun Sie dasselbe. Bei so vielen Geigern im Orchester fällt das gar nicht auf.«

Nach seinem Auftritt in privatem Kreis schaute der Philharmoniker noch einmal beim Hausmeister vorbei, um ihn zu fragen: »Na, Herr Novak, wie war's?«

Worauf er als Antwort erhielt: »Die Vorstellung war eine Katastrophe!«

»Ja, aber, warum denn?«, wollte der Geiger wissen.

»Es waren *nur* Hausmeister da!«

Ein eigenes Kapitel könnte man den Geschichten meines Freundes Heinz Holecek widmen, dessen Karriere an der Volksoper begann und sich später an der Staatsoper fortsetzte. Nach dem Krieg, erinnert sich »Honzo«, bescherten aus aller Welt eingeflogene Stars dem diesbezüglich entwöhnten Wiener Publikum eine große, wenn auch seltene Freude. Die Gastspiele der internationalen Sänger wurden bejubelt, einzig das Sprachproblem sollte sich als schwierig zu bewältigende Hürde erweisen. Giuseppe Taddei etwa sang an der Volksoper Verdis »Rigoletto« auf Italienisch, während das Ensemble die übrigen Partien in deutscher Sprache gab. Es kam, wie zu erwarten, zu einem gigantischen Sprachenwirrwarr, das sich insbesondere bei gesprochenen Dialogen bemerkbar machte.

Im zweiten Akt stellt der Kavalier Marullo dem Hofnarren Rigoletto die Frage: »Was gibt es Neues, du Narr?«

Worauf dieser ihn mit eben diesen Worten nachzuäffen hat: »Was gibt es Neues, du Narr?«

In der Version zwischen Volksopernmitglied und Taddei hieß es aber: »Was gibt es Neues, du Narr?« Und der Gaststar äffte ihn – völlig unlogisch – auf Italienisch nach: »Ch'hai di nuovo, buffon?«

Dem Darsteller des Marullo, einem Urwiener, gab der Widersinn eines in zwei Sprachen gehaltenen Dialogs zu denken. Und so ließ er sich seinen Satz von mehreren, der italienischen Sprache kundigen Kollegen übersetzen und brachte ihn am Abend dann fast akzentfrei über die Lippen.

Leider war Taddei vor eben dieser Vorstellung auf dieselbe Idee gekommen. Er hatte seinen Satz auf Deutsch einstudiert.

Und so rief der Wiener im zweiten Akt voller Stolz: »Ch'hai di nuovo, buffon?«

Worauf ihn der Italiener nachäffte: »Was gibt es Neues, du Narr?«

◇

Verständigungsprobleme kennen schließlich auch die großen Dirigenten in ihrer Zusammenarbeit mit den Orchestern in aller Welt. Karl Böhm, der als bester Mozart-Dirigent seiner Zeit galt, litt als bedingungsloser Perfektionist während der Proben zu einem Konzert mit den New Yorker Philharmonikern unter mangelnden Englischkenntnissen. Als er bei den Musikern einfordern wollte, sie mögen eine bestimmte Stelle »prägnanter« spielen, kramte er sein bestes Schulenglisch hervor und rief in den Orchestergraben: »Be a little bit more pregnant!*«

Es war bei den Salzburger Sommerfestspielen 1976, als ich den 82-jährigen Karl Böhm zum Interview bat. Er sprach darüber, wie er seine großen Kollegen einschätzte, wobei mir sein Urteil über Leonard Bernstein auch nach so vielen Jahren noch zitierenswert erscheint: »Der Bernstein«, sagte Böhm, »der macht ja während

---

* Wörtliche Übersetzung: »Seien Sie etwas mehr schwanger!« Ähnlich erging es Robert Stolz, der in den USA als Strauß-Dirigent erfolgreich war. Als er einmal, ebenfalls mit den New Yorker Philharmonikern, den »Kaiserwalzer« probierte, gab er – so Marcel Prawy – die Anweisung: »You this spiel muss like Schubert.«

eines Konzerts Sprünge bis zu einem halben Meter. Aber ich bin überzeugt davon, dass das keine Show ist, das kommt von innen heraus. Bernstein selbst hat mir einmal gesagt, dass er mich dafür bewundert, mit so kleinen Bewegungen auszukommen. Da hab ich zu ihm gesagt: ›Schauen Sie, Bernstein, wenn Sie so alt sind wie ich, werden Sie auch nicht mehr springen!‹«

Es war Bernstein nicht vergönnt, diesen Beweis antreten zu können. Er starb 1990 mit 72 Jahren.

Und sprang bis zuletzt.

»Lenny«, wie Freunde ihn nannten, war ein überaus kluger Mann. Ehe er Mitte der sechziger Jahre an der Staatsoper mit Verdis »Falstaff« seinen Einstand in Wien feierte, musste ihm wohl zu Ohren gekommen sein, dass unsere Philharmoniker – wie vorhin erläutert – gerne ihre Substitute zu den Vorstellungen schicken. Bernstein bestand daher bei den Vertragsverhandlungen darauf, immer mit denselben Musikern arbeiten zu können, was freilich gegen die Gepflogenheiten des Orchesters verstieß, dessen Mitglieder grundsätzlich alternierend agieren.

Der damalige Geschäftsführer Helmut Wobisch wusste nicht recht, wie er dies dem berühmten Dirigenten beibringen sollte, fand dann aber einen Ausweg, der Bernstein die Sache schmackhaft machen sollte:

»Maestro, es ist in unserem Orchester etwas eingetreten, was noch nie da war«, erklärte Wobisch. »Jeder will unter Ihrer Leitung spielen, wirklich jeder. Und wir können da keinen benachteiligen, das müssen Sie doch verstehen.«

Bernstein hatte die List sofort durchschaut. Er lächelte weise und sagte nur: »Helmut, du bist der größte Gauner, den ich je getroffen habe.«

Um dann das ungeschriebene Gesetz der Wiener Philharmoniker zu akzeptieren.

Nachdem er mit den »Falstaff«-Aufführungen die Herzen des Publikums erobert hatte, reiste Bernstein – egal, in welchem Teil der Welt er gerade tätig war – immer wieder gerne nach Wien. Einmal kam er aus New York, dann aus Tokio, Paris oder London. »Wenn es auf den Flughäfen keine Leibesvisitationen gäbe«, lachte er nach einer derartigen Untersuchung in Schwechat, »hätte ich überhaupt kein Sexualleben mehr!«

Mit Sprachproblemen ganz anderer Art als Karl Böhm und Robert Stolz hatte sich Herbert von Karajan herumzuschlagen. Seine Direktionszeit an der Wiener Staatsoper galt als besonders glanzvoll, Zuschauer und Presse bemängelten aber, dass in seiner Ära allzu viele Opern in der jeweiligen Originalsprache aufgeführt und daher von weiten Teilen des Publikums nicht verstanden wurden. Verdi und Puccini ließ er auf Italienisch, Bizet und Debussy auf Französisch spielen. Als dann noch Mussorgskis »Boris Godunov« in russischer Sprache aufgeführt wurde, bemerkte ein Mitglied der Wiener Philharmoniker mit beißendem Spott: »Am Ende kommt's noch so weit, dass der Chef die ›Zauberflöte‹ auf Deutsch singen lässt.«

Letztlich führten die andauernden Vorwürfe, dem fremdsprachigen Repertoire allzu großen Vorzug zu geben, dazu, dass der Maestro 1964 die Direktionsgeschäfte der Staatsoper niederlegte. Diesem Schritt war ein lang andauernder Kampf zweier Lager vorausgegangen: das eine betete ihn an, war ihm bedingungslos ergeben – das andere lehnte den Kult ab, der um seine Person betrieben wurde. Tatsächlich hatte es Karajan in den acht Jahren seiner Direktionszeit geschafft, immer *das* Gesprächsthema in Wien zu sein. Sein neues Cabrio, seine Villa in Saint Tropez, seine Wahl zum bestgekleideten Mann der Stadt und der Umstand, dass er sich beim Skifahren im Engadin mit einem Hubschrauber zur Piste fliegen ließ, erregten bei den Wienern freilich weit mehr Aufmerksamkeit als seine Tätigkeit an der Oper – auch wenn er deren Niveau unzweifelhaft in ungeahnte Höhen getrieben hatte und durch den Wirbel um seine Person neue Publikumsschichten erschlossen wurden.

Er galt als das schwierigste unter den Genies am Dirigentenpult. Als Karajan in der Mailänder Scala eine Vorstellung von Puccinis »La Bohème« leitete, verlangte er plötzlich, dass der Tenor Giuseppe di Stefano durch Gianni Raimondi ersetzt würde, weil di Stefano die Arie »Wie eiskalt ist dies Händchen« bei den Proben mit »zu wenig Inbrunst« gesungen hätte.

Die Scala-Direktion versuchte mit dem Einwand zu vermitteln, dass di Stefano die Arie genau so wie vom Komponisten vorgeschrieben interpretiert hätte.

Worauf Karajan erwiderte: »Hier irrte Puccini!«

Ein Dirigent, dessen Auftritte an der Wiener Oper zwar nicht so spektakulär waren, der hier aber in den fünfziger Jahren auch große Erfolge feierte, war Lovro von Matacic. In den Garderoben tuschelte man jedoch mehr über seine von vielen als »unmöglich« eingestufte Gemahlin. Frau Matacic war unfreundlich, arrogant und obendrein von wenig gewinnendem Äußeren. Ein israelischer Dirigent, der einmal in Wien zu Gast war, traf das Ehepaar Matacic und fragte seinen Kollegen: »Sag Lovro, ich versteh das nicht, du bist ein glänzender Dirigent, ein netter Kerl – warum bist du Antisemit?«

»Ich soll Antisemit sein«, empörte sich Lovro von Matacic. »Wie kannst du so etwas behaupten? Wo ich doch seit vierzig Jahren mit einer Jüdin verheiratet bin.«

Der Israeli sah Frau Matacic an und sagte dann nur: »Ah, drum!«

Auch Otto Klemperer gastierte nach dem Krieg mehrmals in Wien, wobei die Verträge über seinen Agenten – der Mendelssohn hieß – abgeschlossen wurden. Während eines London-Aufenthalts regte sich Klemperer darüber auf, dass seine Platten nicht in den Auslagen der großen Musikgeschäfte zu finden wären. »Zum Beispiel meine ›Eroica‹«, beklagte er sich bei Mendelssohn, »kein Geschäft führt meine ›Eroica‹. Und schuld bist du, weil du nichts für die Publicity getan hast.«

»Ich bitte dich«, erwiderte Mendelssohn, »erinnere dich an unsere Pressekonferenz und an die schönen Broschüren, die die Plattenfirma drucken ließ.«

Um Mendelssohn die Richtigkeit seiner Aussage vor Augen zu führen, schlug Klemperer vor, mit ihm gemeinsam in einen nahen Plattenladen zu gehen.

Sie betraten das Geschäft, in dem Klemperer den Verkäufer aufforderte: »Ich möchte die ›Eroica‹ von Klemperer.«

Der Verkäufer bedauerte: »Sorry Sir, Klemperer hat nie die ›Eroica‹ aufgenommen.«

»Oh, ja, natürlich hat er die ›Eroica‹ aufgenommen.«

»Nein, Sir, Klemperer hat die ›Eroica‹ ganz bestimmt nicht aufgenommen.«

»Oh doch, er hat sie aufgenommen, und keiner weiß es besser als ich. Denn ich bin Klemperer!«

Da entgegnete der Verkäufer: »Verzeihung Sir, wenn Sie Klemperer sind« – und jetzt zeigte er auf den neben ihm stehenden Agenten, »dann ist das Beethoven.«

»Nein«, sagte Klemperer, »das ist der Mendelssohn.«

Klemperer hielt sich damals in London auf, um mit Dietrich Fischer-Dieskau Mozarts »Don Giovanni« aufzuführen. An einer bestimmten Stelle konnten sich Dirigent und Sänger nicht auf das richtige Tempo einigen – Klemperer wollte rascher spielen, Fischer-Dieskau langsamer singen. Berichtete Fischer-Dieskau am nächsten Morgen auf der Probe: »Meister Klemperer, heute Nacht erschien mir im Traum der liebe Gott und sagte zu mir: ›Fischer-Dieskau, dein Tempo ist goldrichtig.‹«

Wieder einen Tag später verriet Klemperer dem Sänger: »Herr Fischer-Dieskau, heute Nacht ist auch mir der liebe Gott erschienen. Ich hab ihn gleich gefragt, wer Recht hat.«

»Na und, was hat der liebe Gott gesagt?«, fragte Fischer-Dieskau ungeduldig.

»Der liebe Gott hat gesagt: ›Wer ist Fischer-Dieskau?‹«

Die New Yorker Philharmoniker horten einen Wienerischen Anekdotenschatz, aus dem ich hier zitieren darf. Im Mittelpunkt der Geschichte stehen gleich zwei ihrer bedeutendsten Dirigenten, nämlich Bruno Walter und Erich Leinsdorf. Walter, bis zu Hitlers Einmarsch Direktor der Wiener Staatsoper, war 1939 über Frankreich in die USA emigriert, wo er als Dirigent an der Metropolitan Opera an seine große europäische Karriere anknüpfen konnte. Der Wiener Erich Leinsdorf wiederum – einst Schüler Bruno Walters – war durch Vermittlung Lotte Lehmanns noch vor dem »Anschluss« nach New York gelangt, deren City Opera er später leiten sollte.

Eines Tages teilte der Manager der New Yorker Philharmoniker seinen Musikern mit: »Eine Katastrophe! Bruno Walter hat das morgige Konzert abgesagt!«

Daraufhin meldete sich ein Musiker zu Wort: »Es gibt aber auch eine gute Nachricht! Erich Leinsdorf kann auch nicht!«

Das Schöne an der Geschichte ist, dass Leinsdorf die Größe hatte, sie selbst zu erzählen.

Manch unvergleichliches Original findet sich unter den Sängern der Wiener Staatsoper. So gab es hier einen Episodisten namens Alfred Muzzarelli, der sein Leben lang »auf Star studierte«, ohne je einer geworden zu sein. Muzzarelli war trotz seines italienisch klingenden Namens ein waschechter Wiener. Er liebte die Frauen, wobei ihm Augen, Haarfarbe und Figur weniger bedeutsam erschienen als das eine nur: Sie mussten wesentlich älter sein als er! Als ihm ein Kollege, den Tränen nahe, mitteilte, dass ihn die Freundin verlassen hatte, fand Muzzarelli tröstende Worte: »Mach dir nix draus, andere Töchter haben auch schöne Mütter!«

Eberhard Waechter beeindruckte auf der Bühne und im Privatleben durch seine außergewöhnliche Persönlichkeit. Er wurde prinzipiell als »Herr Baron« angesprochen – und er war tatsächlich einer, und zwar vom Scheitel bis zur Sohle. Ein Aristokrat des 20. Jahrhunderts freilich, der sich viele Jahre als Betriebsrat und Gewerkschafter für die Sorgen und Nöte seiner weniger berühmten Kollegen einsetzte. Auch über das Opernorchester ließ er nichts kommen: »Wenn unsere Philharmoniker schlafen«, meinte er, »sind sie immer noch zehnmal besser als alle anderen.«

So charmant er sein konnte, wenn er jemanden mochte, so unausstehlich verhielt er sich im gegenteiligen Fall. Und einen solchen stellte für ihn die berühmte Sopranistin Lisa della Casa dar. Vor jeder Vorstellung, bei der Waechter in Richard Strauss' »Arabella« ihr Partner war, nahm er Unmengen von Knoblauch zu sich. Das Publikum wunderte sich an diesen Abenden, dass Arabella während ihres Liebesduetts mit dem Gutsbesitzer Mandryka stets in eigenartige Distanz ging.

Waechter konnte, sobald der Schlussvorhang gefallen war, über solche Schelmereien so laut lachen, dass die Dekoration einzustürzen drohte.

Es war ihm leider nur kurze Zeit vergönnt, den Traumposten seines Lebens auszufüllen. Ein halbes Jahr lang war er – gemeinsam mit Ioan Holender – Direktor der Wiener Staatsoper. Nach Waechters plötzlichem Tod im März 1992 übernahm Holender die alleinige Leitung des Hauses. Am Beginn der Zusammenarbeit noch im Schatten Waechters stehend, war er im Opernhaus lange nicht so bekannt wie später dann.

Der Zuschauerraum war bereits abgedunkelt, als Holender eines Abends zu spät in eine Vorstellung kam. Die Ouvertüre hatte bereits begonnen, da schlich der Co-Direktor zu seiner Loge im ersten Rang. Leider hatte er die Rechnung ohne den Platzanweiser gemacht. Der hielt ihn am Rockzipfel fest und flüsterte: »Ihre Karte bitte!«

Der Direktor flüsterte zurück: »Ich bin Holender!«

Darauf der Billeteur: »Ticket please!«

In jungen Jahren selbst Sänger, weiß Holender aus dieser Zeit Erheiterndes zu berichten. Von jenem Kollegen etwa, der in einem Provinztheater einen äußerst mittelmäßigen »Bajazzo«-Prolog ablieferte, wofür er prompt mit leidenschaftlichen Buh-Rufen bedacht wurde.

Der Bariton wartete einen Augenblick, verschaffte sich dann mithilfe einer ausladenden Handbewegung Ruhe im Auditorium und rief: »*Mich* buhen Sie aus? Warten Sie erst, bis Sie den Tenor gehört haben.«

Es wird kaum verwundern, dass Otto Schenk, der Universalbegabte, nicht nur im Schauspielkapitel, sondern auch in der »Musik« anzutreffen ist, zählte er doch lange zu den bedeutendsten Opernregisseuren der Welt.

Die hier wiedergegebene Begegnung zweier Musikenthusiasten dokumentiert auf eindrucksvolle Weise die Frage, wie Künstler damit umgehen, wenn sie – was Gott behüten möge – freundschaftlicher Kritik unterzogen werden.

Bei der Premierenfeier der Schenk-Inszenierung von Wagners »Die Meistersinger von Nürnberg« im Jahre 1975 trat Marcel Prawy auf ihn zu, um zu gratulieren.

»Otti, es war hinreißend!«

»Na, von dir, Marcello, freut mich das besonders, wenn du das sagst.«

»Ja, Otti, es war wunderbar!«

»Ich danke dir, Marcello, mein Lieber, du verstehst ja wirklich was!«

»Ottilein, eine ganz kleine Sache. Wenn der Ridderbusch als Hans Sachs den Wahnmonolog beginnt: ›Wahn, Wahn, überall

Wahn‹, da hält er das Buch so mit der Hand, dass man sein Gesicht nicht gut sieht. Es wäre schöner, wenn man sein Gesicht besser sehen würde.«

Darauf Schenk: »Du Depp, du Ochs, was verstehst denn du von der Oper! Du hast keine Ahnung! Gar nichts verstehst du! Ich hab dich oft in der Loge beobachtet, du spitzt die Ohrwascheln und hörst nur auf die blöde Musik. Du hast nie eine Oper gesehen!«

Und man ging in Freundschaft auseinander.

»Im Winter vergisst er, dass es kalt ist«

Der Prawy

Du hast nie eine Oper gesehen!«, lautet Otto Schenks letzter Satz im vorangegangenen Kapitel, den ich hier insofern einer leichten Korrektur unterziehen darf, als Marcel Prawy in seinem Leben bisher rund 25 000 Opernvorstellungen besucht hat. Ja, er geht täglich in die Oper, und das seit 1926, womit man – nach Abzug von Krieg, Auslandsaufenthalten und Krankenständen – zu dieser ungeheuerlichen Anzahl gelangt.

Wenn irgendjemandem in unseren Tagen die Berufung fürs Leben in die Wiege gelegt wurde, dann ihm. Sobald er mit all seinem Wissen, seiner Liebe und seiner Lebendigkeit über Musik spricht, hat man, laut Karl Löbl, das Gefühl, er wäre bei den Uraufführungen sämtlicher Verdi-Opern dabei gewesen – »aber nicht Giuseppe, sondern Monte-*«. Richtig ist, dass er den Stehplatz der Wiener Staatsoper schon zu Zeiten frequentierte, als man einander dort noch zuraunte: »Da links in der Loge sitzt der Puccini, und der dort drüben, das ist der Korngold.« Richtig ist auch, dass ihm Richard Strauss vor dem Bühnentürl des Hauses auf die Schulter geklopft hat, dass die Schwester einer Tante mit Arnold Schönberg verhei-

* Claudio Monteverdi, italienischer Komponist, 1567–1643

ratet und dass er Privatsekretär des Startenors Jan Kiepura und seiner Frau Marta Eggerth war.

In all den Jahren, seit ich mit ihm befreundet bin, habe ich so viel Köstliches mit ihm erlebt oder von ihm erfahren, dass es Zeit wird, etwas davon niederzuschreiben. Er war schon über siebzig, als ich ihn kennen lernte, aber ich kann nicht sagen, dass dies »der alte Prawy« gewesen sei – den gibt's nämlich noch immer nicht, ich kenne keinen Jüngeren als ihn. Treffend hat Christoph Wagner-Trenkwitz, sein Nachfolger als Chefdramaturg der Staatsoper, »den alten Prawy« beschrieben: »Mein Gott, wie er manchmal geht, nein: schlurft. So, als würde er nur von seinem bejahrten Regenmantel zusammengehalten und von dem legendären Plastiksackerl vorwärts gezogen werden. Als wäre er wirklich so alt, wie er ist.«

Ist er aber nicht. Dabei war er, jetzt einmal abgesehen von seinen täglichen Opernbesuchen, auch sonst überall dabei, wo im Laufe des 20. Jahrhunderts Musikgeschichte geschrieben wurde. Das Außergewöhnliche an Prawy aber ist, dass er das Erlebte in allen Einzelheiten in Erinnerung behalten und dieses ebenso lebendig wie pointiert an uns weitergeben kann. Er weiß zu jeder Tages- und Nachtzeit, dass ihm Richard Strauss am 7. Dezember 1926 nach einer »Elektra«-Vorstellung am Bühnentürl des Wiener Opernhauses begegnete, und er hat noch den Ton im Ohr, mit dem Hubert Marischka ein Jahr davor im Theater an der Wien »Komm, Zigan!« gesungen hat.

Und das, obwohl der damals 14-jährige Marcel die erwähnte Vorstellung der »Gräfin Mariza« aus familiären Gründen gar nicht hätte besuchen dürfen. Weil »die Hauptdarstellerin Betty Fischer mit meinem Onkel Karl Taussig, dem Mann meiner Tante Hedy, liiert war«. Klein-Prawy überwand das Familienproblem, da ihm das Theater an der Wien wichtiger war als die eigene Verwandtschaft.

Man wirft ihm ein Stichwort hin, und schon sprudeln die Geschichten aus ihm heraus. Wo waren wir grade stehen geblieben, ach ja »Gräfin Mariza«/Emmerich Kálmán/Theater an der Wien – bitte sehr: Kálmán kam irgendwann in den zwanziger Jahren unangemeldet zu Hubert Marischka, dem Publikumsliebling und damaligen Direktor des Theaters. Das Vorzimmerfräulein bat den Meister, sich ein wenig zu gedulden, da Franz Lehár – Kálmáns schärfster Konkurrent – gerade beim Chef wäre. Kálmán legte seinen Mantel ab, hängte ihn im Vorzimmer neben den des Gegenspielers Lehár und wartete. Er wartete so lange, bis Lehár aus dem Büro kam, sich grußlos an Kálmán vorbei schwindelte und in einen der beiden dort hängenden Mäntel schlüpfte. Da hielt ihn Kálmán am Ärmel fest und sagte mit unverkennbar ungarischem Akzent: »Ferenc-Baci, mein Liebster, hast du so oft genommen meine Melodien – jetzt lass mir bitte wenigstens meinen Mantel!«

Prawy war nie in der Nähe von Kálmán, Stolz, Karajan oder Bernstein – er war immer ein Teil von ihnen. Weiß Gott, wie er das gemacht hat, zur richtigen Zeit am richtigen Ort zu sein, genau dort jedenfalls, wo gerade Historie passierte. Von der ersten Stunde seines Lebens an, denn er kam schon am richtigen Ort zur Welt, was durch diese Prawy-Episode belegt wird: Als er aus der amerikanischen Emigration heimkehrte, musste er sich bei einer US-Dienststelle in der Schmidgasse im achten Bezirk melden. Da fragte ihn der Officer nach allen möglichen Daten, unter anderen, wo er geboren wurde.

Prawy sagte: »Hier!«

»Was heißt hier?«, wunderte sich der Beamte.

»Genau hier, und zwar in dem Zimmer, in dem wir jetzt sitzen.«

Des Rätsels Lösung war, dass der Sitz des späteren »American Information Service« dereinst das renommierte »Sanatorium Fürth« beherbergte, in dem Marcel Frydmann Ritter von Prawy am 29. Dezember 1911 das Licht der Welt erblickte.

Seine Großeltern wohnten dann auch am richtigen Ort, nämlich am Brahms(!)platz im vierten Bezirk. Klar, dass auf demselben Platz zwei seiner Götter lebten, die Kammersänger Rosette Anday und Alfred Piccaver, »der König der Absager, der mehr Vorstellungen versäumt als gesungen hat«.

Das Elternhaus stand überraschenderweise am Möllwaldplatz – überraschend, weil Herr Möllwald weder Komponist noch Sänger (sondern Mittelschuldirektor) war, was nichts daran ändern sollte, dass Marcel auch hier eine beachtliche Nachbarschaft hatte. In einem Nebenhaus wohnte Kammersänger Franz Steiner, ein enger Freund von Richard Strauss, der diesen oft am Flügel begleitete, im anderen Nebenhaus Herr Ebenstein, der prominenteste Schneider Wiens. Zwei dieser Herren spielen Hauptrollen in einem Scherzwort von damals, das Prawy in Erinnerung behielt:

Es gab eine Skatpartie, bestehend aus Richard Strauss, der den »Rosenkavalier« schuf, aus dem »Walzertraum«-Komponisten Oscar Straus – der eine riesige Nase hatte – und aus dem Schneider Ebenstein. Und da witzelte man: »Wer trifft sich samstags zur Skatpartie? Der Rosenkavalier, der Nosenkavalier und der Hosenkavalier.«

Mit dem »Rosenkavalier« Richard Strauss, seinem absoluten Lieblingskomponisten, trat er vorerst in indirekten Kontakt, da Marcels

Großmama väterlicherseits – sie wohnte in der Rathausstraße – eine für ihre Kochkünste berühmte Hausangestellte namens Agnes hatte. Richard Strauss sprach diese mehrmals auf der Straße an, um sie abzuwerben. Doch die brave Köchin widerstand den Verlockungen, ins Haus des damaligen Operndirektors überzuwechseln, und blieb den Prawys treu – was dieser bis zum heutigen Tage nicht verstehen kann: »Ich wäre natürlich zu Richard Strauss gegangen.«

Glücklicherweise stand dies nie zur Diskussion, da unter all seinen Begabungen »Marcellos« Kochkunst an allerletzter Stelle rangiert.

Ein paar Jahre später war er schon Stammgast der Wiener Staatsoper, in der er Zeuge historischer Auftritte von Leo Slezak, Richard Tauber, Jan Kiepura, Lotte Lehmann und Maria Jeritza wurde. Wer, bitte sehr, kann einem jungen Menschen heute erklären, wer die Jeritza war? Prawy kann es: »Nimm das Aussehen der Marilyn Monroe, die Stimme der Birgit Nilsson und die Schauspielkunst der Paula Wessely, dann hast du ein Viertel von der Jeritza.«

Die Angehimmelte wohnte in der Stallburggasse 2, im selben Haus wie Bundeskanzler Dollfuß. Wenn Prawy und seine Stehplatzfreunde der Jeritza dort nach einer Vorstellung zujubelten und sich irrtümlicherweise Dollfuß am Fenster zeigte, »war es uns peinlich, ihm zu bedeuten, dass wir nicht ihn gemeint hatten«. Später lernte er die Jeritza natürlich persönlich kennen, verbrachte mehrere Monate in ihrem Haus bei New York, wo sie ihn »Pravijcku« nannte.

Am 31. Dezember 1936 wurde er von Jan Kiepura angerufen, der ihn noch aus den Zeiten des Bühnentürls kannte. Der Film- und Opernstar fragte ihn jetzt, ob er sein Sekretär werden wollte. Marcel Prawy war wieder einmal zur richtigen Zeit am richtigen Ort gewesen.

Es gibt auch eine passende Kiepura-Geschichte. Prawys »Chef« sang in der Wiener Staatsoper den Herzog in Verdis »Rigoletto«. Nachdem der Vorhang gefallen und der stürmische Schlussapplaus verebbt war, wurde ein Klavier auf die Bühne geschoben, auf dem ein Pianist einen berühmten Filmschlager von Robert Stolz intonierte. Kiepura sang dazu »Ob blond, ob braun, ich liebe alle Frauen«, und das Publikum johlte vor Begeisterung.

Danach fuhr man in Kiepuras Wiener Mietwohnung in der Hietzinger Wenzgasse. Kaum angekommen, klingelte das Telefon. Direktionsrat Heinrich Reif-Gintl (der viel später dann Operndirektor war) schrie Prawy entrüstet an: »Was Ihr Chef da gemacht hat, ist indiskutabel. Man kann nicht auf der Bühne der Wiener Staatsoper Schlagerzugaben mit Klavierbegleitung singen! Absolut unmöglich! Ich verbiete das!«

Nach der nächsten Vorstellung sprach Kiepura vor dem Vorhang zum Publikum in seinem oft imitierten polnischen Akzent: »Herr Reif-Gintl hat gesagt, darf ich hier nicht singen Schlager mit Klavierbegleitung! Bitte werd ich singen *ohne* Klavierbegleitung!« Er stellte sich hin und schmetterte »Ob blond, ob braun«. A capella.

Unvergleichlicher Jubel im Zuschauerraum – und Prawy war wieder einmal zur richtigen Zeit am richtigen Ort gewesen, um uns eine seiner zahllosen Geschichten hinterlassen zu können.

Am falschen Ort war er nur an jenem 13. März 1938, als Hitlers Truppen in Wien einmarschierten. Der Termin war von den Nazis gewählt worden, um die für April vorgesehene Volksabstimmung über einen »Anschluss« Österreichs an das Deutsche Reich kontrollieren zu können. Da befand sich Marcel Prawy in dem vis-à-vis der Wiener Staatsoper gelegenen Büro des jüdischen Filmproduzenten Oskar Glück und beobachtete mit diesem einen Naziaufmarsch, bei dem die über die Ringstraße ziehenden Horden »Heil Hitler!« und »Juda verrecke!« brüllten. Glück schloss das Fenster, blickte noch einmal auf die grölende Menge und sagte: »Prawy, ich selbst und meine Sekretärin, Fräulein Schlesinger, wir beide stimmen sicher für den Schuschnigg. Aber bei denen da unten bin ich mir nicht so sicher!«

Prawy gelangte mit Jan Kiepura und Marta Eggerth in die USA, wo er all den Großen, hierher Vertriebenen wieder begegnete. Emmerich Kálmán ebenso wie Paul Abraham und Robert Stolz, aber auch Oscar Straus, der in der Fremde darunter litt, mit Johann Strauß verwechselt zu werden. Als Straus einmal in der Constitution Hall in Washington sein Programm »From Strauss to Straus« dirigierte, saß Harry S. Truman im Zuschauerraum. Der überaus musikalische Präsident schickte dem Dirigenten in der Pause seine Visitenkarte in die Garderobe, mit der Bitte, als Zugabe den Donauwalzer zu spielen, schrieb aber vorsichtshalber gleich dazu: »Obwohl ich weiß, dass Sie ihn nicht komponiert haben.«

Die nächste Pointe leitet Prawy mit einem Satz ein, der für weite Teile dieses Buches stehen könnte: »Es ist schrecklich, wenn man über so furchtbare Tage etwas Lustiges erzählt. Aber als man meinem Freund Erich Wolfgang Korngold während des Krieges in Hollywood sagte, die Japaner hätten eine Wasserstoffbombe erfunden, seufzte er:

»Entsetzlich! Wir werden alle blond!«

Nach dem Krieg wieder in Wien, unternahm Prawy den Versuch, die ebenfalls aus der Emigration heimgekehrten, mit ihm befreundeten, untereinander aber auf Kriegsfuß stehenden Komponisten Oscar Straus und Robert Stolz zu versöhnen. Also lud er, obwohl er fast kein Geld hatte, zu einer Party ins Sacher, wo sich die beiden sofort blendend verstanden. Alle Anwesenden hatten den Eindruck, als wären Straus und Stolz immer schon die besten Freunde gewesen. Stolz summte »Leise, ganz leise« und Straus klimperte auf dem Sacher-Klavier »Im Prater blüh'n wieder die Bäume«, sie fielen einander um den Hals, und als sie voneinander Abschied nahmen, schien die Welt endlich so heil zu sein, wie es sich für die Operette geziemt.

Am nächsten Tag waren sie wieder genauso bös aufeinander wie davor. Aber »Marcello« hatte für die Versöhnungsparty sein letztes Geld ausgegeben.

Prawy war nun amerikanischer Kulturbeauftragter in Wien, zu dessen Aufgaben es gehörte, Beiträge für die Wochenschau zu gestalten. Als im Februar 1949 Rudolf Sieczynski seinen 70. Geburtstag feierte, wollte Prawy ein Porträt über diesen drehen. Wer aber war Rudolf Sieczynski? Hauptberuflich Hofrat der Niederösterreichischen Landesregierung, hatte er nebenbei mehr als hundert Wienerlieder komponiert, die alle längst vergessen sind.

Alle – bis auf eines. Das aber wurde zur heimlichen Hymne dieser Stadt: »Wien, Wien nur du allein«.

Prawy kam in die Wohnung des Hofrats, und bat den Komponisten vor laufender Kamera sein berühmtes Lied am Klavier zu spielen. Dabei stellte sich zu »Marcellos« großer Verwunderung heraus, dass Herr Sieczynski kaum Klavier spielen konnte. Was tat Prawy in einer solchen Situation? Er setzte den Komponisten an den Flügel – und legte sich selbst zu seinen Füßen. Unters Klavier.

In dieser Position spielte Prawy das berühmte Lied. In der Wochenschau hat das dann keiner bemerkt, alles wirkte echt. Man sah Sieczynskis Gesicht und Prawys Finger.

Ehe Prawy Chefdramaturg der Staatsoper wurde, bekleidete er diese Funktion an der Volksoper. Eines Abends feierte dort – er weiß, dass das am 14. Dezember 1948 war – Alfred Jergers Neuinszenierung der Operette »Eine Nacht in Venedig« in sensationeller Besetzung Premiere: Esther Réthy, Helge Rosvaenge und Erich Kunz trugen ebenso zum Gelingen des Johann-Strauß-Klassikers bei wie der Dirigent Anton Paulik. Auf der Bühne bewunderte man auch die Damen Maria Olczewska, Hertha Mayen und – in einer kleineren Rolle – die spätere Josefstadt-Schauspielerin und Prawy-Gefährtin Senta Wengraf.

Als Prawy nach der Premiere die Damengarderobe betrat, um den anwesenden Künstlerinnen zu gratulieren, wurde er Zeuge einer Reminiszenz, deren auslösendes Moment Jahrzehnte zurücklag: die Olczewska war Mitte der zwanziger Jahre aus der Staatsoper entlassen worden, weil sie während einer »Walküre«-Vorstellung der Jeritza ins Gesicht gespuckt hatte (dieses jedoch verfehlte und eine neben ihr stehende Kollegin traf). Maria Jeritza hatte damals Emil Schipper, dem feschen Ehemann der Olczewska, schöne Augen gemacht – was diese mit ihrem Speichel rächen wollte.

Ein Vierteljahrhundert war vergangen, als Prawy in die Damengarderobe der Volksoper trat und sogleich feststellen musste, dass die Eifersucht der Olczewska ungebrochen war. Kam sie doch nach der Vorstellung auf eine weitere Untreue ihres Mannes – wenn auch mit einer ganz anderen Sängerin – zu sprechen. »Dieses Schwein, er hat mich betrogen«, brüllte die Diva, »er hat mich betrogen mit einer –

entschuldigen Sie, Frau Mayen: mit einer Hure! Noch dazu – entschuldigen Sie, Herr Prawy: mit einer jüdischen!«

Vor ein paar Jahren traf ich ihn beim Gastspiel des aus Gershwin-Melodien zusammengestellten Musicals »My One and Only« im Wiener Ronacher. Jedem von uns fiel auf, dass die vom Broadway nach Europa gesandten Sänger und Tänzer, wie so oft in solchen Fällen, nicht zur allerersten Garnitur zählten. Als ich »Marcello« bei der Premierenfeier fragte, wie es ihm gefallen hätte, sagte er: »Schau, es war wie ein Film mit Ginger Rogers und Fred Astaire. Nur ohne Ginger Rogers und Fred Astaire.«

Dank seiner originellen Persönlichkeit zählt er seit vielen Jahren zu den meist parodierten Österreichern, was schon zu manch skurriler Situation führte.

So fand vor geraumer Zeit in Salzburg ein großes Musiksymposion statt, zu dem Forscher aus aller Welt angereist waren. Zum Ausklang, der gleichzeitig auch Höhepunkt sein sollte, wurde den Experten die Anwesenheit des berühmten »Opernführers« Marcel Prawy aus Wien angekündigt.

Die Wissenschafter kamen in der Mozartstadt an, diskutierten über diesen und jenen Komponisten, um dann endlich – am letzten Tag – Professor Prawy erleben zu dürfen. Einer der Veranstalter trat ans Podium und kündigte an, dass die Gäste zur Einstimmung erfahren sollten, in welch einzigartiger Weise Herr Dr. Prawy den Österreichern durch seine Fernsehsendungen die Welt der Oper erklärt. Und deshalb sollte zuerst das Videoband einer Prawy-Sendung vorgeführt werden. Und danach würde man – zur Zerstreuung der Gäste und ebenfalls auf Video – eine der hinreißenden Parodien zeigen, die der nicht minder berühmte Kammersänger Heinz Holecek von der Wiener Staatsoper auf den Doktor Prawy macht.

Der Redner verließ das Podium, und ein Techniker legte Videoband Nr. 1 ein.

Leider hatte dieser die angekündigte Reihenfolge missachtet.

Also lief zuerst Heinz Holeceks Parodie.

Und erst danach wurde das Band mit dem echten Marcel Prawy eingelegt.

Die aus Japan, Amerika, aus China, Taiwan und anderen fernen Ländern angereisten Musikologen schauten interessiert zu. Zuerst dem Heinz Holecek, bei dessen Darbietung keine Miene verzogen wurde. Und dann dem Doktor Prawy. Ein kleines Kichern da und dort, dann ein Lächeln und ein heftigeres Lachen. Zu guter Letzt brüllten die Leute lauthals und klopften sich vor Begeisterung auf die Schenkel.

Dieser Prawy, dachten sie, kann diesen Holecek wirklich gut nachahmen. Es war die kuriose Situation eingetreten, dass die Zuseher – die ja weder den einen noch den anderen kannten – Holecek für den »Opernführer« und Prawy für dessen Imitator hielten.

Kaum einer von ihnen verstand auch nur ein Wort Deutsch, doch sie erkannten, dass der Letztere dem Ersteren in Aussehen, Sprache und Gestik sehr ähnlich war.

Professor Marcel Prawy, fanden sie, ist ein prachtvoller Parodist des Heinz Holecek.

Nach allem, was wir den beiden Herren ohnehin schon an Vergnüglichem zu verdanken haben, ist's schön, dass sie uns auch noch diese kleine Geschichte geschenkt haben.

In einem anderen Fall wurde eine Prawy-Parodie, die ich für eine Holecek-Fernsehshow geschrieben hatte, von der Wirklichkeit eingeholt. Nach einer (ebenfalls von »Honzo« gespielten) Frank-Sinatra-Imitation sagte Holecek im Fernsehen »als Prawy«:

»Das, meine Damen und Herren, war unser geliebter Freund Frankieboy Sinatra, genannt ›Die Stimme‹, zu Deutsch ›The Voice‹. Ich hab ihn schon gekannt seinerzeit, da war er noch nicht der King des Entertainments und des Showbusiness. Ich war damals in Philadelphia auf einer Tournee mit dem Titel ›Die Bedeutung des Opernführers für den Middlewest‹. Ich stand gerade vor dem Hotel Giaccomo Puccini, Ecke Gershwin Avenue-Paganini Road und ließ mir die Schuhe putzen. Und wer glauben Sie war mein Shoeshineboy? Natürlich, unser geliebter Freund Frankieboy Sinatra. Es blieb mir nichts anderes übrig, als ihn zu entdecken, ich schleppte ihn in die Carnegie Hall und nach ganz kurzer Zeit war er ein gemachter Mann …«

Soweit der für eine Fernsehshow erfundene Text. Jahre später erfuhr ich, wie Prawy zwar nicht Frank Sinatra, dafür aber einen anderen Sänger auf ganz ähnliche Weise entdeckt hatte, diesmal aber wirklich: Als der »Opernführer« Mitte der fünfziger Jahre mit einem alten Oldsmobile durch den US-Bundesstaat Pennsylvania reiste und mit einer Reifenpanne auf einem Highway stehen bleiben musste, half ihm ein freundlicher schwarzer Herr beim Wechseln des Rades. Am selben Abend schon war Prawy in die »Kiss me Kate«-Vorstellung eines nahen Theaters eingeladen, in dem der Hilfsbereite – er hieß Hubert Dilworth – mitspielte. Und wenige Monate später sang Mr. Dilworth an der Wiener Volksoper eine der Hauptrollen desselben (natürlich von Prawy produzierten) Musicals. Prawy war seiner eigenen Parodie zuvor gekommen.

Es war ihm zur richtigen Zeit am richtigen Ort ein Reifen geplatzt.

Ich bezweifle übrigens, ob er das defekte Rad selbst hätte reparieren können, denn »Marcello« ist mit den täglichen Dingen des Lebens weit weniger vertraut als mit der Opernwelt. Einige biografische Details deuten sogar darauf hin, dass er schon ein zerstreuter Professor war, noch ehe er diesen Titel trug: Jedenfalls behauptet Marta Eggerth, dass sich auf dem Schreibtisch ihres Mannes Jan Kiepura heute noch* von ihm unerledigte Briefe aus dem Jahr 1937 türmen.

Senta Wengraf, seine Lebenspartnerin seit einem halben Jahrhundert, erklärt das Phänomen Prawy damit, dass die eine seiner beiden Hirnhälften so voll sei, dass sich in der anderen kein Platz mehr findet. »Er spricht sieben Sprachen, ist universell gebildet, aber im Alltag völlig hilflos. Sie können ihn im Sommer mit Pelzschuhen antreffen, und im Winter vergisst er, dass es kalt ist.«

Wie wenig Beziehung er zu außermusikalischen Angelegenheiten hat, zeigt auch diese, in den fünfziger Jahren angesiedelte Geschichte: Eine größere Gruppe lauschte nach einer Vorstellung von »Porgy und Bess« im Restaurant Falstaff neben der Volksoper den wie immer geschliffenen Worten des »Opernführers«, als ein bildhübsches Mädchen bei der Tür herein kam und ratlos in die Runde blickte. Olive Moorfield stupste Prawy: »Schau, wie hübsch die ist.«

Da drehte er sich um und erschrak: »Um Gottes willen, das ist meine neue Freundin. Ich hab sie in der Oper vergessen!«

Wenn man Prawy fragt, wie lange er zur Vorbereitung einer Fernsehsendung oder eine Opernmatinee benötigt, pflegt er zu antwor-

* erzählt im März 2001

ten: »Siebzig Jahre und zwei Stunden. Die siebzig Jahre hab ich hinter mir. Jetzt kommen die zwei Stunden dran.«

Jede Minute seiner Matineen ist präzise kalkuliert, nichts dem Zufall überlassen. Ich war einmal bei den Vorbereitungen zu einer Robert-Stolz-Matinee in der Staatsoper dabei. Prawy und Einzi Stolz besprachen die Themen: Da würde man ein bisschen über des Meisters Geburtsstadt Graz plaudern, hier ein paar Minuten über Wien, dort über die Jahre in Amerika. Plötzlich setzte die Witwe zu einer Geschichte an, die von einer Stolz-Tournee nach dem Krieg handelte. Sie holte so weit aus, dass sie der immer ungeduldiger werdende Prawy nach einer halben Stunde unterbrach.

»Wunderbar, Einzi, genauso wirst du es morgen in der Oper erzählen«, sagte er. »Aber statt einer halben Stunde gebe ich dir 45 Sekunden.«

»Wieviel?«, fragte die Witwe, der Verzweiflung nahe.

»45 Sekunden«, wiederholte Prawy. »Und für jede Sekunde, die du überziehst, stoß ich dich mit dem linken Fuß, dass der Tisch wackelt, hinter dem wir sitzen.«

Ich war dann in der Matinee. Einzi setzte zur Langversion an – und der Tisch wackelte, dass es eine Freude war. Nach zehn Minuten muss sie ein blaues Schienbein gehabt haben.

Krank zu sein, kommt für Prawy nicht in Frage, es ist viel zu viel zu tun. Da eine Sendung, dort an einem Buch schreiben und eine Matinee vorbereiten. Während eines »Aida«-Einführungsvortrags in St. Margareten stürzte er so unglücklich, dass er an der Hüfte operiert werden musste. Selbstverständlich arbeitete er sofort nach dem Erwachen aus der Narkose im Spital weiter. Ein paar Tage später bedankte er sich bei seinem Chirurgen Gottfried Sauer in Eisenstadt: »Sie waren so nett zu mir, Herr Primarius, dass ich zu sagen geneigt bin: ›Ich freu mich schon auf meinen nächsten Bruch!‹«

Es ist wohl eine ganz ausgeprägte Form von Neugierde, der er sein enormes Wissen verdankt, das weit über die Musikwelt hinausgeht. Und weil er nun einmal so neugierig ist, rief er nach der Operation vom Krankenbett aus eine Journalistin an, um sie zu fragen, ob sie schon seinen Nachruf geschrieben hätte.

»Ja«, gab sie offen zu.

»Also«, forderte sie Prawy, neugierig, wie er eben ist, auf, »dann zeig ihn mir!«

Wir wissen nicht, ob er seinen eigenen Nachruf lesen durfte – wollen aber noch sehr, sehr lange nicht erfahren, was drinnen steht.

»Hallo, hier Otto!«

Geschichten aus adeligen Häusern

Die rund sechshundert Jahre währende Habsburgermonarchie hat in Österreich – wie in allen Teilen des zerfallenen Reiches – gewaltige Spuren hinterlassen. Man erkennt diese nicht nur an den imperialen Gebäuden der einstigen k. u. k. Metropolen Prag, Brünn, Budapest, Krakau, Triest oder Wien, sondern auch an den Bewohnern dieser und anderer Städte und Landstriche. Besonders bei jenen, deren Ahnen zu den Mächtigen des Vielvölkerstaates zählten. Wir sind, wie unschwer wahrzunehmen, bei den Mitgliedern des Adels angelangt.

Natürlich mag es immer noch ein paar Aristokraten vom Typus »Graf Bobby« geben, die meisten jedoch haben sich längst mit der neuen – jetzt schon mehr als acht Jahrzehnte alten – Situation abgefunden und in ihr zu leben gelernt. Mitunter haben sie von ihren Ahnen nebst Umgangsformen (und dem einen oder anderen Anwesen vielleicht) ein beachtenswertes Quantum an Originalität geerbt. Und diesem wollen wir hier auf die Spur kommen. Ich beginne damit in den höchsten, was sage ich: in den allerhöchsten Kreisen.

Es war im Herbst 1996, als ich ein Drehbuch für eine Fernsehdokumentation über die Wiener Kapuzinergruft schrieb. Als es fertig war, gewährte mir der einstige Thronfolger Otto von Habsburg ein mehr als zweistündiges Interview, in dem er sehr offen von den Stärken und Schwächen seiner in der Gruft beigesetzten Ahnen – von Leopold I. über Maria Theresia bis Kaiser Franz Joseph – erzählte. Und er sprach auch über die Mönche des Kapuzinerordens, die die Begräbnisstätte des Herrscherhauses im Herzen Wiens seit Jahrhunderten betreuen.

Das Interview fand auf ausdrücklichen Wunsch des Habsburgers nicht in der Kaisergruft, sondern in einem TV-Studio statt. Als Kameras und Scheinwerfer wieder abgedreht waren, plauderten wir noch ein wenig weiter, und da fragte ich den Sohn des letzten Kaisers, wie oft er denn bisher in der Gruft seiner Ahnen gewesen sei.

»Ich war«, antwortete er nach kurzer Überlegung, »nur dreimal dort. Das erste Mal 1916, beim Begräbnis Kaiser Franz Josephs, da war ich vier Jahre alt, und ich erinnere mich an die vielen Menschen, die mir damals riesig groß erschienen, da ich selbst ja noch sehr klein war. Dann war ich einmal in den siebziger Jahren dort, einfach aus Interesse, um mir all die Sarkophage in Ruhe ansehen zu können. Und zuletzt 1989, beim Begräbnis meiner Mutter, der Kaiserin Zita. Ja, dreimal bin ich dort gewesen, öfter nicht.«

Rudolf Klingohr, der die Dokumentation produzierte, Walter Kienreich, der Regisseur, und ich blickten die Hoheit verwundert an. »Sie waren nur dreimal in der Kapuzinergruft?«, fragte einer von uns.

»Ja, wissen Sie«, vertraute uns Otto von Habsburg lächelnd an, »jedesmal, wenn ich dort hinkomme, habe ich den Eindruck, die Patres schaun mich ganz genau von oben nach unten an, um schon einmal Maß zu nehmen. Für später dann!«

Die zweite Otto von Habsburg-Anekdote erfuhr ich von Gerhard Tötschinger, der ein Buch über die Emigrationsjahre des einstigen Thronfolgers verfasste. Nach seinem missglückten Restaurationsversuch im Februar 1938 ging der Sohn Kaiser Karls ins Pariser Exil. Dort hielt sich auch Josef Roth auf, der dem Untergang der Donaumonarchie in seinem Roman »Radetzkymarsch« ein einzigartiges Denkmal gesetzt hatte.

Der Schriftsteller bezeichnete sich selbst als Legitimisten, sah Otto als seinen »Kaiser mit der unsichtbaren Krone auf dem Haupt« und war ihm in unbedingter Treue ergeben.

Roth war schwerer Alkoholiker und befand sich in jenen Frühlingstagen des Jahres 1939 in einem bedauernswerten Zustand, zumal er in geradezu selbstmörderischer Weise Unmengen des hochprozentigen Trinkbranntweins Absinth zu sich nahm. Ein Arzt, den er in der französischen Metropole konsultiert hatte, sah keinen anderen Ausweg, als sich an Otto von Habsburg zu wenden: »Sie sind der einzige, auf den er hört, machen Sie etwas, damit Roth aufhört zu trinken, denn sonst wird er in wenigen Wochen tot sein.«

Habsburg ließ den Dichter zu sich kommen und teilte ihm in eindringlichen Worten mit: »Herr Roth, Sie wissen, dass ich hier in Vertretung der Dynastie spreche. Ich befehle Ihnen, mit dem Trinken aufzuhören.«

Roth ging in Habt-Acht-Stellung und verabschiedete sich von seinem Kaiser.

Er hat von diesem Tage an keinen Tropfen mehr getrunken.

Leider war es bereits zu spät. Der Dichter starb wenige Wochen später, nicht ganz 45 Jahre alt, in Paris.

Nach dem Krieg stellte Otto von Habsburgs geplante Einreise nach Österreich für viele Sozialisten ein großes Problem dar. Ausgerechnet am Höhepunkt der »Habsburgkrise« des Jahres 1966 – als Otto erstmals wieder österreichischen Boden betrat – beschäftigte Bundespräsident Franz Jonas einen Pressesprecher namens Dr. Alexander Otto. Ein Anrufer, der in der Präsidentschaftskanzlei Auskunft in einer Presseangelegenheit suchte, wunderte sich, dass sich am Telefon der Hofburg jemand mit den Worten »Hallo, hier Otto!« meldete.

Fassungslos fragte der Anrufer: »Ist es schon wieder so weit?«

Das Haus Habsburg spielt auch in einer Wortmeldung des bereits mehrfach zitierten Publizisten Lucian O. Meysels eine wesentliche Rolle. Als dieser nämlich vor einigen Jahren die Frage stellte, wer der rechtmäßige Besitzer der in der Wiener Schatzkammer aufbewahrten österreichischen Kaiserkrone sei, lieferte er gleich die Antwort mit. Die da lautete: Weder das Haus Habsburg noch die Republik Österreich dürften als Eigentümer des vielleicht wertvollsten aller Staatsschätze angesehen werden. Sondern – und jetzt kommt's: er, Lucian O. Meysels, selbst.

Schien die Theorie vorerst auf die Notwendigkeit einer fachärztlichen Konsultation schließen zu lassen, so konnte sie von dem promovierten Historiker dann doch noch recht schlüssig begründet werden.

Also: Kaiser Rudolf II., der einzige Habsburger, der in Prag residierte, ließ die Kaiserkrone an der Wende vom 16. zum 17. Jahrhundert in der Hofwerkstatt der böhmischen Metropole, sozusagen als Privatkrone, anfertigen. Wobei sein Kammergoldschmied Jan Vermeyen in der Verwendung von massivem Gold und teuersten Edelsteinen äußerst großzügig umging.

Und das, obwohl Rudolf – der durch Grillparzers »Bruderzwist in Habsburg« einen Platz in der Literaturgeschichte fand – permanent unter finanziellen Nöten litt. Also lieh sich der Kaiser das Geld zur Herstellung der, wie viele meinen, schönsten und wertvollsten Krone der Welt vom Vorsitzenden der jüdischen Gemeinde in Prag, dem reichen Kaufmann Mordechai Maisel*. Dessen (vielfacher) Urenkel Lucian ist.

Kaiser Rudolf aber hat das ihm geliehene Geld nie zurückgezahlt. »Zugegeben, er hatte große Schwierigkeiten mit seiner engeren Familie«, beruft sich Mordechais Nachfahre Lucian auf Grillparzer, »aber dann sollte man sich halt keine Privatkrone anfertigen lassen.«

Spätestens, als Kaiser Rudolf 1612 – ohne auch nur einen Dukaten seiner enormen Außenstände bei Uropa Mordechai beglichen zu haben – das Zeitliche segnete, wäre also die Übergabe der Kaiserkrone an die Familie Maisel, die sie schließlich und endlich bezahlt hatte, fällig gewesen.

Zumal sich Rudolfs Nachfolger, Kaiser Matthias, standhaft weigerte, die Schulden seines Bruders zu übernehmen.

»Die Familie Meysels«, hat Lucian seinen Humor dennoch behalten, »sollte sich vom Verlust des Geldes in den letzten vierhundert Jahren nicht mehr erholen.«

Auch sonst nimmt der Journalist das Abhandenkommen des teuren Prunkstücks eher gelassen hin. Sollte ihm die Krone überraschenderweise einmal zugesprochen werden, »würde ich sie weder aufsetzen noch in meiner bescheidenen Wiener Behausung aufstel-

* Schreibweise auch: Meisel, Meisels, Meysels

len. Ich leihe sie der Schatzkammer unter der Bedingung, dass daneben eine Tafel aufgestellt wird: ›Eigentum von Mordechai Maisel, Primator der Prager Judengemeinde.‹ Recht muss schließlich Recht bleiben«*.

Wieder zurück in unser Jahrhundert (das jetzt auch schon »das vorige« ist), kehren wir kurz in das prachtvolle Wiener Palais Schwarzenberg ein. Es liegt auf dem nach Karl Philipp zu Schwarzenberg benannten Schwarzenbergplatz und wird seit den zwanziger Jahren des 18. Jahrhunderts vom jeweiligen Fürsten und seiner Familie bewohnt.

Josef Fürst Schwarzenberg war in den ersten Jahren der Zweiten Republik das Oberhaupt des alten Geschlechts und lebte daher in dem an der Grenze vom dritten zum vierten Wiener Gemeindebezirk gelegenen Palais.

Besagtem Fürsten wird wohl jeder, der die nun folgende Episode erfahren hat, ein zumindest kauziges Verhalten attestieren.

Die Geschichte führt uns in die Apriltage des Jahres 1945, in denen der Schwarzenbergplatz einen Namen erhielt, mit dem die Wiener so gar keine Freude hatten: das Areal vor dem Hochstrahlbrunnen hieß nun, nachdem die Sowjets in Österreich einmarschiert waren, Stalinplatz.

In jenen Nachkriegstagen also war der nunmehrige Fürst Josef Schwarzenberg zu einem – sicherlich nicht sehr opulenten – Nacht-

* Der schriftliche, von der kaiserlichen Hofkammer bestätigte Beleg für die Ansprüche der Familie Maisel (heute: Meysels) ist in einer Vitrine der Maisel-Synagoge in der Prager Maiselova Straße ausgestellt.

mahl geladen, in dessen Verlauf ihm von einem der Gäste die Frage gestellt wurde, wo er denn wohnte.

In seiner Antwort sollte sich der Aristokrat als schlagfertig erweisen. Sagte Josef Schwarzenberg doch: »Ich wohne auf dem nach mir benannten Stalinplatz!«

Die Reaktion des Fürsten Schwarzenberg erfüllt die beiden wesentlichen Kriterien einer guten Anekdote: Sie ist unterhaltsam und charakterisiert gleichzeitig ein wenig die Person, die in ihrem Mittelpunkt steht. Man sollte also – im Idealfall – über eine Anekdote nicht nur lachen, sondern aus ihr auch ein wenig von der Zeit erfahren können, in der sie handelt.

In dem nun folgenden Fall fehlt eines dieser beiden Merkmale, wie wir gleich erkennen werden.

Willy Thurn und Taxis ist ein Original der Wiener Gesellschaft, und er kennt die altösterreichische Geschichte, die zu einem Gutteil die Geschichte seiner Familie ist. Als ich einmal mit ihm ins Gespräch kam, befragte ich ihn über den Wahrheitsgehalt jener wohl berühmtesten Anekdote, die seiner Dynastie entsprang: Ein Herr zu Thurn und Taxis sei bei Kaiser Franz Joseph in Audienz erschienen. Der Monarch aber saß über seinen Akten und sah kaum auf, als der Fürst den Raum betrat. Da räusperte sich dieser, um auf sich aufmerksam zu machen. Worauf ihn der Kaiser, nach wie vor ohne ihn eines Blickes zu würdigen, aufforderte: »Nehmen Sie doch einen Sessel.«

Betroffen über die geringe Beachtung, betonte der Aristokrat laut und deutlich: »Ich bin der Fürst Thurn *und* Taxis!«

»Ja dann«, so der Kaiser in dieser berühmten Anekdote, »dann nehmen Sie halt *zwei* Sessel.«

Willy Thurn und Taxis lächelte zwar, als ich die kleine Geschichte beendet hatte, womit deren erstes Kriterium – der Unterhaltungswert – erfüllt war. Beim zweiten haperte es allerdings, erklärte mir doch Fürst Willy: »Eine schöne Anekdote, aber unwahr. Bei den Audienzen des Kaisers ist man nämlich nie gesessen.«

Und damit sitzt auch die Pointe nicht. Also ist es hier zum letzten Mal passiert, dass man diese so schöne und oft zitierte Geschichte guten Gewissens erzählen konnte.

Bei der nächsten besteht keine Gefahr, mit einer solchen Problematik konfrontiert zu werden, habe ich sie doch aus allererster Hand erfahren:

Antal Festetics – dessen Großtante, die Gräfin Marie Festetics, eine Hofdame der Kaiserin Elisabeth war – zählt zu den führenden Wildbiologen Europas und ist überdies als Moderator populärwissenschaftlicher Tiersendungen im Fernsehen bekannt geworden. Von dieser, seiner Tätigkeit handelt die nun folgende Geschichte.

Der Professor gestaltete Mitte der neunziger Jahre für den ORF einen Film über Bären. In diesem wurde eine überaus dramatische Szene gezeigt, die ein Amateurfilmer zufällig im Zoo von Peking eingefangen hatte: Man sah drei Chinesen, die vor dem Käfig der Pandabären standen. Nun drehte sich einer der Herren mit dem Rücken zum Käfig, um sich von einem der anderen Herren fotografieren zu lassen.

In dem Moment, da der Mann seinen Rücken dem Käfig zuwandte, packte ihn das bärenstarke Tier und versuchte ihn durch die Gitterstäbe in den Käfig zu zerren.

Die Attacke endete glimpflich, da es den beiden anderen Chinesen gelang, ihren Freund den Krallen des Pandabären zu entreißen.

Das aufgebrachte Tier musste sich schließlich mit dem eroberten Anorak seines Opfers zufrieden geben – wobei Professor Festetics Wert darauf legt, dass der Pandabär Vegetarier ist und in diesem speziellen Fall nur deshalb gefährlich wurde, weil er sein Territorium bedroht sah.

Als Festetics aber, wie er mir erzählte, mit seinem Team am Schneidetisch saß, um seine Bären-Dokumentation zusammenzustellen, gab der Cutter zu Bedenken, dass der Amateurfilm leider ohne Ton sei und damit in dieser Form nicht gesendet werden könne.

Die Experten berieten nun, wie man – um die Atmosphäre des Zoos in Peking auch akustisch einzufangen – zu ein paar chinesischen Wortfetzen gelangen könnte. Festetics selbst hatte die rettende Idee. Er ging mit den Tonleuten in ein ihm bekanntes China-Restaurant im dritten Wiener Gemeindebezirk und ließ an der Kassa ein paar zufällig gefallene Worte aufnehmen, die dann dem Film unterlegt wurden.

Die Dokumentation »Der große Bruder Bär« lief dann samt Ton mit Erfolg im Fernsehen.

Einige Tage später freilich wurde Festetics von einem Angehörigen der chinesischen Botschaft angesprochen. »Herr Professor«, sagte der Diplomat, »das war ein sehr schöner Film, den Sie gezeigt haben, wir haben uns auch sehr darüber gefreut, dass Sie einen Beitrag aus dem Zoo in Peking gebracht haben. Nur eines, Herr Professor, haben wir nicht verstanden ...«

»Ja, was denn?«, wollte Festetics wissen.

»Warum hat, während wir den Herrn sahen, der um sein Leben kämpfte, jemand im Hintergrund auf Chinesisch zwei Frühlingsrollen bestellt?«

Adelige waren es wohl in erster Linie, die im alten Offizierskasino der steirischen Metropole Graz ein und ausgingen. In den zum Kasino gehörenden Separees fanden bis 1914 ausgelassene Feste statt, bei denen die schönsten Mädchen der Stadt gern gesehen waren. Auf der vorgedruckten Einladungskarte zu einer solchen Feier fand sich die Adresse des Veranstaltungsorts: »Offizierskasino Graz, Eingang Jungferngasse/Ausgang Frauengasse.«

Dass das kein Witz ist, bestätigt der als Quelle überaus glaubwürdige Kunsthistoriker Professor Walter Koschatzky, der in Graz geboren und aufgewachsen ist: Das Kasino hatte tatsächlich zwei Tore, die zu den beiden aneinander grenzenden Straßen im Herzen der Stadt führten.

Bald war's vorbei mit derartigen Veranstaltungen, gab es doch während des Ersten Weltkriegs und in der ihm folgenden Republik wenig Anlass zum Feiern. Wohl auch deshalb, weil dem Adel nach dem Zusammenbruch der alten Monarchie sämtliche Privilegien verlustig gingen.

Der Umstand, dass die vor allem im Kaffeehaus übliche Begrüßung »Verehrung, Herr Graf« oder »Habedjehre, Herr Baron« plötzlich untersagt war, hatte natürlich keineswegs zur Folge, dass Aristokraten hierzulande gänzlich auf ihre Titel verzichten mussten. Als kleiner Beleg dafür mag angeführt werden, dass – Jahrzehnte später – in der Kanzlei des Bundespräsidenten angefragt wurde, warum der Sohn des letzten Kaisers »Herr Dr. Habsburg« tituliert würde, der berühmte Dirigent jedoch »Herr von Karajan«.

Die Antwort des mit dieser heiklen Causa betrauten Hofrats lautete: »Herbert von Karajan ist der Künstlername des Herrn Karajan.«

Ein anderer adeliger Künstler, der sich im gesamten deutschen Sprachraum großer Beliebtheit erfreute, war der Schauspieler, Regisseur und Bühnenautor Axel von Ambesser (der in Wahrheit Alexander von Oesterreich hieß). Als er einmal im Theater in der Josefstadt gastierte, wurde er von einem Garderobier ständig als »Herr Professor« angesprochen, wogegen sich dieser zur Wehr setzte.

»Lieber Pokorny«, sagte Ambesser, »ich bin kein Professor!«

Es vergingen keine zehn Minuten, da sprach der Garderobier, wie kaum anders zu erwarten, Ambesser neuerlich als »Herr Professor« an.

»Nein!«, insistierte der Schauspieler. »Ich bin Ambesser, aber kein Professor!«

Als der Garderobier nach der Pause einmal mehr »Herr Professor, bitte umziehen« rief, wollte der Künstler der Sache auf den Grund gehen: »Hören Sie, Pokorny«, fragte er, »warum sagen Sie denn immer Professor zu mir?«

Da gab der Garderobier möglicherweise den wahren Hintergrund jeglicher Titelsucht in Österreich bekannt: »Schaun S' Herr Professor, mir können sich ja nicht einen jeden Namen merken.«

»Ich spiel nur Päpste«

Von Emigranten und Heimkehrern

Bei den gemütlichen Zusammenkünften im Hause des Schauspielers Turhan Bey in der Wiener Paradisgasse gewinnt man hin und wieder den Eindruck, die Zeit sei auf wundersame Weise stehen geblieben. Denn hier erfährt man die schönsten Geschichten aus dem alten Wien – in dem der Hausherr geboren wurde. Und aus dem alten Hollywood – wohin er 1938 emigriert war und wo er eine ganze Reihe ziemlich erfolgreicher Filme drehte.

Turhan, ein Charmeur der alten Schule, kannte in der Filmmetropole Gott und die Welt – von Otto Preminger, mit dem er befreundet war, über Katherine Hepburn, mit der er »Dragon Seed« drehte, bis zu Lana Turner, mit der er liiert war.

Eine der Geschichten, die ich von Turhan mitnahm, betraf den aus Wien stammenden Schriftsteller Robert Thorsch, dessen Vater schon in Torbergs »Tante Jolesch« Erwähnung fand: Der Wiener Fabrikant Thorsch hatte seinem Raseur Langer, der jahrelang zu ihm ins Haus kam, so lange mit allen erdenklichen Launen zugesetzt, bis diesem der Kragen platzte. Langer hörte mitten im Einseifen auf, packte wortlos sein Zeug zusammen und verschwand. Thorsch senior versuchte es mit anderen Raseuren, von denen aber keiner über Langers Qualitäten verfügte. Eines Tages verließ der alte Thorsch in formeller Besuchskleidung das Haus und sagte zu seinem

Sohn: »Im Leben eines jeden Mannes kommt einmal der Tag, an dem er entweder um Entschuldigung bitten oder sich selbst rasieren muss. *Ich* geh mich entschuldigen.«

Hat der Sohn bei Torberg also bloß eine passive Rolle gespielt, so spielt er in der Geschichte, die mir Turhan Bey erzählte, eine höchst aktive. Thorsch junior, der unter dem Namen Robert Thoeren ab den frühen dreißiger Jahren als erfolgreicher Drehbuchautor tätig war, besuchte nach dem Krieg eine Kinovorstellung. Man gab die Komödie »Fanfaren der Liebe«, in der Dieter Borsche einen stellungslosen Musiker spielte, der sich in Frauenkleider zwängt, um so wenigstens in einer Damenkapelle Aufnahme zu finden. Während das Publikum infolge der sich aus der Kostümierung ergebenden Verwechslungen im Kino Tränen lachte, blieb Thoeren ganz ernst. Ein Freund, der ihn begleitet hatte, fragte nach der Vorstellung, ob ihm der Film nicht gefallen hätte. »Oh, doch«, sagte Thoeren, »sehr gut sogar, aber ...«

»Aber was?«

»... aber das Drehbuch stammt von mir, das hab ich vor zwanzig Jahren geschrieben.«

Tatsächlich hatte Thoeren das Buch zu dem 1935 in Paris gedrehten Film »Fanfare d'Amour« verfasst. Jedes Wort des neuen Filmes stammte von ihm, man hatte nur die Handlung von Frankreich nach Deutschland verlegt.

»Du musst sofort klagen«, riet der Freund, »dafür wirst du eine schöne Stange Geld kriegen.«

»Ich denke nicht daran«, blieb Thoeren gelassen und rieb sich die Hände. »Ich warte noch. Der Film wird viel Geld einspielen. Je später ich mich melde, desto mehr werde ich kassieren.«

So war's dann auch, Robert Thoeren rief nach Monaten bei der

Produktionsfirma an und bekam anstandslos eine nicht unbeträchtliche Summe ausbezahlt – womit die Klage hinfällig wurde. Die Filmleute wussten genau, wie aussichtslos ein derartiger Prozess gewesen wäre.

Die eigentliche Geschichte um »Fanfaren der Liebe« beginnt freilich erst jetzt. Thoeren, der die Nazizeit in Los Angeles überlebt hatte, war nach dem Krieg nach Europa zurückgekehrt, besuchte aber von hier aus regelmäßig seine alten Freunde in Hollywood, zu denen Billy Wilder gehörte. Diesem erzählte er jetzt, unter welch kuriosen Umständen er vom Remake seines Streifens »Fanfare d'Amour« erfahren hatte. Wilder wollte den Film sehen, worauf Thoeren beim nächsten Treffen eine Kopie mitbrachte, die sie sich gemeinsam ansahen.

Wilder war hingerissen, kaufte Thoeren den Plot ab und drehte, basierend auf dessen Grundhandlung, einen seiner größten Erfolge überhaupt: »Some Like it Hot« (»Manche mögen's heiß«). Aus dem stellungslosen Musiker in Frauenkleidern wurden zwei, dargestellt von Jack Lemmon und Tony Curtis, und dem Vorspann zu »Some Like it Hot« ist für alle Zeiten die Urheberschaft zu entnehmen: »Buch Billy Wilder, I. A. L. Diamond, nach einer Story von Robert Thoeren.«

Leider hat er den Welterfolg seines (zweiten) Remakes nicht mehr erlebt – Robert Thoeren, der Sohn des Fabrikanten Thorsch, starb im Juli 1957 an den Folgen eines Autounfalls.

Thoeren konnte, als er nach Hollywood emigriert war, kein Wort Englisch, weshalb er sich bei seinen ersten Partybesuchen mit »Me English Writer« vorstellte. Doch er lernte die Sprache schnell und schrieb derart zugkräftige Drehbücher, dass Fritz Kortner in Hollywood verbreitete: »Es gibt keine Autoren mehr, sondern nur noch Authoeren!«

Wie alle Schriftsteller – und naturgemäß auch die Schauspieler – zählte Thoeren zu jenen Emigranten, die das Sprachproblem am härtesten traf. Als Turhan Bey, Sohn eines türkischen Diplomaten und einer Wienerin, nach Österreichs »Anschluss« an Hitler-Deutschland in Los Angeles ankam, mietete er sich, gemeinsam mit seiner Mutter und der ebenfalls geflüchteten Großmutter in einem Haus ein. Eines Morgens läutete es an der Türe, die Großmama öffnete und wurde von einem fremden Herrn gefragt: »You want eggs?«

»Leider«, bedauerte die alte Dame, »ich kann nicht Englisch.«

Worauf der Fremde erleichtert erwiderte: »Ich auch nicht!«

Frederic Morton, dem wir schon in zwei vorangegangenen Kapiteln begegneten, und der heute zu den führenden Essayisten der USA zählt, erklärte mir, warum man die von den Exilösterreichern in New York vorrangig frequentierte 72. Straße im Volksmund »Cincinnati-Street« nannte: »Wann immer man dort eine Wiener Emigrantin traf, wurde sie gefragt: ›Sind Sie net die ...?‹«

Mortons Eltern war die Gnade zuteil geworden, ihren siebzigsten Hochzeitstag erleben zu dürfen, aus dessen Anlass man in ihrer Wahlheimat Miami eine kleine Party gab. Der 96 Jahre alte Herr stand während der Feier auf, erhob sein Glas und sagte, nach sieben gemeinsam verbrachten Jahrzehnten, zu seiner 92-jährigen Frau: »Also, wenn ich gewusst hätte, wie lang unsere Ehe dauern wird, hätte ich mir das damals genauer überlegt!«

Wie Robert Thoeren konnte auch mein Onkel Francis Lederer (für den dieser übrigens das Script zu dem Film »Stolen Identity« geschrieben hatte) kein Wort Englisch, als er am Broadway seine internationale Karriere startete, die dann in Hollywood ihre Fortsetzung fand. Francis erzählte mir, dass er die ersten Drehbücher Wort für Wort auswendig lernen und von einer Lehrerin namens Flossie Friedman übersetzen lassen musste, um überhaupt die Handlung verstehen und die jeweils passenden Gesten und Emotionen zeigen zu können.

Als er einige Jahre später die Hauptrolle in »The Bridge of San Luis Rey« spielte, muss sein Englisch schon wesentlich besser gewesen sein. Ich erwähne den Film, um auf diese Weise zu einer Geschichte überzuleiten, in deren Mittelpunkt einmal mehr Österreichs wohl berühmtester Hollywood-Emigrant steht, nämlich Billy Wilder.

Das Drehbuch zu »Die Brücke von San Luis Rey« basierte auf einem Roman von Thornton Wilder, der eine Zeit lang Amerikas Bestsellerlisten anführte. Als Billy Wilder 1934 nach Hollywood kam, fiel ihm eben dieser Roman seines Namensvetters in die Hände – und das brachte ihn auf eine Idee.

Billy Wilder ging es anfangs gar nicht gut in den USA, was seiner in Wien lebenden Mutter Eugenia große Sorgen bereitete. Und so erfand er, um sie zu beruhigen, eine kleine Komödie (was er ja, wie wir wissen, besonders gut kann): Billy Wilder kaufte das Buch »The Bridge of San Luis Rey« von Thornton Wilder, steckte es in ein Kuvert und schickte es seiner Mutter nach Wien. In einem Brief, den er dem Roman beilegte, war zu lesen, dass er sich einen neuen Vornamen zugelegt und unter diesem ein Buch verfasst hätte. Im Kuvert lag auch die Bestsellerliste des »Time«-Magazine, in der Thornton Wilder tatsächlich an vorderer Stelle platziert war.

Als es Billy Wilder dank erster Drehbuchaufträge besser ging, plagte ihn das schlechte Gewissen, seine Mutter belogen zu haben, weshalb er ihr in einem weiteren Brief gestand, dass nicht er, *Billy* Wilder, »Die Brücke von San Luis Rey« geschrieben hätte, sondern ein anderer, ein gewisser *Thornton* Wilder eben, mit dem ihn nur eine zufällige Namengleichheit verband.

Da fiel Billys Mama ein Stein vom Herzen, und sie schrieb zurück: »Gott sei Dank. Das Buch hat mir ohnehin nicht gefallen!«

Billy Wilder hat auch für meinen Onkel ein Drehbuch verfasst, es hieß »Midnight« und wurde 1939 in Hollywood verfilmt. Francis spielt darin einen reichen Lebemann, der von einer falschen Baronin verführt wird. Die Hochstaplerin – dargestellt von Claudette Colbert – sagt in diesem Film zu ihm: »Du darfst nie heiraten! Es würde zu viele Frauen enttäuschen.«

So schön war Onkel Francis!

Ich lernte Billy Wilder 1986 in Hollywood kennen. Er war mit seinen achtzig Jahren genauso witzig, charmant und spitzbübisch wie in seinen Glanzzeiten. Als wir auf Wien zu sprechen kamen, fragte er nach meiner Wohnadresse, die damals Ecke Josefstädter Straße/ Buchfeldgasse lag. Da erzählte er mir, dass er in den letzten Jahren der Monarchie in eben jener Buchfeldgasse das Privatgymnasium Juranek besucht hatte, dem gegenüber in jenen Tagen ein stadtbekanntes Stundenhotel lag. Klar, dass das Bordell die bevorzugte Blickrichtung der Buben war. Während sein Geographieprofessor über die Anden und Südamerika sprach, verweilten Billys Gedanken bei der üppigen Rothaarigen im Hotelzimmer gegenüber, in das er durch die Fenster sah, wie er erzählte. Als ich ihn fragte, ob dieser Ausblick Einfluss auf seinen im Rotlichtmilieu spielenden Film »Das

Mädchen Irma La Douce« gehabt hätte, antwortete er mit einem klaren Wort: »Darauf können Sie Gift nehmen!«

Auch andere Erinnerungen aus dem alten Wien wurden hervorgekramt. Hier hatte er seine Leidenschaft für den Film entdeckt und – auf fragwürdige Weise finanziert: Billy leerte Vaters besten Bordeauxwein in den Ausguss und kassierte dann das Flaschenpfand, mit dem er sich jeweils eine Vorstellung im »Kristallkino« leisten konnte.

Ob all seine Erzählungen für bare Münze zu nehmen sind? »Ja, wissen Sie«, sagte er zu mir, während er sich eine dicke Zigarre anzündete, »wenn man so alt ist wie ich, kann man lügen, so viel man will. Es lebt sowieso kein Mensch mehr, der das Gegenteil behaupten kann.«

Garantiert wahr sind die beiden folgenden Billy-Wilder-Geschichten. Zur ersten ist vorauszuschicken, dass bei der alljährlichen »Oscar«-Verleihung in Hollywood – wenn auch vielfach zu Unrecht – keine Nominierung so wenig Ansehen genießt wie die für die Kategorie »Bester ausländischer Film«. Als nun Wilder Anfang der fünfziger Jahre mit den Dreharbeiten zu »Boulevard der Dämmerung« begann, wies er seinen Kameramann John F. Seitz an: »Johnny, immer etwas unscharf und leicht verwackelt. Ich möchte unbedingt den ›Oscar‹ für den besten ausländischen Film gewinnen.«

Zu »Manche mögen's heiß« ist der Name Marilyn Monroe nachzutragen. Billy Wilder hat, wie er mehrfach bekundete, schrecklich unter der Zusammenarbeit mit ihr gelitten. »Ich hatte mit ihr ja schon ›Das verflixte siebente Jahr‹ gedreht und wusste daher, dass sie unpünktlich und launenhaft war, sich im Studio wie eine Diva aufführte und kaum jemals ihren Text konnte.«

Als er daraufhin gefragt wurde, warum er mit ihr unter diesen

Umständen noch einen zweiten Film gedreht hätte, antwortete er mit einem typischen Billy-Wilder-Bonmot: »Schauen Sie, ich habe eine reizende alte Tante in Wien. Sie ist 85 Jahre alt und würde jederzeit gerne in einem meiner Filme mitspielen. Sie ist immer pünktlich, immer freundlich, sehr angenehm und würde ganz sicher auch jede Zeile ihrer Rolle lernen.«

Und dann fügte Billy Wilder noch hinzu: »Aber wer will schon einen Film mit meiner alten Tante sehen?«

Alfred Hitchcock hat wohl zu Recht gesagt: »Die beiden wichtigsten Wörter der Filmindustrie sind Billy und Wilder.« Tatsächlich ist die Vielfalt seines Lebenswerks einzigartig, und in jedem seiner Filme tritt seine europäische Herkunft zutage.

So auch in dem Klassiker »Zeugin der Anklage«, den er nach einem Krimi von Agatha Christie drehte. Billy Wilder war sich von Anfang an im Klaren darüber, dass Marlene Dietrich die ideale Besetzung für die Rolle der Varietésängerin Christine wäre, die ihren Mann am Ende eines langen Prozesses im Gerichtssaal tötet. Als der Meisterregisseur die damals 57-jährige Diva traf, um sie für dieses Projekt zu gewinnen, lehnte sie vorerst mit der Begründung ab, dass sie das Publikum so in Erinnerung behalten sollte, wie sie in jüngeren Tagen ausgesehen hatte.

Nach längeren Verhandlungen gelang es Wilder dennoch, die Zusage der Dietrich zu erhalten – jedoch nur unter der Bedingung, dass ein bestimmter Maskenbildner, mit dem sie schon einmal gearbeitet hatte, zur Verfügung stünde. Glücklicherweise gelang es Billy Wilder, des Schminkmeisters habhaft zu werden, worauf die Probeaufnahmen beginnen konnten.

Ein paar Tage später traf die Crew zusammen, um sich die ersten Bilder des Films anzusehen. Die Dietrich war entsetzt.

»Billy, um Himmels Willen«, sagte sie, »ich sehe schrecklich aus, es ist eine Katastrophe.«

»Ja, weißt du, Marlene«, erwiderte Wilder, »du darfst nicht vergessen, dass der Maskenbildner seit eurem letzten Film um zehn Jahre älter geworden ist!«

Billy Wilder hat 1981 seinen letzten Film gedreht, doch er hat nie aufgehört, Regie zu führen. Als er sich, schon in den Achtzigern, einer Darmoperation unterziehen musste, übergab er den Ärzten einen Zettel, auf dem geschrieben stand: »Achten Sie darauf, dass Sie keine Werkzeuge in meinem Körper herumliegen lassen. Zählen Sie gewissenhaft Ihre Instrumente. Vor und nach der Operation! Billy Wilder.«

Auch die Dietrich hat eine Wiener Vergangenheit. Noch blutjung und unbekannt, drehte sie 1927 in Wien den von Alexander Kolowrat produzierten Stummfilm »Café Elektric«. Marlene saß während der Dreharbeiten in der Garderobe der »Sascha«-Studios und wurde geschminkt, als eine Kollegin zur Tür hereinkam und sich bitterlich beklagte: »Stell dir vor, der Produktionschef hat gesagt, wir sind alle Nutten!«

Marlene blickte gelangweilt auf und sagte nur: »Na und? Sollen wir seinetwegen tippen lernen?«

In diesen Tagen trat die Dietrich in der Operette »Wenn man zu dritt« an den Wiener Kammerspielen auf. Ihr Partner war Peter Lorre, und die Liedertexte stammten von Karl Farkas. Der sich vierzig Jahre später an die Zusammenarbeit mit der inzwischen weltberühmt gewordenen Schauspielerin – über die in jedem Filmlexikon ein anderes Geburtsdatum zu finden war – erinnern sollte: »Ich habe die Marlene 1927 in den Kammerspielen kennen gelernt«, sagte er. »Damals war ich noch um acht Jahre älter als sie. Heut bin ich schon um zwanzig Jahre älter als sie!«

◇

An einem Haus in der Wiener Singerstraße, gleich hinter dem Stephansdom, erinnert eine Tafel daran, dass hier die Chansonsängerin Greta Keller, der man eine gewisse Ähnlichkeit mit der Dietrich nachsagte, gelebt hat. Der oft gebrauchte Vergleich ist insofern ungerecht, als man eher der Dietrich eine Ähnlichkeit mit der Keller nachsagen müsste. Denn nicht die Dietrich war das Vorbild der Greta Keller – sondern umgekehrt: Marlene hatte die erotisch-laszive Art und die rauchige Stimme der Wienerin so gut gefallen, dass sie diese nachahmte. Welche der beiden die Ältere war, ist schwer zu eruieren, zumal die Keller auch mit siebzig noch – gefragt oder ungefragt – stets mit der Altersangabe »39 bis auf Widerruf« aufwartete.

Als ich sie in den siebziger Jahren kennen lernte, erzählte sie aus ihrer Zeit am Broadway, als ihr Amerikas große Unterhaltungskomponisten die Melodien auf den Leib geschrieben hatten, wobei die bekannteste von Leo Robin und Ralph Rainger stammte: »Thanks for the Memory«.

Am Zenit ihrer Popularität eröffnete das New Yorker Waldorf Astoria Hotel für Greta Keller »Gretas Keller«, in dem sie vor einem gemischten Publikum aus Emigranten und Amerikanern Schlager von Cole Porter bis Robert Stolz sang. Einem Herrn aus Kentucky gefielen ihre Wienerlieder so gut, dass er immer wieder in die Bar kam, um sie zu hören. Eines Nachts forderte er sie auf: »Greta, please give us the song about the lousy service!«

»Which song?«, fragte die Keller erstaunt.

»The song about the lousy service.«

Die Wienerin überlegte hin und her, kam aber nicht darauf, welches Lied der Amerikaner meinen könnte.

»The song about the *lousy service*«, wiederholte der Gast, »Greta, du hast es doch gestern und vorgestern schon gesungen.«

Nun wusste Greta Keller endlich, welches Lied der Herr meinte: »Sag beim Abschied *leise Servus!*«

◇

Als 1947 in Los Angeles eine deutschsprachige Aufführung von Bert Brechts Schauspiel »Leben des Galilei« herausgebracht wurde, vertraute man dem aus Wien emigrierten Schauspieler und Regisseur Hugo Haas die Rolle Papst Urbans VIII. an, der dem großen Mathematiker bekanntlich den Prozess machte. Dank seiner stattlichen Erscheinung – und ungeachtet seiner jüdischen Herkunft – war Hugo Haas von Kritikern und Besuchern der Vorstellung als durchaus respektabler Darsteller des Heiligen Vaters gewürdigt worden.

Viele Jahre später lud Gerhard Bronner den heimgekehrten Hugo Haas ein, in dem von ihm inszenierten Fritz-Eckhardt-Lustspiel »Das heiße Eisen« am Kärntnertortheater einen Part zu übernehmen.

Auf die Frage, um welche Rolle es ginge, erklärte Bronner, dass er einen jüdischen Journalisten spielen sollte.

»Tut mir leid«, sagte Hugo Haas und schüttelte den Kopf: »Ich spiel nur Päpste!«

An dieser Stelle muss der hier möglicherweise entstehende Eindruck widerlegt werden, viele der Emigranten wären in den USA reich und erfolgreich gewesen. Von den Flüchtlingen, die in allen Teilen der Welt gelandet waren, schafften das nur einige wenige, während die überwiegende Mehrzahl der Vertriebenen ein mehr als bescheidenes Dasein fristete. Die Legende vom Schuhputzer, der es im Land der unbegrenzten Möglichkeiten zum Millionär brachte, ist eben nur Legende. Wenn dies ein Schuhputzer tatsächlich geschafft haben sollte, dann ist es eher so zugegangen wie in jener Doppelconférence, die Karl Farkas und Armin Berg 1941 im Emigrantenkabarett »Old Europe« in New York gehalten haben.

FARKAS: Armin, wie lange bist du jetzt schon in Amerika?
BERG: Seit drei Jahren.
FARKAS: Na, und wie schlägt man sich so durch als armer Emigrant?
BERG: Wunderbar, völlig problemlos. Ich kenne sogar einen Mann, der ist hier in Amerika innerhalb kürzester Zeit Millionär geworden. Er ist als bettelarmer Wiener mit demselben Schiff wie ich herüber gekommen …
FARKAS: Großartig. Was hat er dann gemacht?
BERG: Im ersten Jahr war er Schuhputzer, im zweiten war er Tellerwäscher, im dritten war er Zeitungsverkäufer …
FARKAS: Na, und?
BERG: Und dann ist seine Tante in der Schweiz gestorben und hat ihm zwei Millionen Franken hinterlassen!

Zu diesem Kabaretttext, wie zu vielen anderen, die Farkas in der Emigration verfasst hat, ist hinzuzufügen, dass sie oft in einer seltsamen Mischung aus Englisch, Jiddisch und Wienerisch vorgetragen wurden, die man gerne als »Emigranto« bezeichnete.

Etwas leichter als die von der Sprache abhängigen Kabarettisten, Schauspieler und Autoren hatten es die in die USA ausgewanderten Musiker. Einer derjenigen, die hier tatsächlich große Erfolge feierten, war Erich Wolfgang Korngold, der es durch seine in Wien uraufgeführte Oper »Die tote Stadt« schon in den zwanziger Jahren zu Weltgeltung gebracht hatte. In der Emigration schrieb er zahlreiche Filmmelodien, bekam zwei »Oscars« und trug überhaupt viel zur Entwicklung des für Hollywood typischen Soundtracks bei. Als Korngold gefragt wurde, wie es ihm in Amerika gefiele, antwortete er: »Es wäre alles wunderbar. Wenn ich mir meine Filme nicht anschauen müsste!«

So seltsam es klingen mag: Viele Emigranten litten, obwohl man sie mit dem Tode bedroht und aus ihrem Herkunftsland fortgejagt hatte, unter Heimweh. Ein alter Mann, der schon sechzig Jahre lang in Buenos Aires lebte, fand einmal die berührenden Worte: »Man kann einen Menschen aus Wien wegnehmen. Aber man kann nie Wien aus einem Menschen wegnehmen.«

Wien konnte man wohl auch nicht aus jenen Menschen wegnehmen, die in der Fremde Tag für Tag zusammen saßen, um von der »guten, alten Zeit« zu schwärmen. Bei manchen ging das Heimweh so weit, dass sie die Zeiger ihrer nach der mitteleuropäischen Zeit laufenden Armbanduhren nicht umstellten. Und irgendwann, als sie bei brütender Vormittagshitze in einer Snackbar ihren Kaffee tranken, sagte einer mit Tränen in den Augen: »Jetzt geht in der Josefstadt der Luster hoch.«

Das Thema Heimweh ist zu vielfältig, um hier mit ein, zwei Geschichten abgehandelt zu werden. So groß konnten die Erfolge der österreichischen Regisseure in Hollywood gar nicht sein, dass sie untereinander nicht immer wieder von der alten Heimat sprachen. Billy Wilder nannte seinen, ebenfalls aus Wien stammenden, Freund Fred Zinnemann »Kaiserschmarrn«, und dieser sagte »Zwetschkenröster« zu ihm. Bei Otto Preminger war die Sehnsucht nach der Heimat so groß, dass ihm jeder Wiener, den er nach dem Krieg in der Filmmetropole empfing, ein Tonband mitbringen musste, auf dem das Gespräch mit einem »Taxler« während einer Ausfahrt heimlich festgehalten wurde. Kaum war der Gast aus Österreich in Los Angeles angekommen, wurde das Band eingelegt und Preminger begeisterte sich an Sätzen wie:

»Hearst Alter, hast kane Augen im Schädel, auszahtes Fetzenlaberl, hiniges!«

Dann ging Preminger wieder ins Studio und drehte mit Peter O'Toole, Deborah Kerr, David Niven, Paul Newman ...

1963 allerdings schien er es im fernen Hollywood gar nicht mehr auszuhalten. Also inszenierte er in Wien den Film »Der Kardinal«, in dem Josef Meinrad die Rolle des Kirchenfürsten Theodor Innitzer in den Märztagen des Jahres 1938 spielte (nachdem das Erzbischöfliche Ordinariat die Erteilung einer Drehgenehmigung für den damals schon viermal verheirateten Curd Jürgens abgelehnt hatte). Preminger wählte für eine Regiebesprechung das von ihm einst regelmäßig aufgesuchte Café Landtmann. Der Oberkellner begrüßte ihn und fragte: »Einen Großen Braunen, wie immer, Herr Doktor Preminger?« Und führte den Gast zu seinem alten Stammplatz.

»Ich hatte das Gefühl«, erklärte der Regisseur später, »als wäre ich gestern zuletzt da gewesen.«

Dabei lag zwischen den beiden Kaffeehausbesuchen ein Vierteljahrhundert. Und der Untergang der alten Weltordnung.

Am Schluss dieses Kapitels sei ein Dialog zitiert, der auf einzigartige Weise die historisch bedingte Verflechtung der so unterschiedlichen Städte Wien und New York dokumentiert. Turhan Bey lebt längst wieder in seiner Heimatstadt und ist nach vielen, in den USA verbrachten Jahren wieder ein echter Wiener geworden (der er im Herzen ohnehin immer geblieben war). Bei einer der eingangs erwähnten Zusammenkünfte in seinem Grinzinger Haus lernte ich seinen in New York lebenden Cousin Peter Basch – der dort zu den führenden Fotografen zählt – kennen. Turhan, wie so viele Wiener, die lange in der Fremde weilten, ein Wienerliedfan, bedauerte, dass er sich in mehreren Wiener Schallplattengeschäften vergeblich darum bemüht hätte, das populäre Heurigenlied »Verkauft's mei G'wand, i fahr in Himmel« zu bekommen.

Da entgegnete sein Cousin, als wär's das Selbstverständlichste auf der Welt:

»Das ist doch überhaupt kein Problem. Ich kenne in der 81. Straße, Ecke Broadway, einen kleinen Laden, dort gibt's die Platte.«

»Kein Massaker ohne Hacker«

Die Seelenforscher in unserer Zeit

Einer der außergewöhnlichsten und liebenswertesten Menschen, denen ich begegnete, war der Psychiater Friedrich Hacker. Der weltweit als Terror- und Aggressionsforscher anerkannte Arzt verstand es einerseits, einem breiten Publikum die kompliziertesten Zusammenhänge der menschlichen Seele zu erklären, andererseits war er aber auch – und das passt so gar nicht in das Bild, das wir von den »Göttern in Weiß« haben – ein humorvoller, lebenslustiger Mann, einer, dem der Schalk im Nacken saß. Und er war ein Wiener, wie er im Buche steht.

In Wien zur Welt gekommen, hatte er hier Medizin studiert und noch ein paar Vorlesungen Sigmund Freuds besucht, ehe er nach Amerika emigrierte, wo seine Karriere als Assistent des legendären Dr. Karl Menninger begann. Später gründete und leitete er eine Psychiatrische Klinik in Los Angeles.

Berühmt wurde Hacker in den sechziger Jahren, als sich mit Aufkommen des internationalen Terrors immer mehr Staaten und Einzelpersonen in ihrer Sicherheit bedroht fühlten. Von den Behörden in spektakulären Kriminalfällen beigezogen, half Hacker den Mord an der Schauspielerin Sharon Tate, den Überfall auf die israelische Olypiamannschaft in München und die Entführung der amerikanischen Verlegerstochter Patricia Hearst aufzuklären. Im Auftrag der österreichischen Regierung verhandelte er mit jenen Terroristen, die 1973 in Marchegg die Passagiere eines Eisenbahnzugs als Geiseln genommen hatten.

Durch Fernsehauftritte im Zusammenhang mit diesen und anderen Kriminalfällen in aller Munde, sprayten unbekannte Täter einmal die Worte »Kein Massaker ohne Hacker« an die Mauer einer Wiener Stadtbahnstation. Das gefiel ihm durchaus, denn Hacker hatte ganz und gar nichts dagegen, populär zu sein.

Trotz des weltweiten Ruhms, seiner psychiatrischen Klinik in Los Angeles und der unauslöschlichen Erinnerung, wie die Nazis ihn aus seiner Heimat vertrieben hatten, liebte er keine andere Stadt nur annähernd wie Wien. Immer wieder kam er, um Freunde zu treffen, zum Heurigen und auf den Fußballplatz zu gehen. Ende der sechziger Jahre ergriff er schließlich die Initiative, in den ehemaligen Wohn- und Ordinationsräumen des »Vaters der Psychoanalyse« ein Sigmund-Freud-Museum zu errichten. Und mit dieser Großtat ist eine der schönsten Hacker-Geschichten verbunden.

Nachdem es ihm gelungen war, die österreichische Regierung für das Projekt zu gewinnen, schlug Hacker dem damaligen Bundeskanzler Josef Klaus vor, Freuds in London lebende Tochter Anna zur bevorstehenden Eröffnung des Museums in der Wiener Berggasse Nr. 19 einzuladen. Der Regierungschef war sofort einverstanden, bat Hacker jedoch, für ihn den Text des Einladungsbriefes an Anna Freud aufzusetzen, da er selbst nicht recht wüsste, wie die berühmte Tochter eines noch berühmteren Vaters anzusprechen sei und mit welchen Worten eine solche Einladung zu erfolgen hätte.

Professor Hacker, der Anna Freud gut kannte, formulierte den Brief, der dann vom Kanzler unterzeichnet wurde. Eine Woche später läutete Hackers Telefon, am Apparat war Anna Freud. »Stellen

Sie sich vor, Doktor Hacker«, sagte sie, »ich habe einen Brief vom österreichischen Bundeskanzler erhalten, in dem er mich zur Eröffnung eines Freud-Museums einlädt. Ich komme natürlich gerne, aber ich habe noch nie einem Bundeskanzler geschrieben, und da wäre meine Bitte an Sie: Könnten Sie so nett sein, für mich das Antwortschreiben aufzusetzen?«

Hacker kam auch dieser Bitte nach. Er antwortete seinem eigenen Brief und Anna Freud unterschrieb. Aus Einladung und Antwort entwickelte sich ein intensiver Schriftverkehr zwischen Josef Klaus und Anna Freud, der sich über mehrere Monate hinzog. Wobei jeder einzelne Brief vom unermüdlichen Friedrich Hacker stammte.

Dass das Freud-Museum heute zu den großen Tourismusattraktionen Wiens zählt, stößt – bei den Bewohnern des Hauses *Burg*gasse Nr. 19 nicht auf uneingeschränkte Freude. Als ich einmal durch Zufall an diesem Haus – dessen Adresse sich nur durch einen einzigen Buchstaben vom weltbekannten Wohnhaus Sigmund Freuds unterscheidet – vorbei ging, klebte an einer Auslagenscheibe ein Porträt Sigmund Freuds, unter dem geschrieben stand: »In diesem Haus habe ich nicht gewohnt. Sondern in der *Berg*gasse 19.«

Die Anrainer wehrten sich mit dieser Maßnahme wohl dagegen, ständig von irregeleiteten Touristen aus aller Herren Länder »besucht« zu werden. Spätestens mit dem Postscriptum bewiesen die Hausbewohner in der Burggasse allerdings Humor: »Es ist aber durchaus möglich«, stand noch auf dem Plakat, »dass hier Patienten von mir wohnten.«

Als ich Ende der achtziger Jahre eine Freud-Biografie schrieb, war mir Friedrich Hacker eine wertvolle Hilfe, konnte er mir doch wie kein anderer das Mysterium des menschlichen Seelenlebens erklären. Und er brachte mich mit dem letzten damals noch lebenden Weggenossen Sigmund Freuds, Hackers ehemaligen Lehrer Dr. Karl Menninger, zusammen. Menninger war 1934 von Amerika nach Wien gekommen, um Freud zu treffen. Und er war es, der die Psychoanalyse in den USA bekannt machte.

Ich flog, begleitet von Hacker, im Frühjahr 1989 nach Topeka, der Hauptstadt des US-Bundesstaates Kansas, um den bereits 96-jährigen Karl Menninger zu treffen. Der alte Mann, als Präsident der angesehenen »Menninger Clinic« immer noch aktiv, führte uns durch sein riesiges Krankenhaus – eine der größten privaten Psychiatrischen Kliniken der Welt – und erzählte von seinen Begegnungen mit Freud, den er als genialen Mann voller Widersprüche in Erinnerung behielt.

Hier sei jedoch eine Geschichte erzählt, die mir Hacker und Menninger, als wir nach getaner Arbeit beim Kaffee angelangt waren, anvertrauten. Die beiden Herren hatten einmal eine Studienreise durch die Schweiz unternommen. Sie saßen in der vorderen Sitzreihe des Wagens, in dessen Fond sich Dr. Menningers Frau befand. Irgendwo im Kanton Graubünden blieben sie – mitten in einer Diskussion über komplexe Fragen der Psychoanalyse – mit dem Auto stehen, um aufzutanken. Alle drei stiegen aus und schnappten ein wenig Luft. Als der Tank voll war, bestiegen die Herren den Wagen und fuhren weiter. Um nach gut zweihundert Kilometern draufzukommen, dass sie Frau Menninger an der Tankstelle vergessen hatten.

Es sollte dann, da diese mittlerweile das wenig gemütliche Areal der Zapfsäulen verlassen hatte, zwei volle Tage dauern, bis Menninger in der Schweiz seiner verzweifelten Gattin habhaft werden konnte.

◇

Zu den Patienten der »Hacker Clinic« in Los Angeles zählten mehrere Hollywoodstars, die sich vorwiegend mit Alkohol- und Drogenproblemen an den renommierten Psychiater gewandt hatten – unter ihnen Robert Mitchum und Judy Garland sowie Ray Charles, mit dem mich – dank Hacker – eine berührende Begegnung verbindet.

Ray Charles trat im Sommer 1985 bei einem Konzert in der Wiener Kurhalle Oberlaa auf, zu dem Hacker mich eingeladen hatte. Als der charismatische Sänger und Komponist sein Programm – mit allen großen Schlagern von »Georgia« bis »I Can't Stop Loving You« – beendet hatte, meinte der Professor, ich sollte mit ihm hinter die Bühne kommen, weil er Ray Charles »Hallo« sagen wollte. Wir zwängten uns durch die Menschenmassen in Richtung der Künstlergarderoben, deren Zugänge jedoch von baumlangen, finster dreinschauenden Leibwächtern verriegelt waren, an denen kein Weg vorbeizuführen schien.

Trotz des aussichtslos anmutenden Ansinnens, bat Hacker einen der Männer, Ray Charles auszurichten, dass er ihn sprechen wollte. Minuten später hörte ich schon das signifikante Organ des Musikers: »Yeah, let Doc Hacker come in!«

Im selben Moment öffnete der gerade noch so abweisende Bodyguard die Tür und vor uns stand leibhaftig und in seiner ganzen Größe: Mr. Ray Charles.

Was sich nun in dessen Garderobe abspielte, ist kaum zu beschreiben. Der im Alter von sechs Jahren erblindete Entertainer führte mit Hacker einen regelrechten Veitstanz auf, umarmte und küsste ihn, wollte ihn gar nicht mehr loslassen. Und weinte wie ein kleines Kind.

Später erzählte mir Hacker den Hintergrund dieser stürmischen Begrüßung. Ray Charles war im Herbst 1964 am Flughafen von Boston verhaftet worden, nachdem an Bord seiner Privatmaschine Heroin gefunden wurde, wofür der damals schon weltberühmte Sänger eine langjährige Gefängnisstrafe zu erwarten hatte. Hacker wurde bei dem nun folgenden Prozess als Sachverständiger beigezogen und vertrat in einem vierstündigen Hearing vor Gericht die Ansicht, »dass man diesem Mann, der aus den schmutzigsten Slums kam und es unter außergewöhnlichen Bedingungen geschafft hat, zu einem Idol der Jugend zu werden, eine Chance geben müsse«.

Das Gericht setzte die Strafe auf Vorschlag Hackers für ein Jahr aus, stellte aber die Bedingung, dass Ray Charles innerhalb dieser Frist vom Rauschgift loskäme. Fünf Monate war er stationär in der von Hacker geleiteten psychiatrischen Abteilung des St.-Francis-Hospitals in Los Angeles, danach wurde er ambulant behandelt und nach einem Jahr war er »clean«. Ray Charles konnte seine Karriere in Freiheit fortsetzen.

Rund zwanzig Jahre später stand ich also in Wien neben den beiden Männern. Ich werde nie vergessen, wie Ray Charles den Psychiater minutenlang umarmte und seinen umstehenden Bandmitgliedern immer wieder zurief:

»That's the man, who saved my life!«

Hacker hatte in Künstlerkreisen mehr Freunde als unter Ärzten (wohl, weil ihm so mancher den Ruhm neidete), wobei Ernst

Haeusserman, Curd Jürgens und Helmut Qualtinger zu seinen engsten Vertrauten zählten. Wann immer sich einer von ihnen in Los Angeles aufhielt, traten sie in Hackers Klinik auf, die längst zu einer österreichischen Enklave geworden war.

Als Qualtinger dort einmal vor Emigranten aus Karl Kraus' »Die letzten Tagen der Menschheit« las, sprang ein im Publikum sitzender älterer Herr auf und brüllte den Vortragenden an: »Ich verbitte mir, dass Sie meinen Kaiser verunglimpfen!«

Besagter Kaiser war damals seit sechzig Jahren tot, sein Reich zerfallen, und den alten Österreicher hatte man 1938 aus seiner Heimat vertrieben. Mir aber war zu keiner anderen Zeit ein rührenderes Zeichen von Heimatverbundenheit zu Ohren gekommen.

Qualtingers Auftritt sollte nicht ohne Folgen bleiben. Er rief Hacker später mit der Stimme Helene van Damms – der persönlichen Sekretärin Ronald Reagans – an und forderte den Professor auf, alles liegen und stehen zu lassen, um von seiner Klinik ins Weiße Haus zu eilen, da der Präsident »plötzlich verrückt geworden« sei.

Hacker saß fast schon im Flugzeug, als er – einen »Practical Joke« vermutend – dem Urheber des Telefonats auf die Schliche kam.

Als Curd Jürgens sich, irgendwann in den siebziger Jahren, in Los Angeles aufhielt, sollte Hacker ihm einen sonderbaren Wunsch erfüllen. Der fünfmal verehelichte Weltstar hatte einen Anruf seiner dritten Ex-Frau Eva Bartok erhalten, die ebenfalls in Kalifornien weilte und ihn sehen wollte. Jürgens ersuchte Hacker, ihn in die Bar des Beverly Hills Hotels zu begleiten, wo das Treffen stattfinden sollte.

»Wozu«, fragte Hacker, »was soll ich dort?«

»Ich weiß nicht mehr, wie sie aussieht«, gestand Curd. »Das ist doch alles so lange her, ich war ja nur ein Jahr mit ihr verheiratet.«

Hacker erwiderte, dass er überhaupt nie mit Eva Bartok verheiratet gewesen und die Wahrscheinlichkeit des Wiedererkennens bei ihm daher noch geringer wäre. Curd jedoch bestand darauf, die Hilfe des psychologisch geschulten Freundes in einer so heiklen Angelegenheit in Anspruch nehmen zu können.

Also setzten sich die beiden Herren zur vereinbarten Stunde in die Hotelbar und warteten.

»Ich bitte dich, konzentriere dich«, sagte Jürgens und bestellte seinen obligaten Whisky, »sie muss jeden Moment da sein.«

Und tatsächlich, da flog auch schon die Glastür der Hotelbar auf, und eine auffallend attraktive Frau trat ein. Hacker und Jürgens blinzelten einander vielsagend zu und nickten.

Curd sprang auf, fiel der auffallend attraktiven Frau um den Hals und sagte: »Eva!«

Die auffallend attraktive Frau aber war Julie Andrews.

Die sich sehr darüber freute, von Curd Jürgens geküsst zu werden.

Meine Hacker-Erinnerungen können erst abgeschlossen werden, sobald sein Einsatz als Wienerliedsänger eine entsprechende Würdigung gefunden hat. Seine – von seiner Frau Stasi liebevoll arrangierten – Liederabende sind unvergessen. Wenn er »Was kann denn i dafür, dass i a Weana bin« oder »Wie der Radetzky noch a G'freiter war« sang, schmolzen die Herzen der Zuhörer aus Nah und Fern. Ein deutscher Heurigengast, der Hackers Auftritt beim Oppolzer in Grinzing für den eines professionellen Heurigensängers hielt, spendierte dem Psychiater ein Viertel Wein und forderte ihn auf: »Jetzt sing' Se uns ooch det Fiakerlied!«

Mit eben solchem Enthusiasmus zeigte sich Hacker auch als Fußballfan. Als glühender »Austrianer«, der er nun einmal war, dokumentierte er bei einem »Jahrhundertmatch« Rapid-Austria im Wiener Stadion jeglichen Mangel an Objektivität. Während er beim geringsten Rapid-Foul unflätig schimpfte, weigerte er sich standhaft, einen Regelverstoß der Austria zur Kenntnis zu nehmen. Bis ihn ein »Rapidler« anbrüllte: »Herr Professa, bei Ihnen is sogar des Gras lila!«

Als der bekannte Wiener Psychiater Dr. Stephan Rudas seinem väterlichen Freund Hacker zum 75. Geburtstag ein Buch mit dem Titel »Die Midlife Crisis« schenkte, grinste der Jubilar: »Allerweil, ich wär schon so weit.«

Er sollte die Midlife Crisis leider nicht erleben, denn der 75. war sein letzter Geburtstag. Viele seiner Freunde meinten, »Friedl« Hacker sei so gestorben, wie er selbst es sich gewünscht hätte: In einem Fernsehstudio in Mainz, während einer Live-Diskussion (über den Rechtsaußenpolitiker Schönhuber).

Abgesehen von Hacker und Menninger lernte ich durch Zufall noch einen dritten Schüler Sigmund Freuds kennen. Auch Dr. Markus Wasser hatte in den dreißiger Jahren an der Universität Wien einige Seminare des »Vaters der Psychoanalyse« besucht. Einmal, erzählte er mir, hätte Freud seine Studenten bei einer Vorlesung zum Thema »Moral« mit folgender Aufgabe überrascht: »Stellen Sie sich vor, meine Herren, Sie gehen über die Kärntner Straße und finden zehntausend Schilling. Ich garantiere Ihnen, dass Sie niemand beobachtet. Wenn Sie das Geld abgeben, erhalten Sie keinen

Finderlohn. Wie entscheiden Sie sich?«, fragte Freud und blickte dabei jedem einzelnen seiner Hörer tief in die Augen. »Gehen Sie mit dem Geld zur Polizei, oder behalten Sie's?«

Elf der im Hörsaal anwesenden Studenten fassten den Entschluss, den namhaften Betrag zu behalten. Nur ein einziger wollte zur Polizei gehen. Freud schaute verschmitzt über seine Brillenränder hinweg und sagte dann zu dem ehrlichen Finder: »Ich gratuliere zu Ihrer Moral – Sie Trottel!«

Der neben Hacker berühmteste Psychiater Wiens war Erwin Ringel, dessen Buch über »Die österreichische Seele« dieselbe in große Aufregung versetzte. Der Professor hatte einmal auf Schloss Grafenegg – das dessen Besitzer Franz Fürst Albrecht Metternich-Sandór zu einer Ausstellungs- und Begegnungsstätte ausbauen ließ – eine Diskussion mit dem großen Oskar Werner. Als Ringel in seinen Argumenten nicht zu bremsen war und das Gespräch zu eskalieren drohte, herrschte der Schauspieler den Psychiater an: »Sagen Sie kein Wort mehr. Mein Beruf ist es zu reden. Ihrer ist es zuzuhören!«

Ich gelange an dieser Stelle zu einem Zeitgenossen, den man nicht unbedingt im Kapitel »Seelenforscher« vermuten würde. In der Tat gäbe es mehrere Möglichkeiten, Gunther Philipp einzuordnen. Am ehesten wohl unter den Schauspielern, zählt er doch seit den fünfziger Jahren schon zu den beliebtesten Komödianten im deutschen Sprachraum. Ich könnte ihn aber auch, gäbe es eines, im Kapitel Sport unterbringen, da Philipp zweimal europäischer Jahresschnellster und Zweiter in der Weltrangliste im 100-Meter-Brustschwimmen sowie dreimaliger Staatsmeister im Automobilrennsport war. Schließlich hätte er auch ins Kabarett gepasst, zumal er nach dem Krieg mit Peter Wehle, Fred Kraus und Ursula Lingen im Ensemble »Die kleinen Vier« auftrat.

Ich aber entschied mich für die wohl seltsamste Variante und reihte ihn bei den Psychiatern ein, da Dr. Gunther Placheta – so sein wirklicher Name – Stationsarzt an der Universitätsklinik für Neurologie und Psychiatrie war, ehe er zum Theater ging. Und da er mir aus diesem Abschnitt seines Berufslebens die eine oder andere Geschichte überließ.

Gunther Philipp meint, dass zwischen Schauspielern und psychisch Kranken erstaunliche Parallelen bestünden. Er findet sogar, dass viele seiner Kollegen vom Film »aus psychiatrischer Sicht mindestens so interessant sind wie die Fälle an der Klinik«. Dass er eine Zeit lang in beiden Berufen – als Arzt und als Komiker – tätig war, führte zu manch skurriler Situation. So auch zu dieser, die er als junger Mediziner erleben sollte.

Eine Frau, die seit einigen Tagen stationär in der psychiatrischen Klinik lag, beobachtete den jungen Dr. med. Placheta während der Morgenvisite ganz genau und sagte dann zu ihm: »Also, Herr Doktor, das gibt's doch nicht. Ich war vorige Woche in der Casanovabar, und da ist ein Komiker aufgetreten, der genauso ausschaut wie Sie.«

Dr. Placheta wäre am liebsten im Erdboden versunken, standen doch neben ihm die führenden psychiatrischen Kapazitäten Wiens, allen voran sein Klinikchef Professor Hans Hoff. Da es mit der Standesehre eines Arztes wohl kaum vereinbar war, nachts als Komiker in einer Revuebar aufzutreten, hätte der junge Mediziner bei Bekanntwerden eines derartigen »Nebenerwerbs« natürlich mit diszplinären Maßnahmen zu rechnen gehabt.

Und die Dame ließ nicht locker. »Dieser Komiker, der Ihnen so ähnlich sieht, Herr Doktor, hat ein paar köstliche Conférencen gehalten, er konnte die absurdesten Grimassen schneiden und, Sie werden es nicht glauben, sogar mit den Ohren wackeln.«

Das war der Augenblick, da Dr. Placheta eine berufliche Katastrophe auf sich zukommen sah. Schon wollte er seinem Chef gestehen, dass er allabendlich – so es seine Dienstverpflichtung an der Klinik erlaubte – als Komiker in Kabaretts und Varietés auftrat.

Gerade in diesem Moment setzte sich der Tross der Herren Professoren wieder in Bewegung. Der Klinikchef Hoff fasste den erbleichten Dr. Placheta unterm Arm und beruhigte ihn: »Herr Kollege, nehmen Sie sich nicht zu Herzen, was die Patientin da gesagt hat. Sie wissen ja, wo wir uns hier befinden!«

Eine Dame, die ihren Arzt Grimassen schneidend und mit den Ohren wackelnd auf einer Revuebühne gesehen haben wollte, musste offensichtlich doch ein schwerwiegenderer Fall sein als es die ursprüngliche Diagnose vermuten ließ.

Sein Medizinstudium hatte sich Gunther Placheta übrigens in einer anderen Fachrichtung verdient, nämlich als Operationsassistent und »Sprechstundenhilfe« des Laryngologen Dozent Emil Schlander. Dieser war in den dreißiger Jahren Erster Assistent des berühmten Ohrenarztes Professor Heinrich Neumann gewesen, der zu den Legenden der Wiener Medizinischen Schule – sowohl als Arzt wie auch als unvergleichliches Original – zählte.

Und so kann an dieser Stelle, dank Gunther Philipp, eine echte Neumann-Schnurre überliefert werden. Einem Assistenten des Professors war einmal ein folgenschweres Missgeschick passiert, als er an einer Patientin, die unter einer Vereiterung im Bereich des Innenohres litt, die ebenso komplizierte wie gefährliche *Mastoidektomie* durchführte. Der junge Arzt drang, wie bei dieser Operationsmethode üblich, mit Holzhammer und Hohlmeißel in den Warzenfortsatz des Felsenbeines ein. Tragischerweise hatte der Eingriff, da der Arzt um wenige Millimeter zu tief geraten war, eine Fazialislähmung zur Folge, die das Gesicht der Frau für den Rest ihres Lebens entstellte. Aus einer Mischung aus Mitleid und Schuldgefühl hielt der junge Mediziner später um die Hand der Patientin an und heiratete sie.

Einige Monate danach musste derselbe Arzt bei einer anderen Patientin den gleichen Eingriff durchführen. Wieder bohrte er sich mit Hammer und Meißel in die Region des Innenohres vor. Als er bereits bedenklich tief gestemmt hatte, hielt ihn der neben ihm stehende Professor Neumann am Arm fest und flüsterte ihm zu: »Herr Kollege, zweimal können Sie noch klopfen – dann sind Sie a Bigamist!«

Von Neumann hieß es übrigens, dass er »das Ohr der Könige« hatte – wobei König Edward VIII. sein berühmtester Patient war. Tatsächlich hatte sich der britische Monarch 1936, während seiner kurzen Regentschaft, in die Behandlung des Wiener Arztes begeben. Als Neumann zwei Jahre später als Jude von der Gestapo verhaftet wurde, gelang es Edward – bereits als Herzog von Windsor – dessen Freilassung zu erwirken. Neumann konnte nach New York emigrieren, wo er eineinhalb Jahre nach dem »Anschluss« starb.

Gunther Philipp verdanke ich auch eine Geschichte über den nicht minder legendären Otto Kauders, der sein erster Chef an der Psychiatrischen Universitätsklinik war. Der berühmte Neurologe legte großen Wert darauf, seinen Patienten die Art der Erkrankung möglichst schonend beizubringen. Eines Tages kam eine jüdische Familie mit ihrem siechen Vater zu ihm. Ehefrau, Kinder, Enkel, alle waren sehr besorgt um den Gesundheitszustand des alten Herrn. Professor Kauders erkannte bald, dass der Mann an Syphilis litt. Wie aber bringt man das einer guten jüdischen Familie bei?

Er wählte den folgenden Weg: »Es ist ernst, sehr ernst«, seufzte Kauders, »mit Ihrem Vater geht es zu Ende.«

Wie zu erwarten, brachen nun sämtliche Familienmitglieder in Tränen aus. Worauf der Arzt sie zu beruhigen versuchte: »Ich hab noch eine kleine, eine winzige Hoffnung. Wenn es Lues ist«, – und jetzt stockte der Professor ein wenig – »wenn es also Syphilis ist, dann wird er überleben.«

Zwei Tage später ließ er die Familie wieder kommen und teilte ihr freudestrahlend mit: »Ich habe eine gute Nachricht: Es *ist* Lues!«

»Sehr geehrter Herr Kraus!«

Ein Brief, der um ein halbes Jahrhundert zu spät kam

Eigener Einschätzung zufolge, war Friedrich Torberg »der letzte junge Autor, der noch an ihn herangekommen ist«. An Karl Kraus, den Sprachgewaltigen, der gegen eine Zeitung prozessierte, die einen Beistrich falsch gesetzt hatte.

Kraus wie Torberg hätten wohl eine rechte Freude gehabt, wäre ihnen die Existenz des hier abgedruckten Briefes bekannt geworden. Eines Briefes, den die Österreichische Post der Wiener Druckerei »Jahoda & Siegle« – in der die von Karl Kraus herausgegebene »Fackel« jahrzehntelang gedruckt worden war – zustellte. Und zwar am 27. Oktober 1987.

»Herrn Karl Kraus, Verlag Die Fackel, Hintere Zollamtsstraße 3, Wien III. Sehr geehrter Herr Kraus, ich bitte Sie, mir Ihre periodische Wochenschrift Die Fackel zum nächstmöglichen Zeitpunkt im Abonnement zuzuschicken. Die Abonnementkosten bitte ich von meinem Konto bei der CA, Wien I., Schottenring, Kontonummer 56336-00 abzubuchen. Für Ihre Bemühungen danke ich Ihnen im voraus. Mit freundlichen Grüßen …«

Der »sehr geehrte Herr Kraus« war seit 51 Jahren tot, als der Brief in dem traditionsreichen Verlagshaus ankam. Die am 27. Oktober 1987 erfolgte Zustellung ist jedoch keineswegs einem Versäumnis der Post anzulasten. Der Brief war zwei Tage davor von Oberstudienrat Harald Rolf S. im deutschen Hötzenham aufgegeben worden. Adressiert an jene legendäre Zeitschrift, die Karl Kraus von 1899 bis 1934 praktisch im Alleingang verfasst und redigiert hatte.

Wir können hier nur spekulieren, wie es zu der ein wenig verspäteten Abonnementbestellung des Herrn Oberstudienrates kommen konnte. Möglich, dass dem Gymnasiallehrer eine »Fackel« mit beträchtlicher Verzögerung in die Hände gefallen war. Tatsächlich findet sich in jedem Exemplar der Zeitschrift die in der Bestellung angegebene Verlagsadresse »Wien III., Hintere Zollamtsstraße 3«. Möglich, dass Herr S. den Versuch unternahm, die ebenfalls in jeder »Fackel« abgedruckte Telefonnummer »U 12-255« anzurufen. Dann aber doch brieflich bestellte, weil auf seinem Telefonapparat der Buchstabe »U« nicht zu finden war.

Obwohl Herr Oberstudienrat dem deutschen Bildungsbürgertum angehören dürfte, muss ihm entgangen sein, dass Karl Kraus vor geraumer Zeit schon verschieden war, genau genommen am 12. Juni 1936. Die Kunde jedoch war nie zu ihm gedrungen.

Irgendwie dürfte der aufmerksame Harald Rolf S. beim Durchblättern der »Fackel« übersehen haben, dass diese Zeitung zwar auf höchstem literarischen Niveau, keineswegs jedoch auf dem letzten Stand der aktuellen Meldungen verfasst wurde. Finden sich darin doch Artikel wie: »Mit Ehrfurcht nehmen wir Abschied von Kaiser Franz Josef« (Ausgabe vom 18. 1. 1917); »Nachruf« (ein Kommentar zum Zusammenbruch der österreichisch-ungarischen Monarchie, 15. 1. 1919); »Störung des Fremdenverkehrs« (Bemerkungen zum Brand des Justizpalastes, Ausgabe Oktober 1927).

Wir wollen Herrn S. nicht Unrecht tun. Vielleicht hat er in Karl Kraus anno 1987 nur den Unsterblichen erkannt. Womit er keinem Geringeren als Egon Friedell nacheiferte, der das Kraus'sche Hin-

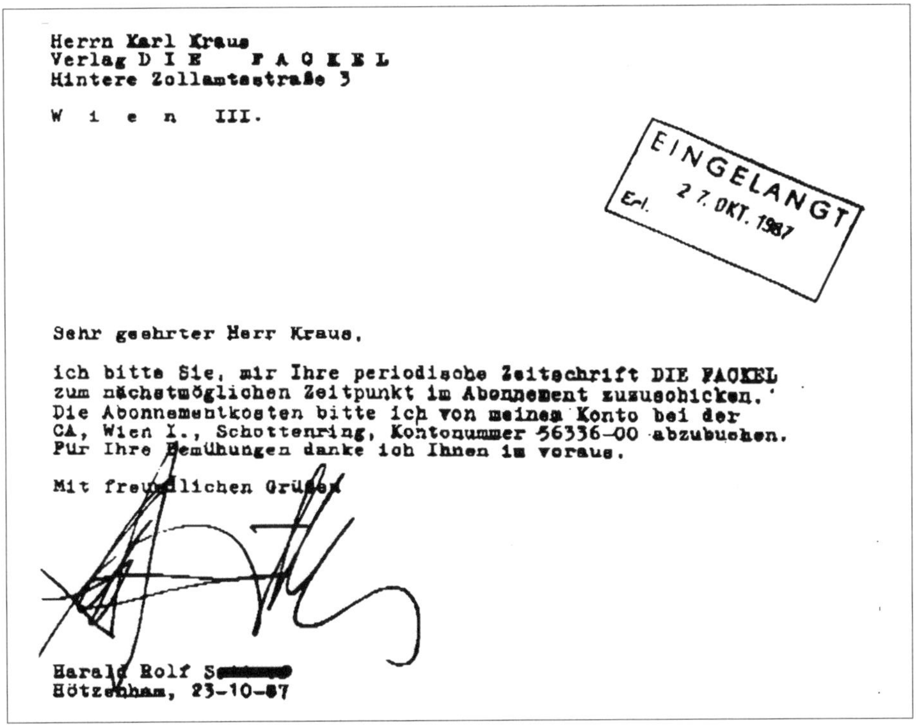
Herrn Karl Kraus
Verlag D I E F A C K E L
Hintere Zollamtsstraße 3

W i e n III.

EINGELANGT
27. OKT. 1987
Erl.

Sehr geehrter Herr Kraus,

ich bitte Sie, mir Ihre periodische Zeitschrift DIE FACKEL zum nächstmöglichen Zeitpunkt im Abonnement zuzuschicken. Die Abonnementkosten bitte ich von meinem Konto bei der CA, Wien I., Schottenring, Kontonummer 56336-00 abzubuchen. Für Ihre Bemühungen danke ich Ihnen im voraus.

Mit freundlichen Grüßen

Harald Rolf S[redacted]
Hötzenham, 23-10-87

scheiden ebenfalls nicht für möglich halten wollte: »Ein Mensch, der davon gelebt hat, andere umzubringen«, meinte Friedell nach dessen Ableben, »kann doch nicht tot sein.«

Auch darf zur Entschuldigung des Oberstudienrates angeführt werden, was Karl Kraus selbst prophezeite: »Der Unsterbliche erlebt die Plage aller Zeiten.«

Selbst wenn der Unsterbliche sich nur noch mit unerfüllbaren Abonnementwünschen herumplagen muss.

Mich aber dünkt, dass auch die Tante Jolesch unsterblich ist. Unsterblich wie ihre Enkel und Urenkel. Unsterblich in ihren Geschichten, bis ans Ende aller Tage.

Personenregister

336 Seiten mit zahlr. Abb. · ISBN 3-85002-448-2

Georg Markus

Die ganz Großen

Den Stars nahe kommen

Georg Markus beschreibt das Leben der Film- und Theaterstars im Scheinwerferlicht, aber auch deren Schicksalsschläge: Paula Wessely, die Brüder Hörbiger, Hans Moser, Curd Jürgens, Romy Schneider, Marlene Dietrich, Oskar Werner, Helmut Qualtinger, Karl Farkas u.v.a. Da Markus als prominenter Schriftsteller vielen von ihnen sehr nahe war, entstand ein einfühlsames Buch über die Lieblinge des Publikums, wie sie keiner kennt.

Amalthea

Besuchen Sie uns im Internet unter http://www.herbig.net